Le Siècle

ÉLIE BERTHET.

NOUVELLES ET ROMANS CHOISIS

LE DOUANIER DE MER

PARIS

BUREAUX DU SIÈCLE

RUE CHAUCHAT, 14.

A. VIALON. DEL.   J. GUILLAUME. SC.

Élie Berthet.

LE DOUANIER DE MER

I

LE GRAND MAILLARD.

Cette côte de plus de trente lieues de long, qui court du Havre à l'embouchure de la Somme, se compose de falaises calcaires atteignant fréquemment une hauteur de deux ou trois cents pieds; on dirait d'un mur titanien qu'un génie protecteur aurait élevé, pour défendre contre les empiétements de l'Océan une des plus belles provinces de la France. Ce mur cependant présente bon nombre de solutions de continuité. Tantôt c'est une rivière ou même un simple ruisseau qui a fini par y creuser une échancrure; tantôt c'est la mer elle-même qui, trouvant des parties faibles dans la digue, s'y est ouvert de larges brèches. Mais l'homme a su mettre à profit même les ruptures de cette barrière naturelle qui protège son champ et son foyer; la mer, malgré ses perfidies, n'est pas pour lui une ennemie, mais une nourrice un peu rude, qui, tout en grondant, lui donne l'abondance et la richesse. Partout où la falaise s'abaisse, il a établi un port, une ville, un village où prospère une gaillarde population de pêcheurs, de commerçants et de matelots. Là, c'est Étretat aux rochers pittoresques, cette jolie bourgade dont un brillant et spirituel écrivain a si bien fait la réputation, que la cohue des baigneurs élégants a fini par en rendre le séjour insupportable; plus loin, c'est Fécamp avec ses longs quais solitaires et sa splendide abbaye gothique; plus loin encore Saint-Valery-en-Caux, entouré de vallées vertes comme des émeraudes. Puis voici Dieppe, cette ancienne gloire, un peu éclipsée aujourd'hui, de notre commerce maritime; puis enfin, tout au bout, le Tréport, cette petite ville ci-devant royale, pleine encore de souvenirs historiques et princiers. Au-delà du Tréport les falaises diminuent peu à peu et disparaissent bientôt; l'œil s'égare sur les sables désolés de la Somme, sur les plages stériles et les dunes de la Picardie.

Grâce à ce rempart grandiose et uniformément taillé à pic, il semble que la surveillance du fisc devrait seulement s'exercer dans les ports et dans les lieux de débarquement; mais il n'en est pas ainsi, en attendant que le libre échange ait fait accepter ses doctrines. Sur tout le littoral, des yeux vigilants sont constamment ouverts, scrutant le calme et la tempête, suivant chaque mouvement de la petite embarcation qui se joue près de la côte ou du puissant navire à voile ou à vapeur qui poursuit sa course au large sur le grand chemin des nations. Le long de la terrasse qui domine cette portion de la Manche, serpente un sentier assez semblable à ceux que forment les chèvres sauvages dans les montagnes; ce sentier, qui s'approche parfois du précipice d'une manière alarmante, est tracé par les gardes-côtes que leur devoir oblige d'aller et de venir sans relâche pour empêcher la fraude. Le promeneur est toujours sûr de rencontrer là quelque préposé de la douane avec son uniforme vert, son pantalon gris-bleu à larges bandes rouges, qui lui jette en passant un regard soupçonneux.

L'existence de ces pauvres gens est bien rude, et le vulgaire, dans sa haine pour tout ce qui tient au fisc, ignore ce qu'une pareille profession exige de patience, d'énergie et de courage. Le douanier doit souvent se résigner à vivre dans un poste solitaire, avec trois ou quatre camarades qui partagent ses pénibles travaux. Quelque temps qu'il fasse, en toute saison, le jour comme la nuit, il faut qu'il parcoure la portion de rivage confié à sa surveillance. En dehors des dangers dont les fraudeurs le menacent, il est exposé à mille périls dûs à l'intempérie de nos climats inhospitaliers, à la situation des lieux qu'il fréquente, et les infirmités viennent vite à supporter le froid et le chaud, la pluie et le soleil, à dormir sur la dure. Souvent aussi, après une orageuse nuit d'hiver, un douanier ne se présente pas au poste pour l'appel du matin; ses camarades le cherchent et finissent par trouver son corps brisé au pied des rochers.

C'est à cette classe de modestes fonctionnaires qu'ap-

11*

partenait un individu d'une cinquantaine d'années qui, les bras croisés sur sa poitrine, contemplait la mer du haut d'une falaise située à une demi-lieue environ du Tréport. Cet homme, revêtu de l'uniforme des préposés de la douane et portant les galons de sous-brigadier, avait ce teint bistré et hâlé que donne l'action journalière de la brise marine. Quelques rides sillonnaient son front et ses tempes où se jouaient des mèches rares de cheveux gris. Sa taille atteignait presque six pieds ; mais il était mince, maigre, sans que cette maigreur altérât en rien la vigueur de sa constitution. Sa physionomie douce annonçait la droiture et la bonhomie ; c'était la force s'ignorant elle-même. Ses yeux bleu clair avaient une expression rêveuse et mélancolique, un rayonnement de pensée, pour ainsi dire, qui contrastait avec les habitudes fort peu poétiques de sa profession.

Le sous-brigadier Maillard ou plutôt le *grand* Maillard, comme on disait volontiers en dehors du service, avait une histoire simple et touchante. Son père, pêcheur assez aisé, avait péri par naufrage sur les côtes d'Islande avec le bâtiment qui contenait tout son avoir. Il s'était trouvé orphelin à l'âge de quinze ans, et seul protecteur d'une sœur plus jeune que lui de quelques années. Maillard, qui étudiait alors pour se mettre en état de subir les examens de capitaine au longs cours, accepta bravement la mission de dévouement que la Providence semblait lui imposer. Il abandonna ses études, s'embarqua sur un navire de commerce, et du produit de son travail il put payer la modeste pension de sa sœur dans leur ville natale. Plus tard il passa au service de l'État, mais sans cesser d'affecter la totalité de ses appointements au bien-être de cette sœur chérie. Ainsi toute sa jeunesse s'était consumée dans les privations et les plus rudes fatigues.

Cependant sa sœur étant arrivée à l'âge d'être mariée, il la fit épouser à un de ses camarades, timonier comme lui à bord d'un vaisseau de guerre, et il crut pouvoir enfin songer à lui-même ; mais il était dit que le pauvre Maillard ne serait jamais heureux. Il aimait depuis longtemps une jeune fille qui lui avait promis d'être sa femme. Quand il revint dans sa ville natale pour réclamer la foi jurée, il trouva l'infidèle mariée à un autre et mère déjà d'une ribambelle d'enfants. Ce coup avait failli le rendre fou ; à partir de cette époque, nul ne pouvait se vanter d'avoir vu le grand Maillard rire franchement, et de là lui datait cette mélancolie sereine qui ne le quittait jamais. Pour comble d'infortune, il n'était pas encore remis de cette terrible secousse, quand son beau-frère, pour lequel il éprouvait une vive affection, avait été tué à ses côtés par accident, laissant sa sœur veuve et sans fortune avec une enfant en bas âge.

Cette double catastrophe dégoûta Maillard de la marine ; du reste, la vie active et turbulente du bord n'avait jamais bien convenu à sa nature contemplative. Son temps de service achevé, le brave homme renonça pour toujours à son ancienne profession. Il comptait ne se marier jamais ; il ne voulait vivre tout entier à sa sœur et à l'enfant de sa sœur qui lui étaient doublement chères, et comme ses plus proches parentes et comme la veuve et la fille de son meilleur ami. Il se décida donc à entrer dans le service des douanes, où sa bonne conduite, ses honorables antécédents le firent admettre sans difficultés, et en peu de temps il avait atteint le grade d'officier subalterne que, selon toute apparence, il ne devait jamais dépasser.

Cette existence solitaire, en plein air, se trouvait en harmonie avec les instincts particuliers de Maillard et avec l'état de son âme, secrètement mais profondément blessée. Quant au préjugé fâcheux que le vulgaire attache aux fonctions de douanier, l'ancien marin n'y pensait pas. Il lui suffisait de savoir qu'il obéissait à la loi, qu'il exécutait l'ordre de son supérieur immédiat, et il s'acquittait de ses devoirs avec une ponctualité toute militaire. D'ailleurs ces devoirs n'avaient rien de bien compliqué ; ils se bornaient à la surveillance d'une côte que sa situation semblait défendre assez elle-même. Maillard faisait partie d'un petit poste de cinq hommes, cantonné dans un pli de la falaise, à une lieue environ du Tréport. Outre le bâtiment de la douane, il y avait là cinq ou six chaumières isolées, dont une était habitée par madame Rupert et par sa fille Jeanne, la sœur et la nièce de Maillard. Aussitôt qu'il avait quelques moments de libres, le sous-brigadier allait les passer auprès de ces deux femmes qui le comblaient de soins et d'affection. Le reste du temps il vivait presque seul, rêvant parfois au passé, mais calme, résigné, ne souhaitant plus rien en dehors du petit coin de terre où se concentraient ses joies et ses modestes espérances.

Tel était donc l'observateur qui demeurait comme en contemplation au sommet de la falaise, et le magnifique tableau étalé devant lui méritait, en effet, une attention soutenue et intelligente.

On était au déclin d'une journée d'août, chaude, mais nuageuse. Du côté de la terre s'étendait une plaine en pente douce, égayée par des pâturages, des arbres verdoyants et des champs fertiles. La récolte se trouvant toujours un peu retardée dans le voisinage de la mer, les blés, quoique à peu près mûrs, étaient encore sur pied et formaient des nappes dorées qui ondulaient à chaque souffle du vent. Ces belles moissons, qui promettaient au cultivateur une ample récompense de ses travaux de l'année, venaient jusqu'au sentier de la douane, et une étroite bande de verdure les séparait seule de l'abîme, au fond duquel grondait l'Océan. Au loin, on apercevait l'église du Tréport et sa haute tour, bâtie sur la cime des rochers. Quant à la ville elle-même, elle restait cachée derrière un ressaut du terrain ; on distinguait seulement l'extrémité de sa vieille jetée de bois et le petit phare qui marque l'entrée du port. Dans la direction opposée, à peu près à la même distance du spectateur, une profonde coupure de la côte empêchait de voir le hameau et la douane du Plessis, où habitait Maillard ; mais ces habitations humaines se trahissaient par de légers flocons de fumée qui montaient en spirales bleues vers le ciel. Sous les grands arbres dont l'horizon était borné, l'on devinait plusieurs de ces belles et grasses fermes de la Normandie, qui rappellent toujours à la mémoire des *fortunatos agricolas* des anciens poëtes.

Du côté de la mer, le spectacle était aussi pittoresque et plus majestueux. Le flot envahissait graduellement la plage de sable et la ligne des galets qui s'étendent au pied des falaises. Une brise faible soufflait du large apportant avec elle cette odeur saline et fraîche qui réjouit les organes respiratoires. Le soleil allait se coucher, et il révélait sa présence derrière les nuages par des teintes de feu qui coloriaient d'une manière splendide une portion du ciel. Ces teintes éblouissantes se réfléctaient dans la mer, dont les nuances vert clair montaient, à mesure qu'elles s'éloignaient du couchant, jusqu'au vert le plus foncé, et se confondaient, au nord, avec la brume noirâtre de l'horizon. Un grand nombre de bateaux pêcheurs étaient en vue. Éparpillés sur cette immense nappe d'eau, les uns se perdaient dans un brouillard lointain, tandis que les autres venaient traîner leur chalut à quelques centaines de pas de la grève, et évoluaient capricieusement à l'envi des goëlands et des mouettes qui voltigeaient alentour.

Cette scène imposante causait au sous-brigadier de la douane une satisfaction profonde, quoique muette et mal définie. Il se tournait successivement vers les différents points de ce vaste ensemble, comme s'il eût voulu admirer tour à tour les splendeurs de la terre, de la mer et du ciel. Toutefois cette contemplation ne paraissait pas avoir endormi complètement ses instincts professionnels ; car la poésie, dans le sens le plus large du mot, est de toutes les conditions, et tel qui voit resplendir sur sa tête des visions célestes a souvent les pieds dans la boue. Aussi Maillard, tout en rêvant et en admirant, était-il resté douanier, et une circonstance nouvelle en fournit bientôt la preuve.

Parmi les bateaux qui attendaient que la marée fût haute pour rentrer dans les bassins du Tréport, un s'était approché de la falaise où Maillard se tenait en observation. Cette barque ne différait en rien des autres embarcations de pêche appelées *flambarts* dans le pays, et les grosses lettres peintes sur ses voiles attestaient qu'elle appartenait au port voisin. Mais ses manœuvres avaient quelque chose d'insolite fort capable d'exciter les soupçons. Peu d'heures auparavant, elle était si loin au large qu'on l'apercevait à peine. Tout à coup elle avait grossi avec rapidité, gouvernant droit sur la côte, et elle s'en trouvait si près maintenant, qu'on pouvait craindre de la voir s'échouer sur le sable. A la vérité, le danger n'eût pas été bien grand car la marée montait, et le ciel, quoique sombre, n'annonçait pas de tempête prochaine. Mais que pouvait faire ce bateau à cette place et à pareille heure? Il courait de petites bordées, et il avait ses filets dehors comme s'il eût p ché; mais quel poisson eût-il pris dans une mince couche d'eau qui laissait voir la pointe des rochers et les amas de galets? D'ailleurs Maillard connaissait cette embarcation, et il avait ses motifs pour l'observer avec un intérêt particulier.

Il lui eût été facile de descendre sur la grève, et de héler la barque suspecte. En face de lui s'était fait un éboulement dans la roche calcaire de la falaise; les femmes et les enfants, en allant au *rouquet* récolter des varechs et des coquillages, avaient tracé des marches grossières sur cette pente qui avait fini par se couvrir en partie d'un revêtement de gazon. Malgré le péril du chemin, surtout à la descente, le douanier eût donc pu gagner en quelques minutes le bord de la mer. Mais bientôt, soit certitude que toute fraude était impossible, soit qu'il fût retombé dans ses méditations, il parut ne plus songer à cette mystérieuse embarcation, et son regard erra de nouveau sur tous les objets environnants, sans s'arrêter sur aucun.

Maillard fut tiré de sa rêverie par une voix fraîche et argentine qui se faisait entendre derrière lui.

— Par ici, mademoiselle, — disait-on avec un accent normand plus prononcé; — je savais bien que nous finirions par rencontrer mon oncle Maillard! Le voici justement, et vous n'aurez plus peur, je l'espère?

Au même instant deux jeunes filles, tournant l'angle d'une pièce de blé toute parsemée de coquelicots rouges et de marguerites jaunes, s'approchèrent du douanier.

Celle qui venait de parler avait dix-sept ans à peine. Grande, souple, élancée, forte et gracieuse à la fois, elle offrait un type accompli de la belle race cauchoise, dont elle portait le costume si brillant et si coquet. Une coiffe de mousseline à barbes, haute sans exagération ridicule, encadrait sa figure brune, aux yeux vifs et malins, aux lèvres vermeilles et souriantes. Ses cheveux noirs, lissés en bandeaux sur le front, se relevaient en volumineux chignon sur la nuque. Un corsage de drap, lacé par devant, laissait nus une partie de ses bras, légèrement hâlés, mais d'un modèle parfait. Son jupon rouge, un peu court, exposait libéralement aux regards deux jolies jambes, couvertes de bas bleus à coins rouges, et deux petits pieds chaussés de souliers fins. Tout cela formait l'ensemble d'une ravissante personne; et la jeune fille, malgré ses manières un peu décidées, avait un air de candeur qui lui donnait un charme de plus.

Sa compagne, à peine plus âgée, personnifiait en elle la beauté noble et délicate des villes, comme la Cauchoise personnifiait la beauté vigoureuse des campagnes. Blonde, svelte, de taille moyenne, elle avait des yeux bleus pleins de douceur. De longues grappes de cheveux châtains se balançaient contre ses joues roses. Sa mise, quoique simple, ne manquait pas d'élégance; elle

consistait en une robe de foulard, en une écharpe de soie noire, comme on en portait alors, et en un chapeau de paille d'Italie avec un voile flottant. Ses manières étaient distinguées, mais timides; un sentiment particulier semblait donner en ce moment à sa physionomie une expression d'embarras et d'inquiétude. Evidemment, elle appartenait aux classes élevées de la société. En effet, elle était fille unique du brave général de Sergey, qui avait été célèbre pendant les dernières années de l'empire et pendant la restauration, et qui, affaibli par l'âge et les infirmités, résidait maintenant dans une belle habitation située au milieu des plantations, à quelques centaines de pas seulement de la côte.

Il semblait que le douanier, devant une personne de cette condition, eût dû tout d'abord s'occuper d'elle de préférence à sa sémillante Cauchoise; cependant ce fut sa nièce qui, la première, attira son attention. En la voyant apparaître ainsi tout à coup au milieu des blés fleuris, avec son joli costume local, il manifesta une vive émotion et ne put retenir une exclamation de surprise.

A son tour, la petite folle ne se gêna pas pour partir d'un éclat de rire.

— Eh bien! oncle Maillard, — s'écria-t-elle — ne me reconnaissez-vous pas? J'ai mis aujourd'hui, pour la première fois, les beaux ajustements que vous m'avez donnés vous-même. Je voulais vous surprendre, et puis la bonne mademoiselle de Sergey ayant désiré venir se promener avec moi sur les falaises, il m'a bien fallu un peu de toilette... Pourquoi donc me regardez-vous ainsi?

Les traits du douanier se détendirent, et un sourire triste se joua sur ses lèvres.

— C'est juste, — balbutia-t-il; — où avais-je la tête? En te voyant sous ces habits, j'ai cru un moment... oui, c'est toi, c'est bien toi, ma petite Jeanne!

— Eh! qui serait-ce donc? mais bon Dieu! oncle Maillard, ne reconnaissez-vous pas aussi mademoiselle Léonie de Sergey? Rassurez-la, je vous prie, car elle s'effrayait tout à l'heure de se trouver seule avec moi dans cet endroit désert.

Alors seulement, Maillard remarqua la personne qui accompagnait sa nièce. Il porta la main à son shako et dit à la jeune demoiselle, d'une voix douce, qu'elle pouvait se promener en toute sûreté dans la campagne voisine avec Jeanne, que personne ne serait assez hardi pour leur faire la moindre offense.

Mademoiselle de Sergey avait l'air de disputer son grand voile blanc à la brise, mais en réalité elle avait jeté sur la mer un regard rapide et anxieux, comme si un autre motif que le désir de se promener l'eût appelée en cet endroit. Cependant elle répondit par une inclination de tête à la politesse du douanier.

— Vous devez, monsieur Maillard, — dit-elle, — vous connaître au temps; pensez-vous qu'on puisse craindre une tempête pour cette nuit?

Maillard examina longuement le ciel, car c'est toujours chose grave pour un marin de se prononcer en pareille matière; il répondit enfin:

— Nul ne saurait affirmer d'une manière certaine si l'orage viendra et d'où il viendra; cependant mademoiselle, je ne vois pas qu'il se brasse quelque chose, quoique nous devions avoir demain une des plus grandes marées de l'année. La nuit sera noire, j'imagine, mais rien jusqu'ici n'annonce un coup de vent.

Léonie remercia d'un signe de tête.

— Ainsi, — poursuivit-elle, — tous ces navires pourront entrer paisiblement au port quand la mer sera montée? Parmi ces bâtiments, il en est sans doute qui arrivent des pays éloignés ou même... d'Angleterre.

— Non, non, mademoiselle; nous les connaissons tous, ils appartiennent au Tréport.

— Quoi donc, aucun navire étranger n'a-t-il été en vue aujourd'hui?

— Il a pu en passer au large, mais ils ne se sont pas approchés de la côte. — Cette assurance parut causer un vif désappointement à Léonie; elle se mit à examiner successivement les bateaux en vue, peut-être sans bien savoir ce qu'elle cherchait. Maillard reprit après un moment de silence : — Est-ce que mademoiselle attendrait quelqu'un des pays d'outre-mer?

— Moi? non certainement; c'est curiosité... simple curiosité. On a toujours plaisir, vous savez, à voir rentrer au port un navire qui vient de loin et qui a pu courir des dangers.

— C'est vrai, et le plaisir est plus grand encore pour ceux qui rentrent, quoique souvent, si leur absence a été longue, ils trouvent à leur retour bien des changements et de cruels changements! — Maillard soupira et retomba dans une vague rêverie, son péché d'habitude; mais bientôt il demanda timidement : — Mademoiselle pourrait-elle me donner des nouvelles du général, son brave homme de père? Je l'ai vu l'autre jour sortir du château du Plessis porté dans un fauteuil par deux domestiques; il allait, je crois, prendre son bain là-bas sur la plage : il m'a semblé bien faible et bien souffrant.

— Son état ne s'est pas amélioré depuis ce jour-là, au contraire, — répliqua Léonie d'une voix étouffée; — il ne peut plus sortir ni en voiture ni en chaise à porteur... Pauvre père! Je devrais être auprès de lui, mais il a exigé absolument que j'allasse faire une petite promenade sur la côte, et puis j'espérais...

Elle s'arrêta tout à coup.

— Il a raison, — répliqua le douanier tranquillement, — le grand air est nécessaire à la jeunesse; c'est ce que je dis souvent à ma chère Jeanne; aussi voyez comme elle est fraîche et robuste!... D'ailleurs, le général n'a-t-il pas auprès de lui, outre ses nombreux valets, cette belle dame qui donne le ton à tous les baigneurs de là-bas... votre mère, je crois?

— Ma mère! — répliqua Léonie avec vivacité, — elle n'est pas ma mère... Vous voulez parler sans doute, — poursuivit-elle, — de madame de Grandville qui demeure avec nous! c'est une parente, une amie; moi, j'ai perdu ma mère, il y a bien longtemps!

Et ses traits s'altérèrent comme si un pénible souvenir eut traversé son esprit.

— Je comprends; aussi me disais-je quand je la voyais toujours en fêtes et en plaisirs avec les grandes gens de la maison des bains, tandis que vous restiez seule au château avec le général... Mais pardon! mademoiselle; ce ne sont pas là des choses dont doive s'occuper un pauvre diable tel que moi. Nous sommes à moitié sauvages, nous autres, et nous n'entendons rien aux idées du beau monde.

Léonie ne répondit pas et continua d'observer la mer, dont les teintes se rembrunissaient de plus en plus. Jeanne s'ennuya bientôt de ce silence.

— Oncle Maillard, — demanda-t-elle, — serez-vous de service la nuit prochaine?

— Oui, mon enfant; il faudra m'apporter mon souper à neuf heures, dans la cabane de gazon, en face du rocher de la Dent-de-Loup. Comme il fera nuit close à cette heure-là, tu prendras garde au nouvel éboulement qui s'est formé dans la falaise blanche, car le chemin est déjà tout crevassé.

— Bien, bien, oncle Maillard, — répliqua d'un petit air mutin Jeanne Rupert qui avait le pied leste et sûr comme un chamois; — puisque vous y passez, vous, pourquoi n'y passerais-je pas aussi?

Mademoiselle de Sergey fit effort sur elle-même pour prendre part à la conversation :

— Votre genre de vie me semble bien rude et bien pénible, — dit-elle au garde-côte avec distraction.

— Il nous semble tel d'abord à nous-mêmes; mais l'habitude... Le corps s'endurcit à la fatigue, aux rigueurs des saisons, et l'on n'y pense plus.

— Vous devez cruellement vous ennuyer, pendant vos longues heures de faction, soit de jour soit de nuit?

— Eh! mademoiselle, n'a-t-on pas toujours quelques souvenirs qui vous tiennent fidèlement compagnie dans ces moments de solitude? On n'arrive pas à l'âge où je suis sans avoir vu bien des événements, sans avoir eu de bons et de mauvais hasards, sans avoir souffert, sans avoir laissé derrière soi des personnes chères. Quand on rôde ainsi le long des falaises, on pense au passé, on pense à ses joies, à ses chagrins de jeunesse; on croit revoir les personnes que l'on a aimées, on leur parle, on entend leur réponse... Elles n'ont pas vieilli, pas changé; comme nous, elles semblent aimer l'isolement et le silence... Et tenez, là tout à l'heure, lorsque Jeanne s'est présentée subitement à moi avec cet habillement, il m'a semblé voir... Mais c'était une folie? — Maillard détourna la tête avec confusion; il poursuivit en s'animant un peu : — Et puis, mademoiselle, n'avons-nous pas pour nous occuper, quand nous sommes en sentinelle, le spectacle toujours varié et toujours nouveau de la nature? Je n'ai reçu qu'un commencement d'instruction, et peut-être suis-je bien hardi de penser de semblables choses; mais, à mon avis, l'homme n'est pas au monde pour vivre constamment dans des maisons où il manque d'air et de lumière, où il voit seulement des objets créés par lui, quand il n'a qu'à sortir pour se trouver en présence de la création de Dieu. Les animaux ne sauraient apprécier ce qu'il y a de grand et de beau dans l'univers; mais l'homme le peut, et certainement c'est son devoir de le faire. Je trouve dans l'accomplissement de ce devoir des jouissances dont je ne me lasse jamais, car elles sont constamment avivées par des merveilles inattendues. Ainsi, par exemple, mademoiselle, depuis plus de trente ans, il ne s'est pas passé de jour que je n'aie vu le soleil se lever ou se coucher, soit dans nos climats tempérés, soit sous le ciel brûlant des tropiques, soit sous le ciel glacé du pôle; eh bien! je n'ai jamais vu le soleil se coucher comme il est maintenant, je ne l'ai jamais vu se lever comme je le verrai demain matin; à chaque instant ce sont des aspects inconnus et nouveaux. De même pour la mer; je l'ai observée sous toutes les latitudes, par tous les vents, en toutes saisons, à toutes les heures du jour et de la nuit, et je ne l'ai pas trouvée deux fois semblable à elle-même, je ne l'ai pas vue deux fois avec les mêmes effets, les mêmes allures, les mêmes couleurs... Je l'étudie sans cesse et je prends toujours plaisir à l'étudier, car cette étude là, j'imagine, vaut bien celle que les savants des villes font dans leurs livres et leurs écritures.

Peu à peu mademoiselle de Sergey, oubliant ses préoccupations secrètes, avait prêté une attention plus sérieuse aux paroles de Maillard. Bien qu'à l'époque où nous vivons, on puisse trouver dans les classes les plus infimes des idées nobles, élevées, exprimées souvent avec une simple grandeur, Léonie était frappée de surprise en comparant le langage de cet homme avec sa profession. Mais Jeanne semblait trouver ce fait tout naturel, et elle se contentait d'épier sur les traits de sa compagne l'admiration que, suivant elle, son oncle ne pouvait manquer d'inspirer.

— Avec de pareils goûts et de pareils sentiments, monsieur, — demanda Léonie, — vous devez être très-religieux?

— Si vous voulez dire par là, mademoiselle, que je me crois sans cesse en présence de Dieu qui se manifeste constamment à moi, vous avez bien raison. Dans les maisons et même dans les églises on pourrait douter de lui, mais quand on voit chaque jour ce que je vois, l'incrédulité devient impossible.

— Je m'explique, monsieur Maillard, le plaisir que vous devez prendre à cette contemplation. Mais dans les nuits de tempête, quand le vent se déchaîne, quand les flots se soulèvent, quand le ciel est noir, quand la neige, la pluie ou la grêle font rage autour de vous, ne regrettex-vous pas quelquefois l'abri d'un toit et le bien-être de la vie domestique? Cependant ce sont les moments, je crois, où votre devoir vous oblige à redoubler de surveillance...

— Il est vrai, mademoiselle, mais qu'importe cela? un bon manteau suffit pour garantir du vent et de la pluie; et l'on est si bien dédommagé des inconvénients et des risques auxquels on s'expose! Qu'y a-t-il de plus admirable qu'une tempête? J'en ai vu de tous les genres, depuis les ouragans de neige dans les régions polaires, jusqu'aux typhons des Indes, aux raz-de-marée des Antilles, aux tornados du Sénégal; est-il rien de plus capable que ces grandes perturbations de rappeler la puissance de Dieu et là faiblesse de l'homme? Notre vie, quoiqu'il arrive, n'est-elle pas toujours entre les mains de la Providence!... Tenez, — ajouta-t-il en désignant une partie peu éloignée de la ligne des falaises, — là-bas, l'année dernière, en faisant une ronde de nuit, je fus saisi tout à coup par un tourbillon effroyable, et je me sentis emporté l'espace de trente ou quarante pas, sans que mes pieds touchassent presque la terre. Comme j'avais tourné plusieurs fois sur moi-même, je n'étais pas bien sûr que la trombe ne me poussait pas vers la mer; cependant je n'éprouvai aucune frayeur dans ce moment de danger. Il me semblait que j'étais un de ces grains de sable que l'orage soulève et qu'il ne saurait laisser retomber sans la volonté de celui qui commande aux vents et aux flots. « Et lors même que je serais le plus puissant roi du monde, me disais-je, au lieu d'être un pauvre douanier, en aurais-je plus de force pour lutter seul contre la tempête et lui résister? »

— Ah! mon oncle, — s'écria Jeanne, — je me souviens de cette nuit-là. Quand vous rentrâtes à la maison ce matin, votre manteau de gros drap était tout déchiré; vous aviez le visage couvert de sang.

— Bah! des égratignures... Dieu savait, ma petite, que je pouvais encore vous être utile, à ta mère et à toi; il protégea miraculeusement ma vie en cette circonstance.

Jeanne pressa dans ses mains la grosse main calleuse de son oncle.

— Ah çà! monsieur Maillard, — reprit mademoiselle de Sergey avec une légèreté peut-être affectée, — j'aime à croire que ces rêveries, ces contemplations, ces préférences pour les convulsions de la nature, préférences que je ne partage guère, je l'avoue, ne vous détournent pas de vos fonctions qui doivent toujours être d'empêcher la contrebande?

Le douanier ne parut ni surpris, ni fâché d'être ainsi rappelé au torre à terre de sa position. Il répondit avec simplicité:

— La contrebande n'est pas bien active par ici, mademoiselle; si elle se faisait dans le pays, elle ne pourrait avoir lieu que pour des objets de petit volume et seulement dans les ports, où la surveillance s'exerce pourtant avec plus de rigueur encore que sur ces falaises infranchissables. A la vérité l'on trouve assez fréquemment le long de la côte des sentiers comme celui-ci (et il désignait l'espèce d'escalier pratiqué dans l'éboulement de la roche); mais nous les connaissons, et il serait difficile de tromper notre vigilance. Celui que vous voyez, et que nous appelons la montée Verte, nous a déjà donné bien du tourment, à moi et à mes camarades du poste. On a songé plusieurs fois à le supprimer, ce qui ne serait pas bien difficile, car il suffirait de deux ou trois coups de pioche pour rendre la falaise tout à fait impraticable. Mais je me suis toujours opposé à ce que l'on demandât cette mesure dans les rapports. Ce chemin épargne aux gens du pays un long détour quand ils vont sur les rochers, et d'ailleurs il pourrait sauver la vie à quelque imprudent qui se serait laissé surprendre par une haute marée.

Léonie s'était penchée pour voir le sentier dont parlait Maillard, mais aussitôt elle se rejeta en arrière avec effroi.

— Appelez-vous cela un chemin? — demanda-t-elle; — des créatures humaines sont-elles assez hardies pour monter ou descendre cet escarpement?

— Vraiment oui, mademoiselle, — répliqua Jeanne en riant; — je l'ai monté bien souvent et avec un panier de moules, encore! Mais dame! il ne faut pas s'amuser en route à regarder voler les mouettes.

— Je crois avoir entendu dire aussi, monsieur Maillard, — reprit Léonie après une nouvelle pause, — que vos fonctions ne se bornaient pas à empêcher la fraude, que vous étiez encore chargé de vous opposer au débarquement de toute personne qui n'auraient pas accompli certaines prescriptions légales; de pareilles obligations doivent parfois être bien pénibles pour vous, si franc et si bon?

— Que voulez-vous, mademoiselle? je ne suis qu'un pauvre homme, fait pour obéir et non pour commander. Je remplis mon devoir du mieux que je peux, et je ne saurais mal agir.

— Sans doute, mais il est de malheureux proscrits qui n'ont pas mérité leur sort, et que des motifs respectables pourraient pousser à rentrer secrètement en France; si vous rencontriez sur la côte un délinquant de ce genre, auriez-vous le triste courage de l'arrêter.

— Mon cœur serait navré, mademoiselle, mais je n'hésiterais pas... Si alors j'étais l'instrument d'une injustice, la faute en devrait retomber sur ceux qui m'obligent à exécuter des ordres injustes ou trop rigoureux.

Un nuage de dépit et d'inquiétude passa sur le gracieux visage de mademoiselle de Sergey; elle se retourna vers la mer d'un air pensif.

La nuit approchait, et sauf une petite portion du couchant qui ressemblait à une fournaise ardente, le ciel, la terre et l'eau avaient des teintes sombres et uniformes; seulement quelques bateaux de pêche apparaissaient encore comme des taches noires à certaines places de l'Océan. Quand la brise se taisait, on entendait le bruit régulier du ressac et le cri des corbeaux qui venaient chercher un gîte dans les rochers du rivage.

Au milieu de ce calme profond, s'éleva une voix jeune et mâle qui chantait, à quelque distance, une joyeuse chanson de matelot.

Jeanne tressaillit et devint rouge.

— C'est Terre-Neuve! — s'écria-t-elle.

— Il n'y a que lui pour s'annoncer ainsi, — dit le douanier en souriant.

— Terre-Neuve! — répéta mademoiselle de Sergey, — n'est-ce pas un jeune matelot qui...

Elle n'acheva pas.

— Quoi! mademoiselle, — demanda Jeanne avec étonnement, — connaîtriez-vous Terre-Neuve?

— Il me semble, en effet, avoir entendu déjà prononcer son nom.

— Par moi alors; c'est possible, car je ne sais pourquoi, je parle souvent de lui.

Léonie se taisait; mais on eût pu deviner à son agitation qu'elle connaissait le personnage en question beaucoup mieux qu'elle ne voulait en convenir. Au même instant, Terre-Neuve parut au détour du sentier.

C'était un petit et alerte marin de dix-huit à vingt ans, au visage épanoui, à l'œil vif et malin. Son costume fort propre de matelot, son chapeau ciré, aux longs bouts de ruban flottants, était posé crânement sur l'oreille: une profusion de cheveux noirs et frisés retombait sur son cou nu, doré par le soleil. Ses manières étaient lestes autant que sa langue paraissait prompte et hardie. Ce jeune matelot, pêcheur au Tréport, s'appelait Louis Guignet; mais ses camarades lui avaient donné le surnom sous lequel il était connu, soit parce qu'il avait fait plusieurs voyages au grand banc de Terre-Neuve, soit parce qu'il était le meilleur nageur de toute la côte, et qu'il eût pu disputer la palme dans cet art aux chiens renommés de la belle race de Terre-Neuve.

Ce joyeux garçon, en apercevant les trois personnes

qui l'attendaient sur la falaise, s'arrêta tout effaré, un pied en l'air, et la note qu'il était en train de moduler fut brusquement étranglée au passage. Mais sa stupéfaction ne dura pas longtemps, quand il eut reconnu Jeanne, il poussa un cri de joie et courut à elle :

— Jeanne ! — s'écria-t-il ; — tonnerre ! que vous êtes donc gentille comme cela ! — Il serra la main du douanier ; puis, se tournant vers Léonie, qui avait rabattu son voile, il ôta son chapeau : — La demoiselle du général ! — dit-il avec respect.

Et il jeta un regard rapide sur la mer, comme si la présence de mademoiselle de Sergey lui eût rappelé qu'il avait un intérêt particulier de ce côté.

— Eh bien ! mon garçon, — demanda Maillard, — où donc allais-tu si gaiement tout à l'heure ? Plutôt à une noce qu'à un enterrement, je suppose.

— A la noce ! pas encore, monsieur Maillard, vous le savez bien, cela viendra plus tard, je l'espère. Où j'allais ! ce n'est pas difficile à deviner ; je ne vais pas plus loin, car j'ai trouvé ce que je cherchais... Mais vrai, monsieur Maillard, jamais je n'avais vu mademoiselle Jeanne aussi jolie. Cré nom ! qu'elle est jolie avec tous ces affiquets-là !... Et pourquoi donc que vous vous êtes gréée et pavoisée comme une frégate le dimanche, mademoiselle Jeanne ?

— Ce n'est pas pour vous certainement, monsieur Louis, — répliqua la sémillante Cauchoise avec un petit air impertinent, bien qu'elle ne pût cacher complétement l'orgueil et la joie que lui causait l'admiration de Terre-Neuve ; — quand mademoiselle de Sergey me fait l'honneur de se promener avec moi, je ne dois pas réserver mes beaux ajustements pour une meilleure occasion, peut-être !

Le jeune marin allait riposter gaiement, quand Maillard lui dit :

— Eh bien, mon garçon, tu n'es pas allé à la pêche la nuit dernière ? Est-ce ainsi que tu comptes amasser de l'argent pour entrer en ménage... un peu plus tard ?

— Nul n'est plus pressé que moi dans cette affaire, monsieur Maillard ; patience ! la petite pelote s'arrondit tout doucement, et ma mère conserve déjà dans un vieux bas de bons écus qui reluiront quelques jours au soleil... Mais n'est-ce pas le flambart du père Cabillot que j'aperçois au pied de la falaise ?

Et il désignait le bateau qui avait attiré déjà l'attention du douanier.

— Certainement, c'est Cabillot, ton patron ; et tu devrais être à son bord, au lieu de fainéanter sur la côte... Mais, soit dit sans t'offenser, Terre-Neuve, j'aimerais mieux que tu eusses un autre patron que ce vieux madré de Cabillot ; ses allures ne me reviennent guère. Ainsi, par exemple, pourrais-tu m'expliquer ce qu'il fait là, dans un endroit où il n'y a pas un demi-pied d'eau sous sa quille ?

— Vous le voyez bien, monsieur Maillard, il pêche.

— Des crabes ou des crevettes alors. Encore une fois ses airs ne me plaisent pas ; et si ce n'était à cause de toi, qui es un brave garçon .. mais je le surveille, et si je le trouve en faute, je ne le manquerai pas. Ses manœuvres ne sont pas franches et naturelles comme celles des autres pêcheurs.

Ces soupçons, nettement exprimés, parurent déconcerter un peu Terre-Neuve.

— Voyons, père Maillard, — reprit-il, — ne vous montez pas la tête contre ce pauvre Cabillot ; c'est un original, j'en conviens, et il n'agit pas absolument comme les autres; cependant il ne faudrait pas avoir de mauvaises idées. La main sur la conscience, que lui reprochez-vous ?

— Je ne sais trop ; mais certainement tout n'est pas en règle de ce côté. Tantôt il va si loin au large qu'on ne voit même plus sa pomme de girouette ; tantôt il est si près du rivage qu'il a l'air de vouloir s'échouer sur le galet. La nuit, ses fanaux sont disposés d'une façon

baroque ; dans la journée, quelque mouchoir de couleur est toujours en train de sécher sur son gréement ou sur son plat-bord.

— N'est-ce que cela, monsieur Maillard ? cela prouve seulement que les gars du père Cabillot ont des mouchoirs, ce qui, vous le savez comme moi, est du luxe pour des pauvres pêcheurs... Allons, monsieur Maillard, pour votre honneur, ne songez plus à de pareilles misères.

En même temps Terre-Neuve s'approcha de l'extrémité de la falaise et se mit à battre le briquet, de manière à faire jaillir de nombreuses et brillantes étincelles.

— Eh bien ! à quoi songes-tu donc ? — demanda le douanier ; — tu vas allumer ta pipe devant...

Et il désignait par un mouvement d'épaule mademoiselle de Sergey, debout et silencieuse à quelques pas.

— C'est juste, — répliqua Terre-Neuve.

Cependant il frappa la pierre plusieurs fois encore, comme par distraction, avant de remettre le briquet dans sa poche.

— Je désire rentrer au château, — dit mademoiselle de Sergey à Jeanne ; — la nuit tombe, et mon père s'inquiéterait de mon absence.

— A vos ordres, mademoiselle ; je vais vous reconduire chez vous. Vous voyez qu'on peut venir sans crainte prendre l'air sur la falaise, car les défenseurs ne nous manqueraient pas... Eh bien ! monsieur Louis, ma mère ne vous verra-t-elle pas ce soir à la maison ?

— Je voudrais m'y rendre, car, sur ma parole ! vous êtes gentille à croquer aujourd'hui ; mais...

— C'est bon, c'est bon ; nous ne vous déchirerons pas vos habits, si vous avez quelque chose de mieux pour ce soir... Et vous, oncle Maillard ?

— Voilà l'heure de prendre le service, — dit le douanier ; — et il se prépare une de ces nuits où il fait bon avoir l'œil ouvert. Je vais chercher ma carabine dans la guérite... Toi, petite, n'oublie pas mes recommandations.

— Tout de même, — reprit Terre-Neuve, qui était resté en observation, — Cabillot commence à s'apercevoir qu'on ne peut voguer sur le sable sec, et il regagne le large. Peut-être se doute-t-il de vos mauvaises pensées, père Maillard, car il court des bordées afin de gagner le port, et l'on croirait qu'il veut passer la nuit prochaine bien chaudement dans son lit.

Le douanier, Jeanne et mademoiselle de Sergey, qui semblait elle-même s'intéresser au petit navire, se penchèrent sur la falaise pour vérifier l'exactitude de cette remarque. Le flambart de Cabillot, en effet, s'éloignait gracieusement de terre en se balançant à droite et à gauche comme un oiseau qui essaye ses ailes. Pendant que tous étaient attentifs à suivre les mouvements de l'embarcation, Terre-Neuve s'approcha de Léonie et lui dit très-bas :

— Courage, mademoiselle ! tout va bien.

Léonie étouffa un cri sous son voile, mais déjà Terre-Neuve s'était éloigné d'elle et prenait amicalement congé de Maillard et de Jeanne.

II

LE NAGEUR.

Cabillot, en s'éloignant de la côte, n'était pas allé bien loin ; il avait louvoyé pendant quelques instants pour gagner des eaux plus profondes, puis il avait mis en panne de nouveau. C'est dans cette position que nous le retrouvons deux heures environ après les événements de la falaise.

La nuit, comme l'avait prévu le douanier Maillard,

était des plus sombres, et le ciel, chargé de nuages épais, ne laissait voir aucune étoile. La terre apparaissait du bâtiment comme une longue raie noire, à chaque extrémité de laquelle brillaient périodiquement deux phares tournants, celui de Lahitte, à une hauteur voisine de Dieppe, et celui de Cayeux, qui surgit du milieu des sables ; mais la tour du Tréport n'avait pas encore allumé son feu, preuve certaine que les navires ne pouvaient entrer dans le bassin. La mer elle-même avait des teintes foncées qui permettaient à peine de la distinguer du rivage ; aussi les pêcheurs, afin de ne pas s'aborder les uns les autres dans l'obscurité, avaient-ils allumé des falots, et ces petites lumières erraient çà et là comme des feux saint-elme au milieu des ténèbres.

Les lanternes du flambart de Cabillot n'étaient pas disposées suivant l'usage ordinaire, quoique l'on sache combien l'usage a de force sur les marins. Il y en avait deux, l'une à l'avant, l'autre à l'arrière ; celle de l'avant, attaché au beaupré, en dehors du navire, était si basse qu'une lame eût aisément pu l'atteindre ; celle de l'arrière, au contraire, se balançait au sommet d'une vergue. Le bâtiment, dont les voiles étaient disposées de telle sorte que leur action se neutralisait mutuellement, n'avait qu'un mouvement presqu'insensible, et l'on eût dit que son équipage, épuisé par une journée de travail, dormait en attendant le signal du retour.

Tout le monde cependant ne dormait pas à bord du flambart. A la vérité, deux des quatre hommes qui le montaient habituellement, non compris notre connaissance Terre-Neuve, s'étaient étendus sur des filets encore humides et s'abandonnaient à cette somnolence qui ne manque jamais de s'emparer du marin inactif ; mais les deux autres, établis à l'avant, sur des câbles, fumaient tranquillement leurs pipes en échangeant de rares paroles. Cabillot lui-même était assis au gouvernail, et tout en mâchonnant un énorme tampon de tabac, il s'entretenait à demi-voix avec un personnage qui, malgré son costume de pêcheur, ne semblait pas appartenir à l'équipage.

Cabillot était un vieillard de moyenne taille, mais à larges épaules, qui conservait, en dépit des années, une vigueur remarquable. Sur son visage de parchemin, au teint bistré, on voyait des rides profondes que le reflet de la lanterne, placée au-dessus de sa tête, rendait plus dures encore. Sa physionomie n'exprimait pas la franchise ; au contraire, ses petits yeux rouges, éraillés, trahissaient la fourberie, l'avarice ; et, si l'on en croyait la renommée, ces signes n'étaient pas menteurs. De plus Cabillot passait pour être impérieux et brutal ; ses deux fils et ses deux neveux, qui composaient son équipage, tremblaient en sa présence, et, s uf Terre-Neuve, à qui certaines considérations donnaient des privilèges, nul n'osait lui demander les motifs de ses actions. Quand on était à terre, pas un de ces jeunes gens n'eût osé aller boire au cabaret, même en compagnie du favori Terre-Neuve, et il exerçait sur eux une terreur que rien ne pouvait vaincre.

Cabillot, quoiqu'il fût en réalité l'un des plus riches pêcheurs du voisinage, était vêtu d'une manière sordide et misérable. Il portait un de ces chapeaux en toile goudronnée qui sont imperméables à l'eau de mer ; le reste du costume, pantalon et jaquette, était de même étoffe, mais si vieux, si usé, si rapetassé de grosse toile à voile, qu'on eût dit un amas de haillons indigne de couvrir une créature humaine.

L'interlocuteur du patron demeurait à peine visible dans la pénombre. On pouvait seulement reconnaître que c'était un homme jeune encore, de figure noble et régulière, de manières distinguées. Son attitude annonçait la crainte et la défiance ; sa voix grave, bien timbrée, prenait souvent des inflexions mélancoliques. Mais nous n'en dirons pas davantage pour le moment sur ce personnage, que la suite de cette histoire fera mieux

connaître, et dont le séjour à bord du flambart était purement accidentel.

L'un et l'autre interrompirent tout à coup leur conversation pour écouter ; mais ils n'entendirent d'autre bruit que celui de la lame qui clapotait contre les flancs du navire, le vent qui agitait les voiles et le murmure lointain du ressac.

— Il ne vient pas, — dit enfin l'inconnu ; — patron, n'y aurait-il pas quelque méprise ?

— Il viendra, que je vous dis, — répliqua le pêcheur avec impatience ; — mais il faut donner le temps, mille peaux du diable ! J'ai vu son signal à la chute du jour, là, sur la falaise, en face de nous ; il battait le briquet, ce qui signifiait qu'il doit se rendre à bord ce soir ; à mon tour je lui montre deux falots attachés au beaupré et à la vergue d'arrière, pour l'avertir que je l'attends. Il viendra, je vous l'assure ; je serais, pardieu ! dans de beaux draps s'il ne venait pas ! Que ferais-je de la marchandise et du canot, et de vous-même ? Il me faudrait retourner sur mon sillage jusqu'à la côte d'Angleterre, et ce serait une grosse perte pour moi.

— Ainsi donc, patron, ce jeune homme, qui doit me servir de guide, sera encore chargé d'objets de contrebande ? Réfléchissez pourtant : le canot est fort petit, et puis nous pourrons trouver bien des difficultés à grimper ce sentier droit comme une échelle, qui conduit au sommet des rochers.

— Ah çà ! croyez-vous que ces marchandises aient le volume d'une tonne de harengs ? — demanda Cabillot ; — tenez, voilà ce que c'est... (et il poussait du pied un ballot fort léger en apparence), l'autre sait ce qu'il doit faire de cela. Si vous n'aviez eu que de canot, il aurait bien été obligé de porter ce paquet à la nage jusqu'à terre.

L'inconnu examina le ballot, qui était muni de bretelles pour la commodité du transport.

— Et c'est pour ce misérable intérêt que vous vous exposez à de si grands risques ? — dit-il. — Renoncez à introduire ce paquet de fraude aujourd'hui, et je ne regarderai pas à quelques louis de plus...

— Ouais ! — interrompit Cabillot ; — ignorez-vous qu'il y a là pour plus de cinquante mille francs de dentelles ? Mais il se repentit aussitôt de cet aveu.

— Quand je dis cinquante mille francs, — reprit-il en mâchant son tabac, — je peux me tromper de moitié ; mais je ne serais pas moins désolé si les gabelous venaient à poser leur griffe sur ces marchandises. Ils sont si regardants aujourd'hui ! Ils nous raflent tout. Ainsi, par exemple, voici encore ce joli bijou de canot qui va nous conduire à terre absolument perdu. Il faudra l'abandonner sur le galet, et demain ces coquins de douaniers s'en empareront comme d'une épave. Carcasse du diable ! Quand je songe à cela.

— Allons ! patron Cabillot, pourquoi vous lamenter ? Ce canot, que je vais sacrifier à ma sûreté, ne vous appartient pas ; je l'ai bien et dûment payé au capitaine du navire anglais qui m'a conduit à votre bord... Mais laissons cela... Croyez-vous que la lettre que j'ai envoyée ce matin à terre ait été remise à son adresse ?

— Oui, oui, monsieur, n'ayez pas de souci ; Terre-Neuve est rusé ; il a rempli la commission, je vous le garantis.

— J'aurais moi-même des raisons de croire qu'il a réussi, car ce soir j'ai cru reconnaître sur la falaise une dame....

— Pour sûr il y avait des dames là-haut, — reprit Cabillot, — des baigneuses de la ville, peut-être... Comme ça, monsieur, — poursuivit-il avec une curiosité méchante, — il s'agit tout bonnement de femmes dans l'affaire qui vous amène ici ? J'avais deviné que vous n'étiez pas de ces mauvais sujets qui viennent en France pour faire les cent coups.

— Eh ! que vous importe ? — demanda l'inconnu en se retirant un peu dans l'ombre ; — il doit vous suffire de savoir, — continua-t-il d'une voix triste, — que je suis malheureux.... bien malheureux.

— Pauvre, vous? Allons donc! — reprit Cabillot, incapable de distinguer le malheur de la pauvreté; — l'or vous coule entre les doigts comme de l'eau de mer par un gros temps. Vous avez donné vingt-cinq louis au capitaine anglais qui vous a mis à mon bord; vous lui avez payé sa barque tout ce qu'il a voulu, et vous allez sans doute encore me remettre avant de partir un bon pourboire que je distribuerai exactement à l'équipage. Oui, oui, j'ai reconnu d'abord que vous étiez *un quelqu'un* de comme il faut.... Et même, faut-il tout vous dire? Je gagerais mon avoir contre un verre d'eau-de-vie que, malgré vos mains blanches et votre teint pâlot, vous avez été marin.

Cette remarque parut contrarier l'inconnu.

— Et d'où vous vient cette idée? — demanda-t-il avec embarras.

— Bah! l'on n'a pas les yeux dans sa poche. Aujourd'hui, quand le bateau voltigeait sur la pleine mer, vous arpentiez le pont du pas d'un d'amiral... Et puis, tout en vous promenant et parlant seul, vous avez rattaché, sans y penser, l'écoute de la voile d'avant que ces fainéants d'enfants avaient laissé flotter; quand je suis venu dernière vous, j'ai vu un nœud à double clef aussi bien troussé, ma foi! que s'il eut été l'ouvrage du plus fin gabier de la marine royale.... Enfin votre mine est celle d'un homme qui connaît depuis longtemps l'eau salée.

— J'arrive d'Angleterre, patron Cabillot, et dans ce pays, peu de personnes sont étrangères à la vie du bord.

— Vous arrivez d'Angleterre, fort bien; mais vous êtes Français, et je suis sûr... — Heureusement pour l'inconnu, que cette espèce d'examen importunait beaucoup, un des jeunes gens de l'équipage vint annoncer à Cabillot que l'on entendait du bruit dans la mer non loin du bâtiment. Le patron se leva, prêta l'oreille et poussa un léger sifflement qui fut répété aussitôt comme par un écho. — C'est lui, — dit le vieux pêcheur avec satisfaction.

— Enfin! — soupira l'inconnu.

Au même instant, la tête d'un nageur se montra dans la sphère lumineuse que les falots formaient autour du bateau. Le nageur atteignit le navire en quelques brassées, saisit une corde et se hissa lestement sur le pont. Il avait à peu près le costume d'un dieu marin sortant de l'onde, moins la barbe limoneuse et le classique manteau d'herbes marines; c'est-à-dire qu'il était vêtu d'un simple caleçon de toile, et l'eau de la mer coulait en perles brillantes sur ses membres vigoureux. C'était Terre-Neuve.

Dès qu'il fut à bord, il dit d'un ton joyeux, quoique ses dents claquassent de froid:

— Léonard!... Jean!... Allons! mes braves garçons, donnez-moi bien vite mon manteau, ma pipe et mon verre d'eau-de-vie; nous n'avons pas à musser ce soir!

L'un des marins s'empressa de jeter un ample manteau de laine sur les épaules du jeune homme, qui s'en enveloppa frileusement; un autre lui présenta une pipe allumée, tandis que Cabillot lui-même versait parcimonieusement dans un verre fêlé une ration de mauvaise eau-de-vie. Tout cela se faisait de la manière la plus naturelle du monde, comme si chacun eût été habitué de longue date à ces usages.

— Affale la lanterne d'arrière! — cria Cabillot à son équipage. Et il ajouta plus bas en forme de commentaire: — Il n'est pas nécessaire de nous faire remarquer là-bas sur la côte, maintenant que le moussaillon est arrivé; d'ailleurs, la chandelle est chère par le temps qui court!

Quand la lanterne descendit au niveau du pont, une vive lumière se projeta sur la tête de Terre-Neuve, qui, enveloppé dans son manteau, s'était appuyé contre le cabestan et sur ceux de l'inconnu qui regardait avec avidité son guide futur. Cette observation mutuelle ne parut être au désavantage ni de l'un ni de l'autre.

— C'est vous, monsieur, — demanda Terre-Neuve d'un ton respectueux, — que je dois conduire à terre?

— C'est moi, — répondit l'inconnu; — et j'ai tout lieu d'espérer que je ne me repentirai pas de ma confiance en vous.

— Je l'espère aussi; nous passerons! Vous verrez que nous passerons sans accident, ou j'y perdrai mon nom!

Le patron vint se mêler à cet entretien, qui prenait déjà des formes tout amicales.

— Ah çà! Terre-Neuve, — demanda-t-il, — tu t'es bien fait tirer l'oreille ce soir pour répondre à nos signaux, et je commençais à croire qu'il était arrivé quelque miracle; tu avais nombreuse compagnie là-haut, sur la falaise.

— Ah! ah! père Cabillot, vous avez vu? — répliqua Terre-Neuve avec gaieté en exhalant coup sur coup plusieurs bouffées de tabac. — Eh bien! oui, j'étais avec de jolies dames, père Cabillot, rien que cela?

— Et parmi ces dames, — s'écria l'inconnu avec vivacité, — celle qui avait un long voile blanc n'était-elle pas.....

— Justement.

— Ainsi donc, vous êtes parvenu à lui remettre ma lettre en secret?

— Ce matin même, et ce soir je l'ai trouvée qui rôdait sur la falaise avec Jeanne, sous prétexte de se promener.

— Bonne et chère Léonie! — murmura l'inconnu avec émotion.

Cabillot ne paraissait pas aussi satisfait du bavardage de Terre-Neuve.

— Que signifie encore, — reprit-il avec humeur, — cette histoire de coiffes et de jupons? Je t'ai toujours dit, garçon, que les femmes te porteraient malheur. Qu'avais-tu besoin d'aller jaser là-haut avec des mijaurées?

— Avec votre permission, père Cabillot, cela me regarde seul, — répliqua Terre-Neuve d'un ton ferme. — Votre affaire, à vous, est de me remettre un ballot de dentelles que je dois transporter quelque part, malgré les douaniers; quand je ne suis pas à votre bord, je prétends faire le reste de mes actions... Mais autre chose, patron; puisque vous avez vu les dames de là-haut, vous avez dû voir aussi le grand Maillard qui vous guettait, et celui-là m'en a dit long sur votre compte.

— Et que diable t'a-t-il pu dire?

— Un tas de choses; il commence à se défier. Il a remarqué les mouchoirs de couleurs qui nous servent de signaux; il trouve du louche dans les manœuvres de votre flambart, dans vos fanaux de nuit.... Enfin, lui qui je croyais bon seulement à rêvasser en regardant les nuages et à pronostiquer d'où viendra le vent, m'a tout l'air de soupçonner grandement vos manigances.

— Coquin de moussaillon! — s'écria le vieux pêcheur avec colère, — c'est toi qui l'auras mis sur la voie avec tes sottes bavardages.

— Ne vous enlevez pas comme une voile détachée de sa vergue au coup de vent, père Cabillot; je ne me laisserai pas traiter comme vous traitez vos deux fils et vos deux neveux, qui n'osent ni rire, ni parler, ni même souffler en votre présence. Vous ne pouvez vous passer de moi pour votre commerce, je le sais, et si nous nous fâchons ensemble, ce sera tant pis pour vous.... Non, je n'ai rien dit à Maillard; j'ai tâché, au contraire, de détourner ses soupçons; mais il a pris la mouche, et peut-être un jour, si nous ne veillons au grain, finira-t-il par nous pincer.

— De par tous les cinq cents diables! si cela lui arrivait, je le jetterais du haut en bas de la falaise.

— Et moi, père Cabillot, — répliqua Terre-Neuve avec beaucoup de véhémence, — je ne souffrirai pas qu'on fasse le moindre mal à Maillard, dût-on me couper en morceaux. Malgré son habit de douanier, c'est la meilleure pâte d'homme qui soit sous la calotte des cieux, et je l'aime comme un père... Non, pas de menaces contre le grand Maillard, ou tonnerre! je me mets au son parti, et nous verrons qui sera le plus fort?

L'obscurité cacha les passions violentes qui se reflétaient sur le visage du vieux contrebandier.

— Gredin? — dit Cabillot. — tu aimes la nièce du gabelou, et pour obtenir la main de cette drôlesse, tu irais jusqu'à nous vendre!

— Jeanne, une drôlesse? — s'écria Terre-Neuve en se levant d'un bond; — tenez, si vous n'étiez pas un homme d'âge, je vous apprendrais...

— Tu serais donc incapable de trahir les amis?

— En doutez-vous, morbleu? J'ai pourtant plus d'intérêt que personne à bien garder notre secret. Si jamais, d'une manière ou d'une autre, le grand Maillard découvrait la chose, j'ai la certitude qu'il me refuserait sa nièce, fussé-je riche comme un armateur; et, dans ci cas, il ne me resterait plus qu'à me jeter à l'eau avec une pierre au cou, comme un chien galeux... Mais assez causé pour aujourd'hui, — poursuivit-il d'un ton indifférent; — le port est plein, et voilà le phare de la jetée que vient de s'allumer; il est temps de partir.

— Oui, oui, il est temps, — dit Cabillot; — et, de notre côté, nous allons rentrer avec les autres bateaux pour ne pas donner des soupçons... Eh bien! monsieur, — ajouta-t-il en s'adressant à l'inconnu qui semblait être retombé dans ses méditations, — êtes-vous prêt?

— Me voici.

Le passager mystérieux se couvrit d'un surtout en toile cirée dont il prit sous son bras une petite valise qui contenait son bagage. A son tour Terre-Neuve rejeta le gros manteau au moyen duquel il s'était réchauffé en sortant de l'eau, et vint dans son léger costume prendre le sac de marchandises qu'il assujettit sur ses épaules. Ainsi équipé, il se dirigea vers un canot qu'on avait constamment tenu caché contre les flancs du bâtiment, afin qu'il ne pût être aperçu de la rive. L'inconnu y était déjà descendu, et Cabillot, appuyé sur le plat-bord du flambart, disait d'un ton doucereux:

— J'espère, monsieur, que vous n'avez pas à vous plaindre de moi; et si vous m'avez bien payé, de mon côté j'ai tenu fidèlement mes engagements envers vous... Souvenez-vous donc que vous avez promis, sur l'honneur, de ne jamais révéler par quel moyen vous allez rentrer en France.

— Ayez l'esprit en repos, patron Cabillot, — répondit l'inconnu d'une voix triste; — bien que j'aie été souvent trompé, je n'ai jamais trompé personne. Quoi qu'il advienne de moi, je ne vous trahirai pas.

Cette assurance fut accompagnée d'une gratification généreuse pour l'équipage, gratification à laquelle Cabillot fit prendre sournoisement le chemin de sa poche. En ce moment Terre-Neuve sauta dans le canot.

— Ah çà! mon garçon, — reprit le vieux pêcheur du même ton cafard, — tu ne me gardes pas rancune pour notre querelle de tout à l'heure? Il faut se passer quelque chose entre amis; et puis, je suis un vieux matelot. Nous reparlerons du grand Maillard, et nous nous arrangerons pour prévenir les accidents. Quant à la nièce du douanier, je ne vois pas de mal à ce que tu l'épouses, d'autant moins que la petite est fort plaisante; et puis s Maillard finissant par s'entendre avec nous... Ainsi donc, la paix est faite, n'est-ce pas, mon gars? Je payerai quelque chose la première fois que nous nous retrouverons à terre.

— A la bonne heure, — reprit Terre-Neuve avec sa jovialité ordinaire, — mettons que le vent a emporté tout ce bavardage, je ne demande pas mieux. Pour ce qui est d'amadouer le grand Maillard, ne l'espérez pas, voyez-vous; autant vaudrait essayer de prendre la lune avec votre chalut quand elle se baigne dans l'eau par une belle nuit... A présent, bonsoir, patron et les autres.

En même temps il se mit à détacher l'amarre du canot.

— Bonne chance à tous deux! — dit Cabillot; — toi, petiot, rame avec précaution en approchant de terre, car les douaniers ont l'oreille diablement fine. Mais, un moment!... vous avez là une bonne paire d'avirons toute neuve, et il est inutile de la laisser à ces brigands de gabelous. Passe-nous ces deux vieux avirons qui servent à godiller dans le port, Léonard, — dit-il à l'un de ses fils, — il seront assez bons pour les conduire jusqu'à terre, et prends les neufs, puisque nous ne pouvons sauver que cela. — L'échange s'opéra, non sans que Terre Neuve jurât entre ses dents contre la sordide avarice du patron. Enfin il allait pousser la barque au large quand Cabillot le retint encore: — Veille bien sur la marchandise, mon garçon, — lui dit-il à voix basse; — il y en a pour une forte somme, cette fois, quoique le paquet ne soit pas gros, et certaines belles dames du Tréport attendent avec impatience son arrivée. Ensuite, écoute-moi.

Il lui glissa quelques mots à l'oreille.

— C'est bon, c'est bon, père Cabillot, — répliqua Terre-Neuve avec impatience; — j'agirai pour le mieux, je vous le promets.

Puis, coupant court aux interminables recommandations du vieux pêcheur, il poussa le canot d'un élan vigoureux jusqu'à vingt pas du navire.

Cabillot essaya de le suivre des yeux; mais enfin il dut y renoncer et il donna brusquement l'ordre de se mettre en route.

Aussitôt les voiles qui annulaient l'action du vent furent repliées et le petit navire gouverna vers l'entrée du port où se pressait déjà toute la flotille de bateaux pêcheurs.

III

LA MONTÉE VERTE.

Terre-Neuve et son compagnon étaient demeurés seuls au sein des ténèbres profondes, dans une frêle embarcation que la moindre lame semblait devoir renverser. La mer autour d'eux était noire comme de l'encre; toutefois le jeune marin, qui ramait avec vigueur, paraissait sûr de sa route. Les signes de reconnaissance ne lui manquaient pas, lors même que les feux allumés sur la côte ne lui eussent pas permis de retrouver son point de débarquement. Il continua donc d'avancer sans hésitation, tout en grelottant sous le souffle glacial de la bise.

Le passager, assis en silence à l'arrière du canot, finit par remarquer son malaise.

— Pauvre enfant! — dit-il d'un ton de sollicitude, — le froid vous gagne; prenez mon manteau, qui ne m'est pas nécessaire.

— Merci, monsieur, ce n'est pas la peine; tout à l'heure je vais retrouver mes habits dans un trou de rocher où je les ai laissés... Scélérat de vent! Je crois vraiment que j'aurais mieux aimé aller à terre en nageant suivant mon habitude.

— Un pareil trajet à la nage doit pourtant avoir ses dangers, — dit l'inconnu, qui sembla faire effort sur lui-même pour continuer cette conversation.

— Vous avez bien raison, monsieur; il m'est arrivé de me mettre à l'eau par des nuits d'orage et d'aller chercher la barque de Cabillot à une demi-lieue de la côte. Souvent la lame était si haute que je ne voyais plus les fanaux et je me suis trouvé plusieurs fois en danger de périr... Mais bah! l'on finissait toujours par arriver, et l'on ne meurt pas pour avoir bu quelques gorgées d'eau ou pour avoir été un peu roulé sur le galet.

— Vous devez gagner beaucoup d'argent à ce périlleux métier ?

— Je le crois bien, que j'en gagne ! Dix écus d'argent blanc, chaque fois que je passe un ballot de marchandises, et de plus une part comme pêcheur dans la vente du poisson de Cabillot... Dame ! ça vaut bien çà !

L'inconnu calculait que chaque voyage de Terre-Neuve devait procurer au patron plusieurs milliers de francs de bénéfice, tandis que ce malheureux enfant, qui exposait ainsi sa vie, était payé d'une manière si mesquine. Cependant il se contenta de dire :

— Vous êtes bien jeune pour tant tenir à l'argent.

— Mon Dieu ! monsieur, s'il ne s'agissait que de moi, je m'en soucierais comme d'un bout de tabac. Mais j'ai ma vieille mère à nourrir, et je voudrais mettre à l'abri du besoin cette pauvre femme qui a eu tant de mal à m'élever. Nous avons passé de bien mauvais jours, allez ! Nous avions beau faire, la huche était rarement garnie de pain... Ma foi, un jour que la cambuse s'obstinait à demeurer vide, Cabillot, qui me guettait parce que je passais pour le meilleur nageur du pays, vint trouver ma mère ; tous les deux m'en dirent tant et tant qu'ils finirent par m'endoctriner. D'abord j'aime la nièce du grand Maillard, et peut-être ne déplais-je pas trop à la chère petite ; mais ni Maillard ni la mère de Jeanne ne consentirait au mariage si j'étais sans sou ni maille. Il me faudra donc travailler avec Cabillot jusqu'à ce que j'aie gagné beaucoup d'argent.

— Ainsi, mon ami, c'est pour obtenir la main de la nièce d'un douanier, que vous vous livrez à la contrebande ? Vous jouez là bien gros jeu. Et si vous veniez à être pris, si le hasard voulait qu'une lutte s'engageât entre vous et l'oncle de votre fiancée, ne frémissez-vous pas en songeant aux conséquences possibles d'un pareil événement ?

— C'est vrai, monsieur, — répondit Terre-Neuve avec abattement, — et cette idée-là m'a passé plus d'une fois comme une drague à travers la cervelle, mais je la chasse toujours quand elle vient. Je ne me défendrais pas contre monsieur Maillard, voulût-il me tuer ; quoique ça, j'ai honte quand je pense que je lui montre de l'amitié, que je lui donne des poignées de main le jour, et que je le trompe indignement la nuit. On a beau dire, et ma mère la première, qu'il n'y a pas de mal à tricher les gabelous, qu'on ne leur cause pas de dommage à eux, mais à l'État, qui est si riche ; ça me répugne, vrai ! et je voudrais m'être noyé la première fois que j'ai commencé ce vilain métier. Mais quel parti prendre ? comment vivre ? quel autre moyen de gagner de quoi me mettre en ménage ?... Tenez, monsieur, je ne vous connais pas, mais vous avez l'air d'un homme instruit et vous êtes l'ami de la bonne demoiselle du général ; enfin il y a en vous quelque chose qui inspire la confiance... Conseillez-moi donc ; que feriez-vous à ma place ?

Terre-Neuve avait cessé de jouer des avirons, et il attendait avec une anxiété naïve la réponse de l'inconnu.

— Quel conseil, — répliqua celui-ci avec son accent mélancolique, — pourrais-je donner dans la position terrible où je me trouve moi-même ? Cependant, mon garçon, vous paraissez trop probe et trop loyal pour demeurer contrebandier ; à votre place je renoncerais bien vite à cet indigne métier.

— Puis ma mère et moi nous mourrions de faim ! — répliqua Terre-Neuve avec humeur ; — c'est bientôt dit, mais *les conseilleurs ne sont pas les payeurs*, à ce que je vois.

Et il se remit à ramer avec vivacité. Il y eut un nouveau silence pendant lequel on n'entendit que le bruit des vents et des flots. Les observations de l'inconnu semblaient avoir réveillé, dans l'esprit honnête mais léger de Terre-Neuve, ces réflexions pénibles que, de son propre aveu, le jeune marin avait toujours chassées jusqu'alors. Le voyageur reprit enfin :

— Nous devons être près de terre, et je n'ai pas songé encore à vous questionner sur un point important. Ce matin, quand on vous a remis ma lettre pour... une personne qui s'intéresse à mon triste sort, on a dû vous charger aussi de me trouver un logement tranquille et retiré dans la ville.

— On y a pensé, monsieur, — répondit Terre-Neuve avec empressement, comme s'il était enchanté d'échapper à des pensées peu agréables ; — notre maison au Tréport est isolée, paisible, telle enfin que vous pouvez la désirer. Or, ma mère, depuis que je gagne un peu d'argent, vous voyez de quelle manière, a meublé fort proprement une chambre qui ne nous servait pas. Cette chambre doit être la mienne quand je me marierai ; mais, en attendant, on la loue aux étrangers qui, dans cette saison, viennent ici prendre les bains de mer. Malheureusement les étrangers aiment beaucoup mieux aller se loger dans les belles maisons de la plage, ou dans les auberges de la ville, et notre chambre est souvent vide. Elle se trouve libre pour le moment, et vous verrez si vous voulez vous en accommoder. Dame ! ce n'est pas beau ; mais tout est propre et reluisant... D'ailleurs, si vous tenez à ne pas être remarqué, vous ne serez pas gêné par les voisins, attendu qu'il n'y en a pas.

— Ma situation me défend de me montrer difficile ; je vous demanderai seulement si votre habitation est bien éloignée du château du Plessis ?

— D'un demi-quart de lieue, et vous pourriez vous y rendre par des chemins solitaires. Ensuite on ne s'étonnerait pas de vous voir aller et venir ; on vous prendrait pour un de ces *baigneux* qui rôdent sans cesse dans la campagne pour tuer le temps.

— Eh bien ! Terre-Neuve, c'est entendu, je logerai dans votre maison.

Le jeune marin allait remercier, quand le canot éprouva un choc subit, et aussitôt le sommet d'une lame envahit la petite embarcation.

— Nous sommes arrivés, — dit Terre-Neuve ; — allons ! monsieur, prenez votre bagage et filons notre nœud. On pourrait nous voir là, sur la barre lumineuse que forme le ressac, et on serait capable de nous attendre au débouché de la montée Verte. — Déjà l'inconnu était debout, sa valise sous le bras ; il sauta sur le rivage avec une légèreté et une adresse qui témoignaient d'une grande habitude. Terre-Neuve l'imita ; puis il repoussa de toute sa force le canot vers la pleine mer ; les deux rames furent lancées dans la même direction avec le moins de bruit possible. — Voilà une embarcation qui va joliment exercer les langues demain quand on la trouvera échouée sur la grève, — reprit-il avec un sourire malicieux ; — mais le plus pressé maintenant est de chercher mes habits que j'ai cachés dans un trou de rocher, car ce vent d'ouest est diablement frais !

Il prit la main de l'inconnu ; tous les deux gravirent avec précaution cet immense amas de cailloux que la mer accumule incessamment le long des côtes et qu'elle bouleverse à chaque tempête. L'obscurité, augmentée encore par le voisinage de la falaise, ne permettait de distinguer aucune forme ; cependant Terre-Neuve, avec un instinct presque miraculeux, parvint à retrouver ses effets, et il s'en couvrit d'une manière expéditive. Sa toilette achevée et son ballot assujetti de nouveau sur ses épaules, il dit à son compagnon :

— Le plus difficile nous reste à faire ; il s'agit d'escalader la montée Verte... J'espère, monsieur, que vous avez le pied ferme et que vous n'êtes pas sujet au vertige ? — On ne répondit pas. — Je vous demande, — reprit Terre-Neuve avec un peu d'impatience, — si vous vous croyez assez sûr de vous-même pour tenter de gravir la falaise ? Le chemin, je l'avoue, n'est pas des plus commodes... Mais où êtes-vous donc et à quoi pensez-vous ?

— Je suis ici, — répondit une voix vibrante non loin

de lui, — et je pense que ma misérable existence ne mérite pas que je la défende avec tant d'acharnement... Peut-être me vaudrait-il mieux mourir dans ce lieu désert, et devenir un jouet pour les vagues de la Manche, que d'aller chercher de l'autre côté de ses rochers ce qui m'y attend. — Terre-Neuve, déconcerté par cette boutade sentimentale, gardait le silence. L'inconnu poursuivit bientôt d'un ton différent : — Allons ! il le faut... je tenterai cette dernière chance, et, si elle tourne encore contre moi, que mon sort s'accomplisse !... Marchons, jeune homme, je suis prêt. Ce ne sera pas la première fois que j'aurai gravi une montagne, et mon corps est endurci aux exercices pénibles. D'ailleurs, aujourd'hui, comme je demeurais oisif sur la barque de Cabillot, j'ai examiné soigneusement la falaise, j'ai observé la direction et les détours du sentier ; guidé par vous, je ne désespère pas d'arriver au sommet.

— A merveille ; je marcherai le premier et vous n'aurez qu'à me suivre. Mais il faut, dans une semblable entreprise, compter plutôt sur les mains que sur les pieds, et, pour cela, il importe que vous conserviez entièrement l'usage de vos mains. Il tira de sa poche un de ces morceaux de corde dont un marin n'est jamais dépourvu, et assujettit la valise sur le dos de son compagnon, de manière à laisser au voyageur la liberté de ses mouvements. — Ce n'est pas tout, — poursuivit-il ; — en arrivant sur le plateau nous pourrions être séparés l'un de l'autre. Dans ce cas, vous chercheriez d'abord un refuge dans les blés ; puis vous prendriez à gauche, du côté de la ville, et vous iriez m'attendre à l'extrémité du faubourg... Est-ce bien entendu ?

— Je m'abandonne à vous, brave jeune homme. Je ne suis jamais venu dans ce pays, et je n'y connais qu'une personne amie, malheureusement impuissante à me protéger ; mais Cabillot, votre patron, a dû vous recommander...

— Cabillot ! — répliqua Terre-Neuve avec dédain ; — vous fiez-vous aux promesses de ce vieux ladre ? Sa dernière parole, quand nous l'avons quitté tout à l'heure, a été pour m'engager, si nous venions à être poursuivis et si j'avais par hasard un choix à faire entre votre salut et les marchandises que je porte, à vous sacrifier sans scrupules. Jugez par là des bonnes intentions de Cabillot ! Il donnerait ma vie et la vôtre pour un écu.

— Eh bien ! mon garçon, — reprit l'inconnu d'une voix sourde, — puisque j'en suis réduit à n'avoir plus d'espoir que dans votre dévouement, sachez donc la vérité : si je venais à être arrêté, il ne s'agirait pas pour moi d'une incarcération temporaire ou d'une simple expulsion du sol français, mais de la mort, d'une mort cruelle et déshonorante.

Terre-Neuve tressaillit.

— La mort ! — répéta-t-il avec épouvante ; — vous avez donc commis... un crime ?

— Si j'ai versé le sang, ce n'a été que dans le cas de légitime défense ; mais des apparences funestes étaient contre moi ; des ennemis impitoyables ont fait le reste... Et maintenant que vous connaissez ma terrible position, serez-vous moins disposé à me servir ?

Terre-Neuve réfléchit quelques secondes.

— Non, de par tous les diables ! — s'écria-t-il enfin avec énergie, — écoutez, monsieur, dans le peu de temps que nous venons de passer ensemble, vous m'avez dit plus de bonnes paroles que jamais personne ne m'en a dit, sauf peut-être ce pauvre Maillard. D'un autre côté, mademoiselle de Sergey, que Jeanne aime tant, paraît s'intéresser à votre sort ; et puis, encore une fois, il y a en vous quelque chose qui remue le cœur dans la poitrine... Comptez donc sur moi, quoi qu'il arrive. Votre fâcheuse position me fera redoubler de précautions et de vigilance.

L'inconnu lui serra la main.

— Merci, mon brave enfant, — lui dit-il ; j'ai foi

en vous. Je n'ai pas besoin de vous rappeler qu'une récompense convenable...

— C'est bon, c'est bon ; Cabillot m'a parlé de votre générosité, mais, fussiez-vous pauvre comme un matelot après huit jours de relâche, je n'en serais pas moins zélé pour veiller sur vous et pour vous défendre... En attendant, nous voici à la montée Verte, nous allons avoir plus grand besoin d'action que de paroles.

L'inconnu leva la tête ; on était comme au fond d'un immense puits dont la margelle apparaissait à une prodigieuse élévation. Quant aux marches grossières qui conduisaient au sommet de la falaise, elles restaient complétement invisibles. Cependant Terre-Neuve ne s'y trompa pas ; il trouva sans peine le premier escalier de cette pente redoutable, et aussitôt l'ascension commença.

D'abord Terre-Neuve n'avançait qu'avec une extrême lenteur, par ménagement pour son compagnon. Mais, quoique les difficultés du chemin s'accrussent de minute en minute, il entendait toujours une haleine ferme et égale derrière lui ; il sentait toujours un pas assuré presser le sien. Piqué au jeu, il se mit à grimper plus vite ; toujours l'inconnu se trouvait à la même distance, toujours un pied nerveux et agile occupait la place que le pied du jeune guide venait de quitter.

Cependant, chargés comme ils l'étaient l'un et l'autre, ils ne pouvaient gravir un rocher de plus de deux cents pieds de hauteur perpendiculaire sans s'arrêter par intervalle, et chacune de ces haltes semblait leur faire mieux comprendre encore le danger de leur situation. Suspendus à la paroi lisse et perfide d'un abîme, il leur fallait souvent se cramponner aux pointes de rocher ou aux touffes d'herbe pour ne pas rouler au fond. L'obscurité ne leur permettait pas d'apprécier l'espace qu'ils avaient parcouru ; mais ils entendaient de moins en moins distinctement les grondements de la mer, qui semblait vouloir saper par la base le mur cyclopéen contre lequel ils rampaient. A chaque instant des oiseaux de proie, qui nichaient dans les crevasses de la falaise, éveillés par le passage des voyageurs, s'enfuyaient à tire-d'aile en poussant des cris aigus.

Ils atteignirent ainsi un endroit où le sentier était rompu ; un éboulement partiel, arrivé depuis peu, avait effacé les traces de pas. Cependant il fallait aller en avant ; car, si monter était périlleux, descendre paraissait impossible.

— A plat ventre ! dit Terre-Neuve ; — faites comme moi. Se traîna sur les genoux et sur les mains, seule posture qui permit de conserver l'équilibre en pareil cas. L'inconnu ne pouvait voir cette manœuvre, mais il l'imita d'instinct, et bientôt ils eurent franchi l'un et l'autre le redoutable obstacle. Le reste du trajet ne présentait plus de difficultés sérieuses ; le sentier quoique fort roide encore, suivait une espèce de ravin plein de grandes herbes, où les deux compagnons s'arrêtèrent pour reprendre haleine. — Nous approchons, dit Terre-Neuve avec précaution ; — nous ne sommes pas à vingt pieds de la crête de la falaise. Ma foi ! vous avez bravement manœuvré, monsieur. Je ne croyais pas qu'un autre que moi, habitué dès l'enfance à gravir ces damnés rochers, pût franchir aussi lestement le mauvais pas de tout à l'heure.

— Je vous ai dit que j'avais eu le temps, ce soir, d'étudier la disposition des lieux ; mais, si je ne me trompe, le plus fort du danger n'est pas passé pour nous ?

— Oui, oui, nous allons peut-être avoir besoin de bons yeux et de bonnes jambes. Si la mauvaise chance voulait que nous trouvassions les douaniers là-haut sur le plateau, détalez au plus vite en vous dirigeant vers la ville. Peut-être tirera-t-on sur vous ; ne vous en inquiétez pas ; les douaniers n'ajustent jamais, car, véritablement, l'introduction en fraude d'un méchant ballot de marchandises ne vaut pas la vie d'un homme. Surtout ne vous occupez pas de moi, quoi qu'il arrive ;

je saurai bien gouverner ma barque tout seul... Et maintenant, attention! Le succès peut dépendre de notre sang-froid et de notre promptitude!

Ils gagnèrent sans effort la cime du rocher; mais, avant de sortir du ravin où ils étaient engagés, Terre-Neuve fit une nouvelle halte afin d'examiner les alentours.

. . . .

La nuit était beaucoup moins noire sur le plateau qu'au pied des falaises; cependant, moissons, pâturages, bouquets de bois, ne se détachaient pas d'une manière distincte dans les ténèbres. Quelques lumières brillaient encore au loin malgré l'heure avancée, et annonçaient des habitations humaines; mais la côte semblait déserte, et le calme le plus profond régnait dans la campagne.

— Tout va bien, — dit enfin Terre-Neuve; — nous pouvons, je crois, nous risquer. Le grand Maillard ne saurait être loin, pourtant; mais sans doute le brave homme s'amuse à philosopher en observant la mer, le ciel et le reste.

Ils se décidèrent donc à quitter leur poste; mais, à peine s'étaient-ils dressés de toute leur hauteur sur le plateau, qu'une voix forte retentit non loin d'eux:

— Qui vive? — criait-on.

L'inconnu et Terre-Neuve, quoique préparés à un semblable événement, en furent, pendant un temps inappréciable, comme interdits.

— C'est Maillard, — murmura Terre-Neuve; — que le diable l'emporte! En route!

Et ils reprirent leur course.

- - Qui vive? — répéta la voix qui s'était rapprochée rapidement; — arrêtez-vous, au nom de la loi, ou je me servirai de mes armes!

Les deux fugitifs, comme on peut croire, n'avaient garde d'obéir à cette injonction. Tout à coup un éclair brilla, et on entendit l'explosion d'une carabine, à laquelle répondirent plusieurs voix éloignées.

— Tonnerre! — marmotta Terre-Neuve, — le père Maillard ne plaisante pas. Heureusement, il fait plus de peur que de mal... avançons toujours. — Maillard, car c'était lui, se mit à les poursuivre avec toute la célérité de ses longues jambes, et les voix qui s'élevaient dans plusieurs directions annonçaient que les douaniers arrivaient en force. Cependant le fraudeur et son compagnon auraient pu difficilement être cernés dans cette plaine ouverte, quand un accident inattendu vint compliquer leur situation. L'inconnu, en courant sur ce terrain nouveau pour lui, fit un faux pas et tomba rudement avec son fardeau. Terre-Neuve, qui se trouvait un peu en avant, comprit aussitôt l'imminence du péril. Incapable d'abandonner un proscrit qui s'était confié à son dévouement, il revint sur ses pas et s'élança pour le relever. Il y parvint sans peine, car l'inconnu n'était pas blessé; et il lui dit avec précipitation: — Au large! au large!... ne songez-vous à vous-même! — Le voyageur obéit machinalement et s'enfonça dans l'intérieur du pays; Terre-Neuve n'eut pas le temps de l'imiter. Maillard, guidé par le bruit, accourait les bras tendus. Le jeune et souple matelot se baissa pour échapper à son étreinte. Le douanier, qui avait prévu ce mouvement, se hâta de se baisser à son tour; il perdit l'équilibre et roula sur le gazon avec son adversaire. Ils ne furent lents ni l'un ni l'autre à recouvrer leur présence d'esprit; Terre-Neuve voulut se relever pour fuir, Maillard ne négligea rien pour l'en empêcher, et il en résulta une lutte courte et silencieuse. Mais le fraudeur ne pouvait avoir l'avantage dans ce combat corps à corps contre un homme de taille colossale et encore dans la vigueur de l'âge. Sentant ses bras et ses jambes retenus comme dans un étau de fer, il fut bientôt réduit à une impuissance absolue. Alors, vaincu et terrifié, il murmura d'une voix étouffée: — Grâce! grâce! — Cette voix était trop altérée par la frayeur, la nuit du reste était trop sombre pour que Maillard pût reconnaître à qui il avait affaire. Néanmoins cet accent suppliant toucha son âme honnête et bonne; ses larges mains, qui comprimaient les membres de son ennemi, se relâchèrent. Évidemment, il réfléchissait au parti qu'il devait prendre, tandis que les autres douaniers, attirés par le coup de feu, accouraient à son secours.

— Grâce!... — répéta le pauvre Terre-Neuve. Maillard prit brusquement sa détermination:

— Écoute, — dit-il, — je ne veux pas te connaître. Tu es peut-être un pauvre père de famille que la misère fait agir, et je me reprocherais de t'avoir perdu; mais comme le devoir commande, je vais m'emparer de ton ballot. S'il contient des effets non soumis aux droits, tu viendras demain le réclamer à la douane et il te sera rendu; si, au contraire, comme je le suppose, il renferme des marchandises de contrebande, sa perte sera pour toi et pour tes associés une punition suffisante... Maintenant, décampe, car mes camarades pourraient être de moins bonne composition; surtout, n'y reviens plus, ou il t'en cuirait!

Tout en parlant il avait détaché le sac de Terre-Neuve; une fois maître de ce précieux fardeau, il lâcha le malencontreux fraudeur qui, se sentant enfin redevenu maître de ses mouvements, se leva d'un bond et s'enfuit.

Il était temps; peu de minutes après, plusieurs autres gardes-côtes, la carabine sur l'épaule, rejoignaient Maillard, et on les entendit discuter bruyamment tous ensemble sur l'événement qui venait de se passer.

Terre-Neuve, malgré la rapidité de sa course, n'alla pas loin. A quelques centaines de pas de l'endroit où la lutte avait eu lieu, il s'arrêta pour respirer et aussi pour songer à ce qu'il devait faire. Maintenant il ne pouvait plus prendre conseil que de son humiliation, de sa colère; tout sentiment de gratitude envers le généreux Maillard s'effaçait de son esprit.

— Mille millions de tonnerre! — dit-il à voix haute en serrant les poings, — me laisserai-je dépouiller ainsi? Oh! si j'avais une arme! — Une espèce d'ombre apparut tout à coup près de lui. Il avait complètement oublié son compagnon, et son premier mouvement fut pour se mettre en défense; mais il se rassura en reconnaissant le passager de Cabillot. — Ah! monsieur, quel malheur! quelle perte irréparable! — dit-il avec désespoir.

— Qu'est-ce donc? que vous est-il arrivé? — demanda le voyageur avec étonnement; — je vous croyais au pouvoir des douaniers; mais puisque vous voici libre, d'où peut provenir ce chagrin?

Terre-Neuve apprit en peu de mots la capture opérée par Maillard.

— C'est une ruine complète pour mes commettants et pour moi, — poursuivit-il; — et puis, que va-t-on me dire? Ne m'accusera-t-on pas d'imprudence, de lâcheté? Cabillot sera furieux; ma mère elle-même ne m'épargnera guère... Tenez, monsieur, vous êtes un homme de cœur; donnez-moi un coup de main pour recouvrer le ballot perdu, et je réponds du succès. De tous ces gens-là-bas, un seul est à craindre, c'est Maillard; les autres, que je connais de longue date, se sauveront dès la première attaque. D'ailleurs, ils vont se séparer pour continuer leur service, et sans doute Maillard ira seul porter son butin à la douane. Nous pouvons le guetter au passage, le saisir par surprise, dans l'obscurité, et, à nous deux, nous lui reprendrons facilement les marchandises.

— Y pensez-vous, mon garçon? En agissant ainsi, ne vous rendriez-vous pas coupable de la plus noire ingratitude envers ce brave homme qui vous a épargné, de votre propre aveu, et vous tenait en son pouvoir? Oseriez-vous employer la violence contre le plus proche parent de votre fiancée, de cette Jeanne qui vous est si chère?... Allons! ne vous laissez pas abattre. Ni Cabillot ni les autres pour qui vous exercez ce fâcheux métier ne seront ruinés, comme vous le croyez; ils ont certainement réalisé déjà des bénéfices énormes, et la perte actuelle a dû entrer dans leurs prévisions. Quant à moi, je ne regretterais pas cette mésaventure, si elle avait pour résultat de vous détourner de la voie mauvaise où je vous trouve engagé.

Terre-Neuve gardait le silence.

— Oui, vous avez raison, — répliqua-t-il enfin avec un soupir; — ce serait abominable, en effet, d'attaquer ce pauvre Maillard... Mais alors, bon Dieu! que vais-je devenir?

L'obscurité cacha le sourire amer qui se jouait sur les lèvres de l'inconnu.

— Vous vous croyez bien à plaindre, — dit-il, — parce que cette entreprise coupable n'a pas réussi; qu'éprouveriez-vous donc si vous étiez comme moi, accusé d'un crime abominable dont vous seriez innocent; si vous aviez perdu à la fois considération, rang élevé, honneur, sans l'avoir mérité; si vous en étiez réduit à rentrer furtivement dans votre patrie, par une nuit sombre, en compagnie de gens révoltés contre la loi, au risque de recevoir une balle ou de subir une mort plus honteuse encore... et tout cela pour tenter une dernière chance de justification? — Terre-Neuve ne comprenait pas bien ce langage obscur; mais il y avait tant d'autorité dans l'accent de l'inconnu, que la douleur du jeune marin se tut devant une douleur et plus noble et plus grande. Après un nouveau silence, le passager poursuivit d'un ton différent: — Allons, mon enfant, nous ne pouvons rester ici davantage; l'alarme va se répandre sur la côte, et les douaniers enverront sans doute des patrouilles dans tous les directions; venez, vous dis-je: le mal est sans remède.

— Vous avez raison; maintenant, je ne dois plus avoir qu'un but: empêcher que Maillard n'apprenne qui est le fraudeur qu'il a tenu sous son genou, car s'il venait à l'apprendre, alors vraiment tout serait perdu!... Pouvait-on s'attendre à pareille chose de la part de Maillard? Fiez-vous donc à ses airs de bonhomie!... Mais les lamentations sont inutiles; partons, monsieur, puisqu'il le faut. Vous, du moins, nous n'avez plus rien à craindre, je l'espère.

Et tous les deux se dirigèrent à grands pas vers l'intérieur du pays.

IV

LA RENCONTRE.

Terre-Neuve et son compagnon gagnèrent un bouquet d'arbres qui semblait abriter un village, et bientôt leurs pieds rencontrèrent le sol durci d'un chemin battu. Ce chemin était encaissé entre deux talus, et les grands ormes qui le bordaient y répandaient des ténèbres impénétrables. Mais les deux hommes, qui venaient de gravir un rocher presque perpendiculaire, d'une élévation prodigieuse, n'avaient garde de reculer devant les difficultés et les mystères d'un chemin vicinal de Normandie. D'ailleurs le jeune matelot était très-familier avec ces localités dont la connaissance importait à sa profession. Aussi, quand on entra sous la voûte de feuillage, s'empressa-t-il de débarrasser l'inconnu du poids de son bagage et il le soutint lui-même obligeamment par le bras, afin de prévenir tout accident.

L'un et l'autre se taisaient; cet ombre épaisse pouvait recéler un espion ou un douanier, et ils avaient bien assez de leurs réflexions pour occuper leur esprit. Ils longeaient parfois des murs et des maisons qui répercutaient d'une manière particulière le bruit de leurs pas; on croyait même, à certains moments, distinguer de faibles rayons de lumière qui s'échappaient encore de ces habitations; mais, sauf les aboiements lointains de

quelques chiens de ferme, rien ne troublait le calme profond du pays.

Ils marchaient ainsi depuis un quart d'heure, quand l'inconnu dit à voix basse:

— Où sommes-nous donc, monsieur Terre-Neuve?

— Dans l'avenue du Plessis; nous arriverons bientôt chez ma mère.

— L'avenue du Plessis!... Quoi donc! serions-nous près de la demeure du général?

— Nous avons laissé le château derrière nous, mais vous pourriez le voir encore au bout de l'allée s'il faisait clair.

— Terre-Neuve, revenons sur nos pas, — dit l'inconnu avec agitation; — malgré l'heure avancée, je trouverais une satisfaction infinie à me promener pendant quelques instants autour de cette maison: elle renferme des personnes qui, à divers titres, m'intéressent vivement.

— A quoi bon, monsieur? Tout le monde maintenant doit être couché au château. Pas de nouvelle imprudence; les douaniers rôdent peut-être dans le village, et s'ils vena ent à nous rencontrer...il y a bien assez de malheurs comme cela pour ce soir!

L'inconnu céda en soupirant. Comme ils continuaient d'avancer, une lumière apparut à quelque distance dans le chemin. Cette lumière s'avançait rapidement vers eux, et l'on ne tarda pas à reconnaître qu'elle était portée par un homme accompagné d'une dame. Ces deux personnes causaient en marchant, et bientôt il fut possible d'entendre le murmure de leurs voix.

Terre-Neuve et son compagnon s'arrêtèrent brusquement.

— Qu'est ceci? — demanda l'inconnu.

— Sans doute des gens du Plessis qui retournent au château; heureusement leur lanterne n'éclaire que le milieu du chemin, et en nous tenant sur le talus, ils ne nous apercevront pas.

— Et vous ne pouvez déjà reconnaître...?

— Attendez! — reprit Terre-Neuve en regardant fixement les promeneurs nocturnes qui devenaient de plus en plus distincts; — oui, je ne me trompe pas... c'est la dame du château; elle revient de la ville, où sans doute elle a passé la soirée à danser. Le beau temps l'aura déterminée à ne pas prendre sa voiture, et elle rentre à pied, avec un domestique qui porte un falot.

— Comment! — dit le voyageur tout ému, — serait-ce mademoiselle de Sergey, qu'un heureux hasard...

— Non, non, ce n'est pas la jolie demoiselle, l'amie de Jeanne. La demoiselle quitte rarement son père malade; elle ne va jamais à l'établissement des bains. C'est l'autre, la grande dame si orgueilleuse, que l'on appelle, je crois, madame de Granville.

L'agitation de l'inconnu ne diminua pas; bien qu'elle eût changé de nature.

— Madame de Granville! — répéta-t-il, — oh! c'est la Providence qui amène ici cette créature impitoyable!

— Que voulez-vous faire, monsieur? Vous n'avez pas la pensée sans doute d'accoster cette dame au risque de l'effrayer et...

— Tenez-vous à l'écart; pour moi, je profiterai de l'occasion que m'offre le ciel; je parlerai à cette femme qui tient mon sort entre ses mains!

Terre-Neuve se rejeta en arrière, tandis que l'inconnu attendait, immobile, au bord de l'avenue.

Les personnes qui approchaient étaient alors parfaitement reconnaissables. Le porteur de lanterne avait l'apparence d'un vieux domestique de confiance. A côté de lui, marchait une dame élégante, frileusement enveloppée dans un bournous de cachemire blanc. Cette dame paraissait d'humeur vive et gaie; toute pleine encore des souvenirs du bal auquel elle venait d'assister, elle racontait en marchant à son compagnon quelque joyeux épisode de la soirée, et ce récit était entrecoupé de petits éclats de rire.

Une voix triste et solennelle s'éleva dans l'ombre et la fit tressaillir.

— Madame... Madame de Granville ! — disait-on, — daignez m'accorder un moment d'entretien.

Madame de Granville, puisque c'était le nom de la dame au bournous, interrompit son babil et s'arrêta.

— Qui est là ? — balbutia-t-elle, — que me veut-on?...

Julien, — poursuivit-elle en s'adressant au valet qui s'était arrêté aussi, — ne me quittez pas.

— Vous n'avez rien à craindre, — reprit l'inconnu avec un accent douloureux ; — malgré le mal que vous m'avez fait, je veux seulement implorer votre justice, et puissé-je ne pas l'implorer en vain !

Ces protestations, au lieu de rassurer madame de Granville, parurent augmenter le trouble de son esprit.

— Qui êtes-vous donc, vous qui parlez? — demanda-t-elle.

— Un malheureux tombé au dernier degré du désespoir, et dont toutes les misères sont votre ouvrage.

Une tête, à l'expression noble et touchante, mais pâle et amaigrie par la souffrance, se montra dans le cercle lumineux. La dame recula comme à la vue d'un spectre.

— Monsieur de Listrac! — s'écria-t-elle ; — lui ici, dans ce lieu solitaire, à cette heure de la nuit?... Ne m'approchez pas, ne me touchez pas... vous voulez m'assassiner !

— Vous assassiner ! — répéta celui qu'elle avait appelé Listrac ; — vous devez savoir, vous, que je n'ai jamais assassiné personne? Madame, par pitié, cessez vos injustes persécutions contre moi ; je viens à vous sans colère, sans esprit de vengeance ; je suis prêt à vous pardonner mes douleurs passées. Vous avez la preuve de mon innocence, j'en suis sûr ; un mot de votre bouche peut me sauver, me rendre sinon tous les biens que j'ai perdus, du moins ceux auxquels je tiens le plus : l'honneur et l'estime des honnêtes gens... Mon Dieu ! rien ne saurait-il désarmer cette haine aveugle, inexplicable ?

Monsieur de Listrac, en parlant ainsi, semblait faire violence à son caractère naturellement mâle et fier ; mais la dame au bournous était hors d'état d'écouter et de comprendre.

— Ne m'approchez pas ! — s'écria-t-elle à moitié folle d'épouvante ; — un mauvais dessein a pu seul vous amener sur mon passage... Monsieur de Listrac, vous un gentilhomme, un officier de marine, vous n'aurez pas la lâcheté de tuer une femme ?

— De grâce, madame, revenez à vous, je vous jure...

— Laissez-moi ! laissez-moi !

— Vous m'écouterez, — dit Listrac avec énergie en avançant d'un pas ; — quoi donc, après avoir tant souffert de vos abominables menées, me sera-t-il interdit de m'en plaindre ?

Ce mouvement chaleureux du proscrit parut porter au comble la terreur de madame de Grandville. Elle se réfugia derrière le vieux domestique, plus interdit qu'effrayé de cette scène bizarre.

— Julien, mon bon Julien, — lui dit-elle, — défendez-moi... au secours ?

N'y tenant plus, elle s'enfuit dans la direction du château et disparut au milieu des ténèbres, sans écouter Listrac et Julien lui-même qui la rappelaient.

Le domestique se mit en devoir de la suivre ; mais, avant de s'éloigner, il dit précipitamment à Listrac qu'il connaissait depuis longtemps :

— Vous avez eu tort, monsieur de vous montrer à elle ; maintenant, qu'elle sait votre arrivée dans le pays, elle essayera, selon toute apparence, de vous jouer un mauvais tour. Vous découragez pas cependant, et peut-être... mais il faut que la rejoigne bien vite, ou elle va se tuer en se heurtant contre les arbres de l'avenue.

Et il se mit à courir avec son falot, afin de retrouver sa maîtresse ; toutefois le sentiment du devoir, bien plus qu'une affection réelle, paraissait être le mobile de son empressement.

Listrac, consterné du mauvais succès de sa tentative, demeurait immobile au milieu du chemin.

— Ce brave homme a raison, — murmura-t-il ; — j'ai commis une faute en me découvrant à ma persécutrice. Ne devais-je pas prévoir que son âme égoïste resterait inaccessible à la pitié comme à la raison ? Peut-être serai-je plus heureux avec d'autres personnes...

Une main se posa sur son épaule, et Terre-Neuve lui dit à l'oreille :

— Partons, monsieur ; votre rencontre avec cette dame, qui ne passe pas pour très-bonne, ne peut en rien arranger nos affaires. Il y aurait imprudence à rester ici davantage.

Il prit de nouveau le bras de son compagnon, qui ne fit aucune résistance, et ils se remirent en marche.

Moins d'un quart d'heure après, ils s'arrêtaient devant une petite maison isolée, à l'extrémité d'un faubourg du Tréport. Elle longeait la voie publique ; mais le jardin potager qui en dépendait avait une autre entrée du côté de la campagne. Ce fut de ce côté que monsieur de Listrac et Terre-Neuve arrivèrent. La maison était silencieuse ; cependant, à peine le jeune marin eut-il frappé un léger coup que la porte s'ouvrit. Une personne, qui n'avait pas de lumière, demanda d'une voix aigre :

— Est-ce toi, Louis?

— Oui, oui, mère.

— Et as-tu réussi, ce soir, mon gars ?

— Je vous dirai cela plus tard, — répliqua Terre-Neuve peu pressé de raconter sa mésaventure ; — pour le moment nous ne sommes pas seuls. Je vous amène cet étranger... ce voyageur... vous savez?

— Ah ! ce monsieur qui doit loger dans notre belle chambre? — dit la veuve Guignet avec un accent de plaisir ; — vous vous êtes donc arrangés ensemble? Tu n'as pas manqué de le prévenir que la chambre était de vingt francs par mois, j'espère?

Terre-Neuve avait omis cette circonstance et il hésitait à l'avouer. Monsieur de Listrac se hâta d'intervenir :

— J'accepte toutes vos conditions, madame, — dit-il avec un accent où perçait un peu de dédain ; — n'ayez aucune inquiétude, je saurai rénumérer largement vos services.

— A la bonne heure ; mais que je vois donc un locataire si généreux ! La ménagère alluma une chandelle, fichée dans un sordide chandelier de fer-blanc, et les personnages de cette scène purent s'observer mutuellement. La pièce où ils se trouvaient était enfumée et misérable. Deux lits, entourés de vieux rideaux de serge en occupaient chaque extrémité. Dans les coins on apercevait des engins de pêche, des avirons, des bottes de matelot, pêle-mêle avec des rouets, des vieux paniers et des ajustements de femme. La maîtresse du logis n'avait pas une apparence plus attrayante. Ses traits vulgaires décelaient une extrême âpreté au gain. Ses cheveux gris, s'échappant d'une coiffe malpropre, tombaient en mèches roides autour de son visage. Elle était vêtue d'un casaquin de couleur passée, et d'un jupon rayé qui laissait ses jambes et ses pieds nus. Ses manières revêches, acariâtres, ne prévenaient pas en sa faveur. La veuve Guignet examinait à son tour, avec une curiosité assez impertinente, son nouveau locataire. Le costume de monsieur de Listrac était, nous le savons, d'une extrême simplicité, et ne pouvait donner une grande idée de sa personne ; mais la distinction de son maintien, la dignité mélancolique de ses traits, imposèrent d'abord à la mère de Terre-Neuve. Ce n'était pas qu'elle eut été frappée du caractère de douleur et de résignation peint sur ce noble visage ; mais elle reconnaissait, à des signes indélébiles, l'homme riche, habitué au bien-être, et elle s'inclinait devant cette supériorité, la seule qu'elle comprît et qu'elle enviât. — Votre servante, monsieur, — dit-elle en souriant ; — je vois maintenant à qui j'ai affaire. Si j'en crois quelques mots échappés à mon fils, c'est une intrigue avec une belle dame qui vous appelle dans notre pays... Je ne trouve pas grand mal à cela, moi; vous serez aussi bien caché ici qu'un ballot de contrebande, foi d'honnête femme.

Listrac et Terre-Neuve lui-même, ne jugèrent pas à propos de rectifier les idées de la veuve sur la position réelle de son hôte. On convint des mesures à prendre pour que personne ne soupçonnât la présence d'un étranger dans la maison Guignet; les fenêtres, sur le grand chemin, devaient rester constamment closes; la mère et le fils s'engageaient à faire bonne garde. On s'entendit également sur tout ce qui concernait la nourriture et le bien-être du locataire. Celui-ci, assez indifférent à cet égard, accepta sans difficulté les propositions de la veuve Guignet que cette condescendance acheva de charmer.

— Maintenant, que nous voguons de conserve, — demanda Terre-Neuve, — il serait bon peut-être de savoir le nom...

— À quoi penses-tu, petiot? — reprit la mère d'un ton de réprimande; ce n'est pas poli de demander ainsi le nom des gens. On peut avoir des raisons pour... Excusez-le, monsieur, — poursuivit-elle en s'adressant à Listrac, — c'est jeune, et ce n'est pas sur les bateaux que l'on apprend les bonnes manières.

— Appelez-moi René..... monsieur René, — dit Listrac...

Le voyageur avait hâte d'être seul, et l'on monta un escalier criard qui conduisait à ce qu'on appelait la belle chambre de la maison. Cette pièce était sinon plus somptueuse, du moins infiniment plus propre que celle du rez-de-chaussée. Des rideaux de calicot blanc, à franges de coton, ornaient les fenêtres et la couchette en bois de sapin. Les chaises de paille, la commode en noyer, la table, tout était luisant et ne semblaient jamais avoir servi. Sur la cheminée s'étalaient, luxe inouï, deux maigres vases de porcelaine dorée, surmontés de fleurs artificielles, et une petite madone en coquillages, couverte d'une cloche de verre. Dans un angle de la chambre se trouvait un bahut sculpté, de ceux appelés coffres de mariage, curieux spécimen de ces anciennes et charmantes sculptures en bois si communes encore en Normandie. Mais, comme si l'on eût rougi de mettre en évidence ce meuble artistique à cause de sa vétusté, on l'avait recouvert d'un bout de natte, et une rangée de chaises cachait les élégantes arabesques, l'ornementation gracieuse, les fines ciselures qui décoraient sa face la plus apparente.

. . . .
Le nouvel habitant de cette chambre jeta seulement un regard distrait autour de lui. À peine entré, se laissa tomber accablé sur un siège, tandis que Terre-Neuve et sa mère disposaient tout pour la nuit. Ces arrangements terminés, ils allaient se retirer quand Listrac se leva.

— Mes braves gens, — reprit-il, — souvenez-vous que ma sûreté dépendra surtout de votre discrétion. Demain, j'aurai différents services à réclamer de votre obligeance...En attendant, ma bonne dame, comme ma présence ici doit vous obliger à quelques avances, voici de quoi pourvoir aux premiers besoins.

Et plusieurs pièces d'or tombèrent de sa main dans la main calleuse de la mère Guignet.

Demeuré seul, monsieur de Listrac crut pouvoir se reposer enfin de tant de fatigues et d'émotions; mais, en dépit de lui-même, il dut donner son attention à ce qui se passait au-dessous de lui. Une conversation animée s'était établie entre la mère et le fils, dans la salle du rez-de-chaussée, dont il était séparé seulement par un mince plancher de sapin.

D'abord cette conversation arrivait jusqu'à lui comme un murmure vague et confus. Peut-être l'avare hôtesse s'efforçait-elle de faire partager à Terre-Neuve la joie que lui causait la présence d'un locataire si riche et si prodigue, tandis que le fils, préoccupé d'autres idées, demeurait morne et rêveur. Peu à peu l'entretien s'é-

chauffa; quelques répliques vives et rapides, des exclamations lamentables, enfin des sanglots, mêlés à des trépignements de rage impuissante, ne laissèrent plus de doutes à Listrac; le jeune matelot venait d'apprendre à sa mère la catastrophe arrivée sur la côte.

Toutefois la douleur de la veuve Guignet commençait à s'apaiser, quand on frappa doucement à la porte de derrière de la maison. Quelques mots furent échangés avec un personnage dont la voix était rauque et dure; puis on ouvrit et un visiteur, dont le pas était aussi lourd que le timbre de son organe était peu harmonieux, fut introduit dans la salle basse.

La conversation reprit des allures calmes pendant quelques moments encore; mais tout à coup les exclamations, les trépignements recommencèrent avec plus de force. Des rugissements contenus mais puissants s'échappaient d'une robuste poitrine. Enfin la grosse voix que Listrac reconnut alors pour celle du patron Cabillot, prononça distinctement ces paroles:

— Que l'enfer m'engloutisse! Que le feu du ciel nous consume tous! Perdre en une nuit le fruit du travail de toute sa vie... Non, je ne souffrirai pas cela; je tuerai, je brûlerai, je ferai sauter... que Satan m'étrangle si je le souffre! — Les interlocuteurs laissèrent passer les premiers transports de douleur et de colère; puis la veuve, qui ne s'intimidait pas facilement, essaya de donner des consolations au farouche contrebandier. Celui-ci l'interrompit brutalement: — Ne me parlez pas de réparer une pareille perte, — reprit-il; — je n'y survivrai pas; mais avant de mourir, je me vengerai. Et si je ne brise pas le crâne à votre méchant marsouin d'enfant, qui s'est laissé dépouiller, au lieu de battre, de déchirer, de mordre, d'assassiner...

— Oh! vous ne toucherez pas à mon gars, dites vous, vieux Cabillot! — s'écria la virago d'un ton d'autorité.

— Suffit; ce compte se réglera en temps et lieu. Le plus pressé maintenant est de donner une leçon à cet infâme brigand de Maillard; et que toute l'eau de l'Océan, m'entre dans le ventre si, d'ici à vingt-quatre heures, je ne l'ai pas mis hors d'état de voler les pauvres gens.

— Encore? — s'écria Terre-Neuve à son tour avec fermeté; — je vous ai déjà dit, patron Cabillot, que je vous défendais de toucher au grand Maillard; vous pouvez vous en prendre à moi pour le malheur de cette nuit, peu m'importe! mais si vous aviez la hardiesse de vous en prendre à ce brave homme, vous vous en repentiriez, je vous le jure!

Ces menaces produisirent une certaine impression sur le vieux contrebandier. Il reprit d'un ton moins âpre:

— Tu chantes bien haut, mais tu déchanteras, je te le promets... Quant à ce passager, cause première de tout le mal, il n'a qu'à bien se tenir aussi. Ce n'est pas un homme du commun, cela se voit du reste, et il pourrait me fournir une compensation au tort qu'il m'a causé.

— Ah çà! père Cabillot, — reprit la veuve en intervenant de nouveau, — laissez mon fils et mon locataire tranquilles, ou de par le diable! moi aussi je me mettrai de la partie. Malmenez les gabelous, je ne m'y oppose pas, quoique mon gars ait l'idée d'épouser la nièce au grand Maillard; mais si vous vous avisiez de toucher au petiot ou bien à ce brave monsieur de là-haut qui donne des jaunets comme des pièces de six liards, je vous fendrais la tête avec ce battoir à laver, aussi sûrement que vous êtes le plus grand coquin du pays!

Sans doute la veuve avait joint le geste aux paroles, car on entendit des piétinements et un murmure confus de voix dans la salle basse. Cependant, le conflit put être évité, et bientôt la voix de Cabillot se détacha nettement du milieu du bruit.

— Ce ne sera pas vous avec votre battoir, ni votre fils avec sa langue bien affilée, qui m'empêcherez d'agir à mon gré, — reprit-il en se disposant à sortir, — Je prétends me venger de tous ceux qui ont contribué d'une manière ou d'une autre, à mon malheur, à ma ruine... Je rentre chez moi, mais j'aurais bientôt ma revanche : en attendant, puisse cette maison crouler sur vous et vous écraser tous !

Et il sortit en faisant claquer la porte avec fracas.

Monsieur de Listrac en avait entendu assez pour comprendre de quel nouveau danger pouvait le menacer l'inimitié du contrebandier Cabillot.

— N'avais-je pas assez d'ennemis ? — murmura-t-il avec un sourire amer ; — assez de circonstances funestes ne sont-elles pas réunies contre moi ? Dieu, qui connaît mon innocence, pourra seul me sauver des périls qui se multiplient sous mes pas !

V

MADAME DE GRANVILLE.

Le château du Plessis, habité par le général de Sergey et sa famille, était, dans l'origine une bonne et grasse ferme qu'on avait métamorphosée récemment en maison bourgeoise. Le bâtiment destiné au fermier était devenu le château proprement dit ; les granges et les étables avaient pris la forme d'écuries, de remises et de logements pour les domestiques. Un parterre de fleurs remplaçait l'ancien jardin potager, et l'enclos, qui à la vérité était d'une étendue considérable, s'appelait parc depuis qu'on avait ajouté quelques lilas et quelques arbustes exotiques à ses plantations primitives d'arbres fruitiers. Du reste, grâce à des réparations bien entendues, à des embellissements intelligents, la transformation était complète ; et l'ex-ferme avec sa longue avenue, ses girouettes dorées, ses grilles de fer, avait cette apparence de richesse et de comfort exigée dans les habitations aristocratiques de notre temps.

Le Plessis n'appartenait pas à monsieur de Sergey, qui vivait à Paris pendant huit mois de l'année et venait seulement passer la belle saison en Normandie. Le général avait choisi cette localité, d'abord à cause de la salubrité du climat, puis à cause de la proximité de la mer dont les bains lui étaient ordonnés par la faculté. D'ailleurs, le Plessis était situé à moins d'une lieue du château d'Eu, où résidait alors la cour, et le général pouvait se montrer parfois dans les salons royaux où il était accueilli avec faveur. Mais à l'époque où nous nous trouvons, monsieur de Sergey ne profitait plus des avantages de ce voisinage ; le mauvais état de sa santé lui interdisait les visites à la demeure royale ; il n'avait même plus la force, comme nous l'avons dit déjà, de sortir en voiture ou en chaise à porteurs pour aller tenter l'action bienfaisante de l'eau de mer sur son corps usé, menacé d'une désorganisation prochaine.

Le lendemain du jour où s'étaient passés les événements que nous connaissons, mademoiselle Léonie de Sergey en robe de matin, se promenait dans le jardin du Plessis, en attendant le lever de son père. Elle tenait à la main un petit arrosoir et, en marchant, elle versait avec distraction quelques gouttes d'eau sur des pots de fleurs. Elle paraissait triste et inquiète, son front pur était sillonné de plis légers ; le soleil déjà chaud ne parvenait pas à colorer son visage pâli par l'insomnie. Souvent elle interrompait sa besogne, et regardait tantôt les fenêtres de son père, qui restaient obstinément fermées, tantôt une terrasse qui s'élevait à l'extrémité du jardin.

Enfin, cédant à une secrète tentation, elle abandonna son arrosoir vide et courut vers cette terrasse, dont elle franchit lestement les degrés. Parvenue sur la plate-forme, elle jeta un coup d'œil avide au-dessous d'elle ; mais sans doute son attente fut trompée, car ses traits ne tardèrent pas à prendre l'expression d'un vif désappointement.

De cet endroit on dominait le parc qui, en dépit de sa vaste étendue, de ses boulingrins et de sa pièce d'eau, conservait un air un peu rustique avec ses pommiers et ses pruniers chargés de fruits. Cependant on avait ménagé dans les plantations une charmante percée de vue sur la campagne, sur le plateau bien cultivé qui couronnait les falaises, et enfin sur la pleine mer. Des navires, aux voiles blanches, sillonnaient lentement le fond bleu du tableau, et disparaissaient derrière les arbres verts, qui formaient des massifs à droite et à gauche du spectateur. Ce parc, dont toutes les portes étaient ouvertes pendant la journée, servait continuellement de passage soit aux gens du château, soit même aux habitant du voisinage qui le traversaient sans façon pour se rendre à la mer ; mais cette fois mademoiselle de Sergey n'aperçut personne. Les allées étaient solitaires, aucun promeneur n'errait sous ces paisibles ombrages. Après quelques instants d'examen, elle se disposait à quitter la terrasse et à retourner à son arrosoir, quand enfin une femme du pays apparut au loin, à travers les arbres ; c'était Jeanne, la nièce du douanier Maillard, la jeune fille qui la veille accompagnait Léonie dans sa promenade sur la falaise.

Quelques mots suffiront pour expliquer l'espèce d'intimité qui régnait entre la petite Cauchoise et la noble demoiselle. Madame Rupert, la mère de Jeanne, possédait une vache réputée sans pareille dans ce pays, si renommé cependant pour ses vaches laitières. Celle-ci, nourrie d'herbes salines, riches en iode et en substances aromatiques, donnait un lait parfumé qui convenait à l'estomac affaibli du général ; ce lait même, depuis quelque temps, était devenu la principale nourriture du malade, qui n'en pouvait supporter d'autre. Aussi, soir et matin, Jeanne venait-elle apporter au château la bienfaisante liqueur, et sa gentillesse, son naïf babil, sa douceur, avaient charmé Léonie, dont l'âme aimante trouvait rarement occasion de s'épancher. Mademoiselle de Sergey se plaisait à causer avec elle ; plusieurs fois, profitant de la liberté de la campagne, elle avait poussé ses promenades jusqu'à la douane du Plessis, où demeurait Jeanne ; et la veille encore, obéissant à une mystérieuse impulsion, elle n'avait pas hésité à s'aventurer sur la côte avec la nièce du douanier.

C'était donc Jeanne qui traversait le parc à cette heure matinale, pour apporter le déjeuner du général. Elle n'avait plus le brillant costume de la veille, costume qu'elle avait pris seulement pour honorer une nouvelle compagne ; mais, telle qu'elle était, en petit bonnet bien blanc, en cotillon simple et en souliers plats, elle formait la plus gracieuse petite laitière que l'on vue depuis Perrette, de fringante mémoire. Comme sa devancière, elle allait à grands pas, car elle se sentait en retard, et glissait légèrement le long des allées, tantôt à l'ombre, tantôt au soleil, cachée le plus souvent sous des arbustes fleuris.

Dans sa précipitation, elle allait passer au pied de la terrasse sans même lever les yeux, quand elle s'entendit appeler. En reconnaissant Léonie, elle s'arrêta court, et dit tout essoufflée :

— Ah ! mademoiselle, on va me gronder... Je viens bien tard, n'est-ce pas ? Il est arrivé tant de choses cette nuit !

— Rassurez-vous, ma chère Jeanne, — répliqua mademoiselle de Sergey d'un ton amical ; — il n'y a pas de mal encore, puisque mon père n'est pas éveillé... Mais d'où vient donc l'agitation où je vous vois ?

— Si je devais tout vous conter, il y en aurait pour le reste du jour. Il s'est passé des choses... N'avez-vous pas entendu des coups de fusil, hier au soir du côté de la mer ?

— Je crois, en effet, avoir entendu un coup de feu, mais je ne pouvais penser...

— Eh bien! mademoiselle, c'étaient des fraudeurs. Mon oncle, qui s'est battu contre eux, assure n'en avoir vu que deux distinctement; mais les autres préposés affirment qu'il y en avait plus d'une douzaine à la Montée-Verte. Quoi qu'il en soit, mon oncle Maillard ne les a pas ménagés, et il a fait sur eux une grande capture.

— Une capture! — balbutia mademoiselle de Sergey en pâlissant; — quoi donc? Aurait-on pris quelqu'un de ces... fraudeurs?

— Non, malheureusement, mademoiselle; les coquins se sont échappés. La capture dont il s'agit consiste en un ballot de magnifiques dentelles; des points d'Angleterre et de Bruxelles comme une reine pourrait en porter; madame de Granville elle-même n'a rien d'aussi riche. J'ai voulu câliner mon oncle pour obtenir de lui une demi-aune seulement de la dentelle la moins chère; ah bien! oui; il est monté sur ses grands chevaux, et m'a dit qu'à présent toutes ces belles marchandises appartenaient à l'État... Ma foi! si l'État avait une femme ou une fille, il pourrait leur faire porter de fameux bonnets, je vous le garantis!

Cette naïveté n'appela même pas un sourire sur les lèvres de Léonie. Mademoiselle de Sergey reprit:

— Ainsi donc, Jeanne, en définitive, on ne connaît pas les fraudeurs, et on n'a plus l'espoir de les retrouver?

— Ils se sont enfuis, mademoiselle; mais on les retrouvera. Le brigadier du Plessix, et puis mon oncle Maillard, et puis le chef de la douane du Tréport ne les tiendront pas quittes si facilement, et l'on est déjà sur leurs traces... Allez, allez, ils seront pris, les scélérats! et, pour ma part, je serai bien contente quand je les verrai tous en prison.

— Merci, Jeanne! — dit une voix railleuse qui partait d'un fourré situé à quinze ou vingt pas de la terrasse.

Mais ni l'une ni l'autre des jeunes filles n'avaient entendu cette voix. Mademoiselle de Sergey s'aperçut que les fenêtres du général venaient enfin de s'ouvrir.

— Vous me conterez tout cela un autre jour, ma chère Jeanne, — reprit-elle, — voici mon père éveillé; allez lui porter son lait, car il ne faut pas que quelque chose pour l'impatienter, et l'impatience lui est contraire.

— Je pars, mademoiselle; mais n'irons-nous pas nous promener aujourd'hui sur les falaises comme dans la soirée d'hier? Vous m'avez fait bien de l'honneur aux yeux des bonnes gens du pays; aussi, quand Louis a eu l'air de gloser sur moi, vous avez vu comme je l'ai rembarré! On dit que Louis est mon fiancé; mais si on lui en passait... Allons, viendrez-vous ce soir? Il ne faut pas que vous ayez peur des contrebandiers; ils seront coffrés avant le coucher du soleil, j'en ai la certitude.

— Oui... non... je ne sais pas, — répliqua mademoiselle de Sergey troublée; — j'irai peut-être dans la journée jusque chez vous pour avoir des nouvelles de... de ce qui se passe. Mais songez qu'on vous attend... Adieu, adieu.

Jeanne fit un courte révérence et se mit à courir vers une porte de service qui donnait accès dans la cour du château.

Léonie, en effet, ne manquait pas de motifs d'inquiétude. Elle n'avait encore que des idées vagues sur l'entreprise désespérée dans laquelle se trouvait engagé Listrac, et les babillages de Jeanne Rupert lui donnaient à penser que cette entreprise avait mal tourné pour le proscrit. Mais son anxiété ne fut pas de longue durée; comme elle demeurait penchée sur le parapet de la terrasse, Terre-Neuve s'élança tout à coup du fourré où il s'était tenu caché pendant la conversation précédente.

Le jeune Gaignet, en sortant de sa retraite, se tourna d'abord vers Jeanne, qui allait disparaître et qui ne pouvait le voir; il la menaça du doigt en souriant, puis il vint à mademoiselle de Sergey stupéfaite.

— Mademoiselle, — lui dit-il à voix basse quand il fut au pied de la muraille, — n'écoutez pas cette folle de Jeanne. Elle ne savait ce qu'elle souhaitait en demandant de voir en prison... Elle serait tout aussi attrapée que les autres, la méchante!... Mais l'événement de la nuit dernière ne doit pas vous alarmer au sujet d'une personne de votre connaissance; cette personne est non loin d'ici et en sûreté, du moins pour le moment.

Léonie respira.

— Merci, — soupira-t-elle; — ainsi donc elle a pu passer la ligne de douane...

— Tout va bien pour elle jusqu'à présent, et elle a trouvé dans le pays des amis dévoués!... Mais, pardon, mademoiselle; Jeanne pourrait revenir, et il ne faut pas qu'elle me voie; je vais donc m'acquitter sans retard de ma commission pour vous.

Il coupa une branche de coudrier, en fendit l'extrémité, puis, glissant un papier dans la fente, il le tendit à mademoiselle de Sergey qui s'en empara sans hésiter et se mit à lire avec avidité. Sa lecture achevée, elle réfléchit profondément.

— Il veut voir le général aujourd'hui même, — dit-elle enfin, — et il compte sur moi pour lui fournir les moyens de pénétrer jusqu'à mon père. Je ne saurais lui refuser sa demande; mais cette entreprise présente de grandes difficultés, des périls peut-être... Eh bien! écoutez, — poursuivit-elle d'un ton plus ferme; — de la grille du jardin, qui se trouve là un peu plus bas, on aperçoit les fenêtres de l'appartement de monsieur de Sergey. Restez en observation dans le parc, et si l'on place des vases de fleurs sur ces fenêtres, courez bien vite chercher celui qui vous envoie. Il viendra m'attendre près de cette grille dont j'ai la clef, et j'irai lui ouvrir moi-même. Si, au contraire, les vases de fleurs ne paraissent pas sur les fenêtres, engagez-le à se tenir soigneusement caché, car ce sera la preuve que je n'aurai pas trouvé l'occasion de l'introduire au château sans danger pour lui... Me comprenez-vous bien?

— Parfaitement, mademoiselle; je connais de longue date le langage des signaux.

— Soyez donc attentif, car je vais me rendre chez mon père à l'instant même.

— Et moi, je vais me placer en vigie dans les environs; je serai prompt à la manœuvre, je vous le promets. Ce pauvre monsieur Réné se montre très-impatient, et il est si à plaindre...

— Oui, oui, bien à plaindre, en effet, — répéta mademoiselle de Sergey; — d'autant plus à plaindre que sa dernière espérance va peut-être s'évanouir... mais cette tentative suprême est nécessaire!

— Chut! — interrompit Terre-Neuve précipitamment, — voici Jeanne qui revient.

Et il regagna le massif où il s'était blotti, tandis que Léonie reculait jusqu'à l'autre extrémité de la terrasse où elle ne pouvait plus ni voir ni être vue. Mais si mons Terre-Neuve avait eu la volonté de ne pas se montrer à Jeanne, cette volonté sans doute ne persista pas ou fut déjouée par quelque circonstance nouvelle. On entendit de l'autre côté du mur un petit cri de surprise, puis deux voix s'élevèrent, l'une légèrement grondeuse, l'autre suppliante, et leur murmure s'affaiblit à mesure que les interlocuteurs s'enfonçaient dans les allées du parc.

Léonie trouva son père levé ou plutôt n'étant plus couché, car le général ne quittait le lit, depuis quelque temps, que pour s'établir dans une chaise longue. Malgré la douceur de la température, les rideaux des fenêtres étaient baissés en partie et un bon feu brûlait dans la cheminée. Monsieur de Sergey était en train de boire à petits coups un bol de lait, que venait d'apporter le domestique Julien; un plateau d'argent posé devant lui était chargé de lettres et de journaux. Mais ce qui frappa tout d'abord Léonie, en entrant chez son père, fut de voir madame de Granville assise auprès du malade.

Le général de Sergey avait soixante-dix ans environ,

et ses infirmités le faisaient paraître beaucoup plus âgé. Sa figure osseuse, jaune, ridée, à moitié cachée par une grosse moustache d'une blancheur de neige, n'annonçait plus ni énergie ni vigueur. Ses mouvements étaient lents, ses yeux ternes et éteints. Du reste, quoiqu'il eût fait preuve d'une extrême bravoure comme militaire, il n'avait jamais montré dans sa vie privée une grande force d'âme. Toujours prêt à subir une influence extérieure, il avait été mené, comme on dit, pendant la majeure partie de son existence; et maintenant surtout que les maladies et la vieillesse avaient émoussé ses facultés, maintenant que la mort avait posé la main sur lui, il semblait absolument incapable d'indépendance et de volonté.

Parmi les personnes qui, dans les dernières années, avaient exercé le plus d'empire sur son esprit, se trouvait madame de Granville, la dame assise en ce moment auprès de lui. Elle était veuve d'un officier supérieur tué en Algérie, et parente de monsieur de Sergey à un degré éloigné. Le général, demeuré veuf de son côté, avait eu la pensée de confier le gouvernement de sa maison à madame de Granville. Quelques rigoristes avaient bien hoché la tête en remarquant que la nouvelle maîtresse de maison était jeune et de la plus charmante figure; mais le monde si sévère pour les pauvres diables, se montre d'une indulgence d'une crédulité souvent excessive pour certains personnages d'un rang élevé. D'ailleurs, quoique frivole et coquette à l'excès, madame de Granville eut l'art de ne jamais exciter franchement le scandale. Aussi finit-on par accepter sa position équivoque auprès du général. On alla même jusqu'à les louer l'un et l'autre; lui, d'avoir recueilli une parente peu fortunée, la veuve d'un ancien frère d'armes; elle, de s'être dévouée, quand elle était encore jeune et belle, à un vieillard morose et maladif.

A partir du jour où elle était entrée chez le général, madame de Granville avait joui d'un pouvoir absolu. Elle dirigeait sans contrôle les dépenses, présidait aux réceptions, donnait des ordres aux domestiques. Monsieur de Sergey était riche, tant de sa fortune patrimoniale que des émoluments de son grade et de la dot de feu sa femme, la mère de Léonie. Madame de Granville avait mis toutes choses autour d'elle sur le meilleur pied; le luxe de sa personne notamment avait été poussé à ce point que Sergey, malgré son apathie, s'était trouvé plusieurs fois dans la nécessité de faire de vives remontrances. Léonie, que son père adorait, eut pu, dans les premiers temps, combattre l'influence envahissante de cette femme impérieuse; mais elle avait alors douze ans à peine, et l'on avait poussé le général à la mettre en pension dans un couvent de Paris. L'usurpatrice avait donc eu beau jeu pour étendre son autorité; et quand Léonie, son éducation terminée, était rentrée à la maison paternelle, elle avait trouvé des habitudes prises, des précédents établis, et le vieillard déjà tout façonné au joug.

Elle ne manquait cependant ni de courage ni d'intelligence pour combattre cette influence funeste; mais c'eût été désoler un pauvre père, toujours maladif, que de résister ouvertement. Elle se résigna donc à subir en apparence ce despotisme outrageant, tandis qu'en réalité elle conservait, vis-à-vis de la rivale que la faiblesse du général lui avait donné, toute sa liberté d'action. On ne les voyait jamais ensemble hors du logis; aucune intimité ne régnait entre elles, quoiqu'elles demeurassent sous le même toit; une politesse glaciale présidait seule à leurs rapports journaliers. Du reste, il eût été impossible de trouver deux femmes de goûts plus différents. Madame de Granville aimait par-dessus tout le monde, la toilette, les succès de salon, les agitations, les enivrements de l'orgueil; mademoiselle de Sergey, au contraire, n'aimait que la simplicité, le calme, les douces émotions du foyer domestique. Leur jugements, leurs impressions étaient en opposition

constante; chacune d'elles semblait prendre à tâche d'approuver ce que l'autre désapprouvait. Il existait donc entre elles, une lutte sourde; malgré les ménagements infinis qu'elles croyaient devoir employer, et ce sentiment de rivalité lente était devenu de la haine à la suite de certains événements que nous raconterons bientôt.

Au moment où nous sommes arrivés, madame de Granville avait une quarantaine d'années, mais pouvait encore passer pour une fort jolie femme. Grande et svelte, elle possédait ce genre de beauté tout moderne pour lequel sont faites les inventions de la mode, les ressources de la toilette. Les formes nobles et pures de la statuaire antique n'auraient aucun effet sous un échafaudage de crin et de baleines; la première condition d'élégance est donc la maigreur; l'art de la couturière supplée au reste. Aussi madame de Granville ne se montrait-elle habituellement que corsetée, busquée, étoffée, en un mot, sous les armes, comme disait le général. Malgré l'heure matinale, elle était déjà chaussée de bottines de satin et revêtue d'une robe de soie grise montante, bien collée sur le buste, à la jupe ample et bouffante. Ses cheveux, d'un châtain clair, flottaient en grappes savantes de chaque côté d'une figure blanche, rose, aux yeux vifs et pleins d'éclat. A la vérité, on pouvait faire honneur de cette blancheur de la peau à une couche légère de poudre de riz, et l'on assurait que madame de Granville devait à un Egyptien qu'elle avait connu à Paris, le secret d'une peinture qui, appliquée adroitement sur la paupière, donnait à son regard cet éclat merveilleux. Quoi qu'il en fût, la dame du château, comme on l'appelait, était vraiment belle selon le monde; et cette beauté orgueilleuse, rehaussée par la coquetterie et la richesse des ajustements, contrastait avec la grâce naïve et sans apprêts, la petite robe de mousseline et les bandeaux noirs d'ébène de mademoiselle de Sergey.

Quant au caractère, madame de Granville semblait être la frivolité même. Elle appartenait à cette catégorie de femmes gâtées dont les grâces hors ligne excusent les défauts, et dont le sentiment de personnalité finit par devenir un révoltant égoïsme. Adulée dans son enfance par ses parents, plus tard par son mari, par ses adorateurs, par tous ceux qui l'approchaient, elle en était venue insensiblement à considérer les hommages comme choses lui étant dues. De très-bonne foi elle pensait que l'honneur, la vertu, le talent, la puissance devaient s'incliner sur son passage; elle se croyait une sorte de divinité qui ne devait rien en échange de l'encens et de l'admiration qu'on lui prodiguait. Elle ne s'occupait de personne, et elle exigeait que tout le monde s'occupât d'elle. Si donc de bons sentiments avaient germé dans son cœur, ils avaient dû être promptement étouffés par cet amour exclusif d'elle-même. Aussi son âme était-elle sèche et insensible; elle prisait son affection trop haut pour la donner à qui que ce fût; elle n'avait jamais éprouvé de pitié, car la pitié est un sentiment pénible: elle cherchait, au contraire, à se tenir dans ce milieu d'insouciance et de gaieté, si favorable à la nullité de l'esprit, au dessèchement du cœur. Les paroles mielleuses, les soupirs mahiérés, les phrases de condoléance que lui arrachaient parfois certaines infortunes bien posées dans le monde, n'étaient chez elle que de vaines démonstrations; elle ne pouvait plaindre, aimer, estimer qu'elle seule.

Cependant, quand Léonie entra dans la chambre de son père, madame de Granville affectait une extrême tristesse. Étendue dans un fauteuil à côté du général, on eût cru, à son air accablé, qu'elle éprouvait elle-même de cruelles souffrances. Mais mademoiselle de Sergey ne parut point s'en apercevoir; après lui avoir adressé une courte révérence, elle courut au général et l'embrassa bien tendrement en lui demandant des nouvelles de sa santé.

I.—Merci, mon enfant, — répliqua le vieillard en lui souriant, — cela ne va pas trop mal aujourd'hui. Morbleu ! j'ai dormi plus tard que d'habitude... Mais toi, comme te voilà fraîche et vermeille, ma Léonie ?

En effet, la rapidité de la course et une secrète émotion avaient appelé de vives couleurs sur le visage de la jeune fille.

— Vraiment, Léonie, — dit madame de Granville avec un léger dédain, — ces joues enluminées conviendraient mieux à une femme du port qu'à une demoiselle de votre condition... Quant à moi, — poursuivit-elle langoureusement, — on ne pourrait m'adresser le même reproche ; je me sens brisée, anéantie ! je dois être toute pâle et laide à faire peur... N'est-il pas vrai, monsieur, que je suis laide ce matin ?

Et elle se tourna avec effort vers le général qui ne la regarda pas.

— Je... je crois que oui, — répondit-il avec distraction.

La belle langoureuse se redressa comme si un serpent l'eût mordue.

— Mille grâces, monsieur, — dit-elle en pinçant ses lèvres, — vous devenez d'une galanterie...

— Pardon, pardon, Caroline ; j'avais mal compris... Est-ce que vous pouvez cesser d'être la plus charmante des femmes ? Mais d'où vient que vous semblez si abattue ?

— Ah ! vous le remarquez enfin ! J'ai passé une horrible nuit, et tous mes pauvres nerfs sont encore en mouvement ; mais qui s'en inquiète ici ? A-t-on le temps de songer à moi ? — Et elle leva ses beaux yeux vers le plafond en soupirant. Léonie se crut obligée de lui demander si réellement elle avait été malade la nuit précédente. — Malade de tristesse, de frayeur et de colère, — répliqua madame de Grandville ; — cela n'a rien d'étonnant, du reste, après ma terrible aventure d'hier au soir... Savez-vous, général, que j'ai failli être assassinée dans l'avenue du château ? Je n'ai dû la vie qu'à un miracle.

— Assassinée ?

— Oui, monsieur, voilà à quoi l'on m'expose en me laissant revenir à pied de la ville, comme une aventurière... Ah ! Sergey, Sergey, vous êtes bien changé à mon égard !

— Eh ! madame, — dit le général avec humeur, — je ne peux plus vous accompagner à tout, moi... D'ailleurs, que ne preniez-vous la voiture ? Ma fille et moi, nous ne nous en servons jamais.

— Est-ce un reproche, monsieur ? Fort bien, vous ne vous contraignez plus et vous me récompensez dignement de mes sacrifices, de mon abnégation... quelle ingratitude !

Et elle feignit d'essuyer des larmes absentes.

— Vos sacrifices, madame ? — dit le général, en s'échauffant. Mais il reprit aussitôt d'un ton radouci : — Voyons, Caroline, pas de scène, je vous en prie. Je suis assez bien ce matin, ne me tourmentez pas... Que signifie cette ridicule histoire d'assassinat ? Vous aurez eu peur de votre ombre, je gage !

— Je n'ai pas eu peur de mon ombre, monsieur, ou alors mon ombre avait la forme d'un malfaiteur brutal et menaçant. Il m'a barré le passage et il m'eût tuée si je n'avais eu le bonheur de lui échapper par la fuite.

Monsieur de Sergey, ne sachant que penser d'un pareil récit, regarda sa fille.

— Attendez, — dit Léonie avec agitation ; — à l'heure dont il s'agit, des contrebandiers ont forcé, dit-on, la ligne de douanes tout près d'ici ; ne serait-il pas possible que l'un d'eux, en rencontrant madame de Granville sur son chemin...

— Avec votre permission, Léonie, je n'avais pas affaire à un fraudeur ; ces gens-là sont seulement à craindre pour les douaniers, et ils seraient incapables d'offenser une femme du monde ; qui donc porterait, sans nous, leurs belles dentelles de Flandre et d'Angleterre ?... Non, ce n'était pas un fraudeur ; et, s'il faut le dire, j'ai parfaitement reconnu le misérable assez lâche pour attenter à ma vie !

— Vous l'avez reconnu ? — demanda monsieur de Sergey.

— D'une manière certaine ; et, en commettant ce meurtre, il n'eût pas été son coup d'essai... C'était monsieur de Listrac !

— Lui ! — s'écria Léonie hors d'elle-même ; — vous vous trompez, madame, cela est impossible !

Caroline parut stupéfaite de la véhémence inattendue que venait de montrer cette jeune fille toujours si réservée. Le général reprit froidement :

— A quoi pensez-vous donc, Caroline ? Celui dont vous parlez a quitté la France, et il ne saurait y rentrer sans courir les plus grands dangers.

— Allons ! pour le père comme pour la fille, je ferai bien de fournir des preuves, car on ne me croirait pas sur parole ; mais voici Julien qui m'accompagnait hier au soir, et il peut dire si j'altère la vérité.

Julien, le vieux domestique de confiance du général, était là en effet ; il arrangeait les meubles et mettait tout en ordre d'un air indifférent ; ainsi interpellé, il répliqua respectueusement :

— La personne que nous avons rencontrée la nuit dernière dans l'avenue était bien le comte de Listrac, ancien lieutenant de vaisseau dans la marine royale. Je l'ai reconnu d'autant plus aisément qu'il ne paraissait pas vouloir se cacher.

— L'entendez-vous ? — s'écria madame de Granville triomphante.

— Seulement, — continua Julien avec plus d'assurance, — madame s'est effrayée à tort, je crois. Monsieur de Listrac ne voulait lui faire aucun mal ; au contraire, il lui parlait d'un ton suppliant, et ne songeait qu'à l'attendrir sur son malheureux sort.

— Je savais bien ! — s'écria Léonie à son tour.

Madame de Granville fronça le sourcil.

— Où aviez-vous donc les yeux et les oreilles, vieux fou ? — demanda-t-elle avec aigreur ; — aussi bien, votre attitude dans cette circonstance n'a pas été ce qu'elle aurait dû être. Au lieu de me défendre, de repousser le malfaiteur, vous êtes demeuré inactif ; je ne sais même pas si vous n'avez pas causé tranquillement avec lui après mon départ précipité... Mais nous reviendrons plus tard sur votre singulière conduite. Maintenant, laissez-nous et allez dire qu'on mette les chevaux à la voiture, car je veux sortir. — Julien regarda monsieur de Sergey. Attaché au service particulier du général depuis plus de vingt ans, c'était du général seul qu'il recevait habituellement des ordres, et son vieux maître lui parlait toujours avec douceur. Mais cette fois, monsieur de Sergey, effrayé du ton péremptoire qu'avait pris la reine du logis, n'osa consoler par un signe amical son valet favori, et celui-ci, après s'être incliné, quitta la chambre. — Monsieur, — reprit Caroline après une pause, — la tentative criminelle qui a si heureusement échoué peut se renouveler ; monsieur de Listrac étant dans le pays, je dois m'attendre à tout. Voulez-vous bien me dire ce que vous comptez faire pour me mettre à l'abri du danger ?

— Eh ! bon Dieu ! Caroline, que voulez-vous donc que je fasse ?

— Comment ! on menace mon repos, ma vie, et vous resterez indifférent ? Ah ! s'il s'agissait de votre fille, il faudrait voir comme vous prendriez feu !... mais moi, pauvre créature abandonnée, que l'on m'outrage, que l'on me frappe, que l'on me tue, est-ce que cela vous regarde ?

— Voyons, madame, expliquez-vous : qu'attendez-vous de moi dans l'état misérable où la maladie m'a réduit ?

— N'êtes-vous pas toujours le brave général de Sergey, l'ami du roi, des princes et des ministres ? n'avez-vous pas un crédit assez grand pour protéger une parente, une amie, qui a toujours mérité votre estime et votre affection ? Me laisserez-vous assassiner comme on a

14

assassiné déjà votre pupille, monsieur Léopold Granget?...
Le meurtrier est caché dans le voisinage, j'en ai la certitude; écrivez un mot soit au garde des sceaux qui est en ce moment à la résidence royale, soit même aux autorités de la ville d'Eu ou du Tréport pour leur dénoncer l'acte coupable dont j'ai failli devenir victime la nuit dernière; un seul mot de votre main fera merveille; on se mettra sur-le-champ à la recherche du meurtrier, et quel que soit l'endroit où il se cache, on ne peut manquer de le découvrir.

— Je ne dois pas, en effet, vous laisser exposée aux entreprises de Listrac, répliqua le général; — eh bien! faites-moi donner une plume et de l'encre, je vais écrire.

— Mon père, — s'écria Léonie avec une sorte de désespoir, — n'avez-vous pas été déjà bien cruel envers ce malheureux jeune homme pour un crime qu'il n'a pas commis peut-être, ou qui tout au moins ne saurait être sans excuse? Vous avez brisé sa carrière militaire, vous l'avez déshonoré, vous l'avez obligé à s'exiler; et maintenant qu'il paraît être rentré secrètement dans sa patrie pour chercher les moyens de se justifier, vous voulez appeler sur lui de nouvelles rigueurs? Au nom de Dieu! prenez donc un peu pitié de lui et songez enfin qu'il pourrait être innocent... Les craintes de madame de Granville sont vaines; elle s'est méprise, Julien l'a nettement affirmé tout à l'heure. Le comte de Listrac est incapable d'insulter une femme, de la menacer, de se porter envers elle à une extrémité coupable, je le crois... j'en suis sûre... j'en atteste le ciel!

Le général, complètement changé par cette adjuration de sa fille bien-aimée, dit à madame de Granville, sans toutefois la regarder :

— Décidément, ma chère, Léonie pourrait avoir raison; nous sommes allés trop loin avec monsieur de Listrac. Le crime n'est pas prouvé, après tout, et en y réfléchissant bien...

Caroline interrompit le faible vieillard par un geste de mépris :

— A merveille, monsieur, — répliqua-t-elle; — j'admire l'étonnante fixité de vos jugements. Il est vrai que vous ne sauriez résister à l'éloquence entraînante de mademoiselle de Sergey. Avec quelle assurance elle parle pour une jeune fille modeste et timide! et comme elle paraît bien connaître les intentions de monsieur de Listrac! Enfin, libre à mort de trouver que la mort de votre pupille a été suffisamment vengée et qu'il est temps de laisser respirer son odieux meurtrier; quant à moi, je pourrais être d'un avis différent. D'ailleurs, il ne s'agit plus de justice, il s'agit de ma propre sûreté; puisque personne ne songe à me protéger, il faut bien que je me protège moi-même. J'ai des amis, moi aussi, et des amis puissants! Hier au soir encore, monsieur de Castriès, un de nos plus éminents magistrats, n'a presque pas quitté *mon coin*, là-bas à l'établissement des bains; vous verrez, monsieur, que je saurai trouver seule aide et faveur!

Le général, consterné, n'osait plus souffler mot; mais Léonie, sachant de quoi cette femme était capable, semblait fort alarmée. Elle reprit :

— De grâce, madame, réfléchissez aux conséquences terribles que pourraient avoir vos démarches. Je vous le répète, il n'y a rien à craindre pour vous.

— Et qu'en savez-vous, chère petite? — demanda madame de Granville d'un ton sarcastique.

— Le caractère bien connu de monsieur de Listrac m'en est garant.

Caroline se leva.

— Soit! — dit-elle; — vous êtes maîtresse de vos opinions, mademoiselle, et puisque le général les approuve, il ne m'appartient pas d'y trouver à redire; de mon côté, j'agirai suivant mes inspirations... Mais, j'y songe, peut-être en mon absence monsieur de Listrac aurait-il l'imprudence de se présenter ici, dans l'espoir

d'y trouver des amis et des soutiens; sans doute alors monsieur de Sergey n'oublierait pas ce qu'il doit à la mémoire de son pupille, ce qu'il se doit à lui-même?

— Allons donc! Caroline, est-il croyable que Listrac ose tenter une pareille démarche? Je ne le recevrais pas.

— Cela ne suffit pas, monsieur; il faut, s'il se montre ici, qu'il soit saisi sur-le-champ et livré à la justice; je vais donner des ordres en conséquence... Sergey, — poursuivit-elle d'un ton câlin et mélancolique, — si l'affreuse scène de la nuit dernière venait à se renouveler, je n'y survivrais pas; et je voudrais me conserver pour vous, mon ami, pour vous qui avez tant besoin de mes soins, de mon affection!

— Eh bien! eh bien! Caroline, faites ce que vous voudrez, — dit le malade épuisé; — on ne vous contrariera pas.

Madame de Granville sourit et vint présenter son front au général qui y déposa froidement un baiser, puis elle sortit après avoir salué mademoiselle de Sergey d'un air moqueur.

Léonie était fort inquiète.

— Cette femme astucieuse réussira sans aucun doute, — pensait-elle; — et si l'entrevue que demande monsieur de Listrac n'a pas lieu à l'instant même, elle deviendra peut-être à tout jamais impossible! — Elle examina le général abattu et sans force dans sa chaise longue. — Quel espoir pouvons-nous fonder, — reprit-elle, — sur ce pauvre vieillard qui n'a plus d'énergie ni pour le mal, ni pour le bien?... Cependant, je dois tenir ma promesse.

En ce moment on entendit le bruit d'une voiture qui s'éloignait.

— Voilà Caroline qui part, — dit monsieur de Sergey avec un geste de soulagement, — nous allons être tranquilles, enfin... Viens m'embrasser, ma petite Léonie, et fais-moi la lecture de mes journaux et de mes lettres; cela me remettra, car elle m'a tout bouleversé!

Léonie obéit avec empressement.

— A vos ordres, mon bon père, — répliqua-t-elle; — seulement, vous avez là des fleurs qui me donnent mal à la tête : je ne puis souffrir les odeurs fortes, surtout quand il me faut lire à haute voix... Permettez-moi donc de me débarrasser de ces ennemis intimes.

Et elle porta sur la fenêtre les vases de fleurs déposés sur la cheminée.

Ensuite, réfléchissant qu'un moment de distraction ferait du bien à son père et le disposerait convenablement pour l'entrevue prochaine, elle s'assit auprès de lui et se mit à lui lire sa correspondance, comme elle en avait l'habitude. Toutefois, ce jour-là, monsieur de Sergey eût pu s'apercevoir qu'elle était inattentive, agitée et qu'elle tournait souvent les yeux vers la fenêtre entr'ouverte.

VI

COUP D'ŒIL RÉTROSPECTIF.

Nous devons ici exposer au lecteur les événements qui rendaient nécessaire une entrevue entre monsieur de Listrac et le général de Sergey.

Trois ans environ avant l'époque où nous sommes, le général, sa fille Léonie et madame de Granville étaient venus passer à Dieppe la saison des bains de mer. Monsieur de Sergey, que l'état de sa santé ne tenait pas encore éloigné du monde, avait loué un hôtel où il recevait l'aristocratie des baigneurs et des habitants de la ville. La coquetterie provocante de Caroline, la grâce modeste de Léonie qui, récemment sortie du couvent, se livrait sans défiance, quoique avec réserve, aux séductions de cette vie de luxe et de plaisir, donnaient un attrait fort vif à la maison du général. Aussi, comme nous l'avons dit, les personnages de distinction que Dieppe renfermait alors s'empressaient-ils de se faire présenter dans ce salon d'élite, où se trouvait réuni tout ce qui peut attirer la foule élégante : beauté, crédit et richesse.

Deux jeunes gens, deux officiers, étaient particulièrement admis dans l'intimité de la famille de Sergey. L'un d'eux, monsieur Léopold Granget, capitaine de cavalerie et fils d'un ancien frère d'armes du général, était le pupille de monsieur de Sergey, qui l'aimait beaucoup et qui avait même voulu, pendant son séjour à Dieppe, le loger dans son hôtel. Léopold passait pour brave et loyal, mais en même temps on lui reprochait une violence de caractère qui ne connaissait aucun frein. Si l'on en croyait certains bruits, ce double défaut lui avait valu déjà plusieurs mauvaises affaires que le crédit de son tuteur avait eu peine à étouffer. L'autre, monsieur Réné de Listrac, lieutenant de vaisseau, appartenait à une ancienne et opulente famille du midi de la France, et avait conquis ses grades de la manière la plus honorable dans la marine royale. Quoique plus calme et plus posé que le bouillant capitaine de cavalerie, il avait pourtant une bonne dose de vivacité méridionale et l'on pouvait craindre qu'un conflit n'éclatât, tôt ou tard, entre ces natures impétueuses.

Cependant les deux jeunes gens semblèrent, dans les commencements, vivre en bonne intelligence. C'était Granget qui avait présenté Listrac chez monsieur de Sergey, et l'officier de marine montrait pour lui, en tout occasion, une grande déférence. Mais bientôt une rivalité sourde d'abord, puis plus nette et plus accentuée, se déclara entre eux. Bien que madame de Granville parût devoir accaparer l'admiration de tous ceux qui l'approchaient, Listrac apprécia davantage les charmes naïfs, les qualités solides de Léonie.

Granget lui-même, séduit d'abord par l'altière Caroline, ne tarda pas non plus à manifester une préférence marquée pour la charmante fille du général. Ainsi, tous les deux adressaient des soins à la même personne, et ni l'un ni l'autre n'était de caractère à céder son terrain.

Madame de Granville, avec l'instinct si délicat des coquettes, découvrit bientôt la vérité. Habituée à considérer comme une insulte pour elle tout hommage adressé à une autre femme, elle n'omettait aucun moyen de ramener les deux transfuges. Elle ne comprenait pas qu'on pût la négliger, elle, la divinité des salons, l'objet de tant de passions secrètes ou avouées, pour une insignifiante pensionnaire, comme elle appelait la fille du général dans ses moments de dépit. Mais elle échoua, malgré son savant manége, et elle ne parvint pas à faire rentrer les deux rebelles sous sa domination.

Alors, soit légèreté, soit rancune, soit plutôt comme on le vit plus tard, qu'elle aimât Léopold Granget, autant du moins qu'elle pouvait aimer, elle se mit à harceler les admirateurs de Léonie et Léonie elle-même avec cette verve fine, railleuse, mordante que donne l'usage du monde. Elle eut l'art d'exciter les prétendants l'un contre l'autre, tout en s'interposant comme une confidente et une amie. Mademoiselle de Sergey ayant laissé deviner, à certains signes, sa préférence pour Listrac, Caroline n'épargna pas les sarcasmes au vaincu, les félicitations ironiques au vainqueur. Bref elle alluma dans leurs âmes une colère d'autant plus terrible que cette colère tarderait davantage à éclater.

Déjà les jeunes gens, sans en être venus à une rupture ouverte, avaient échangé plusieurs fois des paroles pleines d'amertume, quand un soir, à l'établissement des bains, on répéta imprudemment à Listrac un propos offensant de Granget sur son compte. L'officier de marine avait des raisons de croire à l'exactitude de ce rapport qui concordait avec certaines allusions perfides

de madame de Granville. Aussi résolut-il de chercher Granget sur-le-champ pour lui demander une explication devenue inévitable ; mais, connaissant de longue date l'humeur indomptable du capitaine, il eut la malheureuse idée de s'armer d'une paire de pistolets, qu'il cacha dans ses vêtements, afin d'être prêt à se faire respecter au besoin.

Granget habitait un pavillon de deux pièces situé au fond du jardin de l'hôtel de Sergey. Quand Listrac se présenta, la nuit commençait à tomber ; le général venait de sortir avec Léonie pour aller prendre l'air sur la plage, et madame de Granville gardait la chambre à cause d'une violente migraine, du moins c'était le prétexte qu'elle donnait à sa solitude. Mais Listrac s'informa seulement du capitaine, et, ayant appris du domestique Julien que Granget se trouvait en ce moment chez lui, il traversa le jardin pour aller le chercher. Le capitaine se promenait, en effet, devant le pavillon en fumant un cigare, et le domestique vit de loin les deux jeunes gens s'aborder ; mais ne soupçonnant pas que d'anciens amis pussent se prendre de querelle, il rentra paisiblement dans la maison.

Ce qui se passa-t-il alors? personne ne pouvait le dire d'une manière positive. Toujours est-il que dix minutes environ après l'arrivée de Listrac, on entendit, du côté du pavillon, un coup de pistolet suivi aussitôt de cris perçants. Les gens de l'hôtel, Julien en tête, accoururent; Listrac passa près d'eux, d'un air de sombre désespoir. Le pavillon était ouvert et l'on apercevait dans l'intérieur une bougie allumée; à quelques pas seulement du bâtiment, le capitaine Granget gisait sans mouvement sur le sol ; auprès de lui se trouvaient deux pistolets dont un seul était déchargé ; le malheureux jeune homme avait été tué sur le coup.

On comprendra facilement quelle profonde impression produisit un pareil événement dans l'hôtel et dans la ville entière. Madame de Granville, aux cris poussés par les gens, était descendue elle-même au jardin, et la vue du corps inanimé lui causa de violentes crises nerveuses. Léonie, à qui l'on ne put annoncer la catastrophe avec des précautions suffisantes, fut longtemps malade de saisissement. Quant au général de Sergey, en apprenant les détails de la mort du capitaine, il jura de poursuivre à outrance le meurtrier de son pupille, et il fut le premier à réclamer l'intervention de la justice dans cette lugubre et mystérieuse affaire.

Tout témoignait, en effet, qu'il s'agissait d'un assassinat; Granget, si impétueux que fût son caractère, était paisiblement chez lui quand il avait été frappé. Listrac avait apporté des armes, ce qui prouvait une préméditation coupable ; des pistolets restés dans le jardin, un seul était déchargé, signe certain qu'il n'y avait pas eu lutte à chances égales. Selon toute apparence donc, Listrac était venu chez son adversaire avec l'intention de venger une injure, et, poussé à bout par une parole insultante, il avait fait feu sur lui, sans lui donner le temps de se mettre en défense.

Telle fut l'opinion générale, non-seulement à Dieppe mais encore dans le reste de la France, où les journaux portèrent le récit de ce tragique événement. A la vérité, des amis de Listrac soutinrent qu'il y avait seulement là une de ces querelles si ordinaires entre officiers d'armes différentes; qu'il n'existait pas de guet-apens, bien que des circonstances spéciales n'eussent pas permis d'observer toutes les formalités prescrites dans le duel, et qu'enfin le comte de Listrac, brave marin, plein d'honneur, n'aurait pas de peine à se justifier. Malheureusement rien ne vint confirmer, ni dans les premiers moments, ni plus tard, ces bienveillantes assertions, et la justice dut avoir son cours.

Listrac, aussitôt après la catastrophe, avait erré au hasard dans la ville. La douleur du meurtre dont il s'était rendu coupable semblait, dans ces premiers moments, avoir complétement égaré sa raison. Vers le matin pourtant, il était rentré à son domicile et avait écrit au général de Sergey une lettre qui, selon lui, devait le mettre à l'abri de toutes poursuites. Plein de confiance, il attendait le résultat de sa démarche, quand un ami mieux informé vint lui apprendre que monsieur de Sergey avait déposé une plainte, que les charges les plus accablantes s'élevaient contre lui, qu'un mandat d'amener était lancé, et qu'il allait inévitablement être arrêté s'il ne se hâtait de fuir. Il le pressa tant que Listrac, étourdi, troublé, entraîné, finit par céder; et, tout en protestant de son innocence, il consentit à se cacher jusqu'au jour où les chances lui seraient devenues moins contraires.

Mais ce jour n'arrivait pas. Le général, auquel Listrac avait écrit encore à différentes reprises, ne paraissait pas tenir compte de ses lettres; loin de là, excité peut-être secrètement par madame de Granville, il continuait de poursuivre avec acharnement le meurtrier de son pupille. Enfin, les choses en vinrent à ce point qu'une condamnation était certaine, inévitable; et comme en même temps Listrac apprit que la police avait retrouvé sa trace, il fallut se résigner à un parti extrême; il adressa donc sa démission au ministre de la marine et passa en Angleterre.

Trois ans s'étaient écoulés ainsi, trois années d'incertitude et d'angoisses pour le malheureux exilé. Pendant ce long espace de temps, aucun changement favorable n'avait eu lieu dans sa position; la marche de l'instruction criminelle était arrêtée, il est vrai, mais les charges n'avaient pas cessé d'être accablantes, et aucune circonstance capable de donner le moindre espoir ne s'était produite. Listrac se désolait; le général, qu'il croyait convaincu de son innocence, restait sourd à ses prières; il était menacé de traîner indéfiniment une vie misérable et déshonorée hors de sa patrie.

Sur ces entrefaites, il eut connaissance que monsieur de Sergey qui, depuis la catastrophe, avait loué le château du Plessis, déclinait d'une manière sensible, et que, selon toute apparence, la maladie aurait raison de lui dans un délai prochain. Cette nouvelle était grave pour le proscrit; le général une fois mort, il ne restait plus d'espoir que cette déplorable affaire pût s'éclaircir jamais. Aussi, Listrac, incapable de supporter plus longtemps l'anxiété douloureuse dans laquelle il vivait, prit-il une énergique résolution qui devait tout sauver ou tout perdre.

Il s'agissait de rentrer secrètement en France et d'obtenir une entrevue du général. La courte distance qui séparait le château du Plessis de la mer semblait rendre l'entreprise possible sinon sans danger. Listrac s'aboucha donc avec un négociant de Londres, qui faisait la contrebande sur les côtes de France, et, moyennant une assez forte somme qu'il paya d'avance, on lui promit l'assistance nécessaire.

Mais cela ne suffisait pas; il savait qu'il trouverait certaines difficultés à parvenir jusqu'à monsieur de Sergey impotent et malade. Caroline, à qui il avait des raisons d'attribuer ses malheurs, exerçait dans la maison une influence toute-puissante; d'ailleurs, l'officier de marine était connu des domestiques, et sans doute une consigne sévère avait été donnée à son égard. Il lui fallait donc s'assurer d'une protection auprès du général, et, cette protection, c'était à mademoiselle de Sergey elle-même qu'il avait osé la demander.

Léonie, en effet, ne l'avait jamais cru coupable du crime monstrueux dont on l'accusait, et peut-être avait-elle trouvé moyen d'instruire Listrac de cette opinion favorable. Toujours est-il qu'une sorte d'entente n'avait cessé de régner entre eux, malgré leur séparation et les circonstances contraires. Aussi, maintenant que la jeune fille commençait à voir les choses sous un jour sérieux, et à ne plus s'effrayer outre mesure de certaines inimitiés, accordait-elle sans hésiter le patronage réclamé par le proscrit. Son secours devenait d'autant plus nécessaire,

que l'imprudence commise par Listrac, en se laissant voir dans la soirée précédente, avait donné l'éveil à madame de Granville et aggravé les périls de la situation.

A présent que le lecteur est au courant des frais antérieurs, nous allons poursuivre notre récit.

Mademoiselle de Sergey, comme nous l'avons dit, se montrait distraite et préoccupée, pendant la lecture à son père. Elle s'interrompait fréquemment; sa voix était altérée et tremblante. Le général finit par remarquer ces signes d'agitation.

— Qu'as-tu donc ce matin, ma fille? — demanda-t-il avec bonté; — tu ne me parais pas être dans ton assiette ordinaire... voyons, laisse ces papiers que nous reprendrons plus tard si nous en avons le loisir, et viens t'asseoir près de moi... Pourquoi cette tristesse, ma Léonie?

— Eh bien! mon père, — répondit en rougissant la jeune fille, qui sentait la nécessité de brusquer les choses; — s'il faut l'avouer, je pense à ce que nous disions tout à l'heure Caroline au sujet de ce pauvre monsieur de Listrac.

— Listrac! — répéta le général avec impatience, — encore Listrac!

— Vous le haïssez donc bien, mon père?

— Ma foi! je n'en sais rien. J'ai rempli mon devoir envers mon pupille et je ne m'en repens pas; cependant, aujourd'hui que mon esprit est un peu calmé, je vois bien des doutes et bien des obscurités dans cette histoire... Mais à quoi bon revenir sur tout ceci, mon enfant? — poursuivit-il; — ces souvenirs, tu le sais bien, ne manquent jamais de m'agiter les nerfs et de me donner la fièvre.

Cette raison, toujours si puissante sur mademoiselle de Sergey, ne l'arrêta pas cette fois.

— Mon père, — demanda-t-elle en s'enhardissant, — ne serait-ce pas que vous auriez vaguement conscience d'avoir commis une injustice?

— Une injustice! non pas que je sache... Cependant, j'en suis convenu déjà, peut-être a-t-on été trop rigoureux envers ce jeune homme et peut-être eût-il mieux valu lui donner les moyens de s'expliquer.

— Voilà une bonne parole, mon père, une parole digne de votre cœur généreux. Vous avez raison; il eût fallu l'entendre; un accusé a toujours le droit d'être entendu. Ainsi donc si, par impossible, la prévision de madame de Granville se réalisait, si monsieur de Listrac, qui est dans le pays, venait ici pour nous offrir une explication franche et loyale, vous ne refuseriez pas de le recevoir?

Le général fit un mouvement d'effroi.

— Le recevoir! y songes-tu, Léonie? Ce serait une scène horrible avec... avec Caroline.

— Elle n'en saurait rien; d'ailleurs une pareille considération vous empêcherait-elle de remplir un devoir?

— Allons! tu te plais à me tourmenter. Le cas ne se présentera pas... Ne parlons plus de cela, je te prie.

Mais la gravité des circonstances avait donné à Léonie une force inaccoutumée.

— Mon père, — dit-elle, — évidemment votre esprit n'est pas tranquille; pourquoi donc hésiteriez-vous à réparer une erreur qui est encore réparable? Nos instants à tous sont comptés, et le remords d'avoir causé, par excès de précipitation, la perte d'un honnête homme ne serait-il pas capable de troubler vos derniers jours?

Elle ne put retenir ses larmes à cette allusion douloureuse. Le général lui-même tressaillit; mais se dominant aussitôt, il reprit avec un sourire:

— Tu frappes fort, Léonie; je dois reconnaître pourtant que tu frappes juste. Je veux donc avoir le cœur net de cette affaire afin de pouvoir mourir en paix, quand mon heure sera venue... Allons, ne pleure pas; cette heure est encore éloignée, je l'espère... Embrasse-moi...

bien... Maintenant, réponds avec franchise : tu sais où est monsieur de Listrac, n'est-ce pas ?

— Mon père...

— Il est dans la maison ou du moins dans le voisinage... Ne t'en défends pas... Je suis enchanté qu'il en soit ainsi. — Léonie fit un signe de tête affirmatif. — J'en étais sûr... Eh bien qu'il vienne sur-le-champ.

— Mon père, je crains...

— Ne perdons pas de temps ; ne comprends-tu pas que si *l'autre* rentrait... Iintroduis Listrac à l'instant, te dis-je ; je l'entendrai patiemment et j'éprouve un désir sincère d'apprendre enfin la vérité sur ces funestes événements.

Monsieur de Sergey parlait avec une dignité, une netteté d'accentuation qu'il n'avait plus depuis longtemps. Léonie radieuse, saisit la main du vieillard, la pressa contre ses lèvres et sortit en courant.

Elle traversa le jardin et se dirigea vers une porte grillée qui donnait par le parc. Elle ouvrit cette porte dont elle avait la clef, et à peine se fût-elle montrée sur le seuil que deux hommes sortirent d'un bosquet voisin ; tandis que l'un demeurait respectueusement en arrière, l'autre s'avança vers elle d'un pas précipité. On a deviné le comte Réné de Listrac et Terre-Neuve.

Listrac avait quitté son costume de marin ; il était vêtu avec convenance mais en même temps avec une simplicité qui ne pouvait attirer l'attention sur lui. Il tenait son chapeau à la main, et pendant qu'il s'approchait, la jeune fille osa l'examiner à loisir. En retrouvant pâles et amaigris ces traits autrefois si fiers et si beaux, en voyant ce jeune front déjà sillonné de rides, ces yeux creux, ces cheveux rares sur le front, cette contenance humiliée et mélancolique si différente de la noble prestance qui caractérisait à une autre époque le brillant officier de marine, elle sentit son cœur se serrer et elle hésitait à reconnaître le visiteur. Comme il s'inclinait profondément, elle ne put retenir ce cri de l'âme :

— Monsieur de Listrac... pauvre Listrac, est-ce bien vous ?

Listrac ne paraissait pas moins ému.

— C'est moi, mademoiselle, — répliqua-t-il d'une voix étouffée ; — vous me voyez tel que m'ont fait les persécutions et l'injustice des hommes... Mais vous aussi, Léonie, vous êtes changée ; vous êtes plus belle encore qu'autrefois.

Léonie, incapable de parler, lui tendit sa main qu'il couvrit de baisers et de larmes.

Il y eut un moment de silence douloureux. Enfin mademoiselle de Sergey reprit avec effort :

— Chaque minute est précieuse, car bien des dangers vous entourent... Venez donc, monsieur de Listrac ; mon père est prévenu, il vous attend.

— Et c'est à vous que je dois de pouvoir enfin me justifier ! Soyez bénie, mademoiselle, vous êtes un ange dont la bienveillance compense pour moi la méchanceté du monde. Là-bas, dans mon exil, quand je me sentais à bout de courage, je me disais : « Léonie, du moins, m'estime encore et me plaint ! » et cette pensée me donnait assez de force pour vivre, pour attendre des temps meilleurs.

Comme ils allaient franchir la grille, Terre-Neuve s'approcha de Listrac.

— Monsieur, — demanda-t-il, — faut-il attendre votre retour ou bien...

— C'est inutile, je n'aurai pas de peine à retrouver seul le chemin de la maison.

— A la bonne heure ; alors je vais filer mon nœud, car, voyez-vous, il pourrait y avoir du nouveau sur la côte, et je ne serais pas fâché de m'assurer un peu d'où souffle le vent pour le quart d'heure.

Listrac le congédia par un geste impatient, et il suivit Léonie dans le jardin dont la porte se referma sur eux.

Tout à coup ils se trouvèrent face à face avec Julien ;

immobile au milieu d'une allée, il semblait faire sentinelle et garder le passage.

Mademoiselle de Sergey pâlit ; elle craignit que cet homme n'eût été placé là pour empêcher que ce fût d'arriver jusqu'au général, et elle prévit une scène désagréable. Elle voulait alléguer l'ordre exprès de son père, quand Julien s'effaça respectueusement et dit à l'ancien officier de marine en branlant la tête :

— Puisse votre démarche actuelle mieux réussir que celle de la nuit dernière, monsieur le comte ! Pour moi, malgré l'intervention de notre digne demoiselle, je n'attends rien de bon de tout ceci.

Listrac se contenta de remercier le vieux domestique par un signe amical, et l'on passa outre. Comme l'on approchait de la maison, mademoiselle de Sergey s'arrêta de nouveau et dit timidement :

— Il serait naturel, monsieur, que des persécutions aveugles et impitoyables eussent aigri votre humeur ; cependant, je vous en supplie, n'oubliez pas, quoi qu'il arrive, que mon père est vieux, malade, presque mourant...

— Léonie, — répliqua le jeune homme avec un accent de reproche, — pourrais-je donc oublier qu'il est votre père.

Et ils pénétrèrent dans le château sans rencontrer personne.

VII

L'ENTREVUE.

Monsieur de Sergey était plongé dans une profonde rêverie, et le bruit léger des pas des arrivants sur le tapis ne parvint pas à l'en tirer. Un mouvement de sa fille réveilla pourtant son attention, et, levant les yeux, il aperçut Listrac debout à quelques pas de lui.

Ils échangèrent un salut triste, mais qui n'avait rien d'hostile.

— Approchez, monsieur, — dit le général d'une voix émue ; — on m'assure que j'ai des torts envers vous... Je suis prêt à les reconnaître ; mais il vous sera bien difficile, je le crains, d'excuser les vôtres ! — Léonie offrit un siège au visiteur, puis elle vint se placer à côté de son père. Listrac balbutia quelques paroles polies sur l'état fâcheux où il retrouvait son ancien ami, le brave général de Sergey. — Voilà ce que l'on devient après avoir été ce que vous êtes, — répliqua le vieillard doucement ; — mais croyez-moi, monsieur de Listrac, arrivons au fait sans retard. Vous avez désiré me voir, et je n'ai pas voulu me refuser à votre désir ; cependant, votre présence, vous devez le comprendre, ne saurait m'être agréable, et mon état de souffrance ne me permet pas de longs entretiens... Cette enfant, — ajouta-t-il en désignant Léonie, — pourrait se retirer si vous craigniez...

— Au contraire, général ; j'espère que cette entrevue résultera ma justification complète, et l'estime de mademoiselle de Sergey m'est aussi précieuse que la vôtre même.

— Fort bien ; hâtez-vous donc, monsieur, de me faire connaître l'objet de cette visite, car elle pourrait être interrompue... Pour vous mettre sur la voie, je vous demanderai tout d'abord si vous attribuez, comme on le prétend, l'épouvantable catastrophe de Dieppe à un accident et non à un crime ?

— Le général de Sergey a-t-il encore des doutes à cet égard, et ne connaît-il pas assez la loyauté de mon caractère...

— Je l'avoue, monsieur, à une certaine époque, peu de jeunes gens me paraissaient aussi accomplis que vous. Je vous aimais d'une affection toute paternelle, et si le ciel m'eût donné un fils, j'aurais souhaité qu'il vous ressemblât... Comme vous m'avez cruellement trompé, Réné de Listrac !

— Et pourquoi ne mériterais-je plus votre estime et votre affection ? — demanda Listrac en s'animant ; — n'ai-je pas mis sous vos yeux des preuves claires et positives de mon innocence ?

— De quelles preuves parlez-vous, monsieur ? je ne vous comprends pas.

— Il s'agit des lettres que je vous ai écrites à diverses reprises, et notamment de celle que je vous adressai le lendemain même du jour de l'événement. Cette lettre contenait une pièce de la plus haute importance, et qui seule devait suffire pour m'innocenter.

— Mais je n'ai rien reçu ! — s'écria monsieur de Sergey ; — aucune lettre de vous ne m'est parvenue... Jeune homme, jeune homme ! — poursuivit-il sévèrement, — est-ce ainsi que vous prétendez vous laver de cette affreuse accusation ? Ne vaudrait-il pas mieux avouer franchement votre faute que certaines circonstances pourraient du moins atténuer ?

Listrac montra plus de chagrin que d'étonnement en entendant les dénégations du général.

— Je m'en doutais ! — dit-il avec abattement, — et voilà mes soupçons réalisés. — Pardonnez-moi, général ; j'ai pu croire un moment que le chagrin de la mort de votre pupille, un désir de vengeance, peut-être une influence ennemie, vous avait fait négliger les preuves décisives confiées à votre honneur ; que vous aviez été capable de poursuivre sciemment un innocent... Encore une fois, pardonnez-moi ; c'est seulement depuis peu que j'ai deviné la cause réelle de cette apparente iniquité, et alors je me suis décidé à braver tous les dangers afin d'avoir un entretien personnel avec vous.

Monsieur de Sergey réfléchit.

— Je ne saurais croire cela, — dit-il enfin ; — ces lettres dont vous parlez auraient donc été soustraites ? Dans ce cas, qui pourrait autour de moi s'être rendu coupable d'une pareille soustraction ?

— C'est à vous, général, de chercher l'auteur ou les auteurs de cette action mauvaise. Quant à moi, j'affirme sur l'honneur que ces lettres vous ont été envoyées en temps et lieu, par une voie sûre... je pourrais appuyer cette affirmation de témoignages irrécusables.

— Et moi je n'admettrai pas facilement une assertion qui tend à incriminer toutes les personnes de ma maison et même de ma famille... Voici, par exemple, ma fille Léonie qui reçoit et ouvre ma correspondance, depuis que je suis devenu incapable de m'acquitter moi-même de ce soin ; la soupçonneriez-vous de malveillance ou de négligence envers vous, elle qui a pu seule me décider, faible et souffrant comme je suis, à cette entrevue si pénible pour moi ?

— Mademoiselle de Sergey est la plus pure, la plus généreuse, la plus sainte des femmes, — répliqua Listrac ; — elle a droit à toute mon admiration, à toute ma reconnaissance !

La jeune fille rougit et baissa la tête ; cependant, elle répondit au général avec hardiesse :

— Vous oubliez, mon père, que vos lettres peuvent passer dans bien des mains avant d'arriver aux miennes. D'ailleurs, lors de notre séjour à Dieppe, j'étais bien jeune encore, je n'avais aucune influence dans la maison, et une autre personne...

— Eh bien ! — interrompit brusquement monsieur de Sergey en s'adressant à Listrac : — que ces lettres aient été écrites ou non, qu'elles aient été égarées, perdues ou soustraites, ne pouvez-vous me dire ce qu'elles contenaient ?

— Je le peux, général ; malheureusement, la pièce principale de ma justification a disparu avec l'une d'elles, et j'aurai besoin peut-être de grands efforts pour détromper un esprit fâcheusement prévenu.

— Nous verrons bien, monsieur ; allons expliquez vous. Sans doute vous persistiez à soutenir que la mort du capitaine Granget fut le résultat non d'un assassinat, mais d'un duel ?

— Oui, général, d'un duel où la justice et la modération furent de mon côté ; d'un duel qu'il ne m'était permis ni de refuser, ni de retarder... Écoutez-moi.

« Vous savez comment, en apprenant le propos injurieux tenu par le capitaine Granget, je me hâtai de me rendre armé à l'hôtel. Malgré le ressentiment légitime que cette offense devait m'inspirer, je n'avais contre votre pupille aucune intention de violence ; le respect dû à votre maison, à notre ancienne amitié, me faisait un devoir de le traiter avec tous les ménagements possibles. Je songeais seulement à sauvegarder mon honneur ; je n'avais pris des armes que pour imposer au capitaine, pour l'empêcher de se porter envers moi à d'impardonnables extrémités.

» Je le trouvais dans le jardin et je l'abordai avec politesse. A ma vue, il pâlit de colère et s'arrêta court, d'un air insultant, sans me rendre mon salut. Néanmoins, je lui demandai d'un ton calme si le mot qu'on lui attribuait avait été, en effet, prononcé par lui, ce dont je doutais encore, eu égard à nos bonnes relations d'autrefois. Il répliqua sèchement que le propos était vrai, qu'il ne le rétractait pas.

» — Depuis longtemps, — ajouta-t-il, — vos assiduités ici me déplaisent, et je suis enchanté de trouver une occasion d'en finir avec vous... Battons-nous sur-le-champ.

» Je lui répondis avec un sang-froid apparent qu'une semblable affaire exigeait certaines formalités ; que la demeure du général de Sergey ne devait pas être le théâtre de nos querelles ; que, d'ailleurs, il fallait trouver un autre prétexte à ce duel, car certains noms, dignes de tout respect, ne pouvaient pas être prononcés. Il m'interrompit impétueusement : « Il n'avait, disait-il, l'intention de mettre personne dans la confidence de nos démêlés ; le plus court était donc de nous battre à l'instant et sans témoins, à l'endroit même où nous nous trouvions. » Comme je refusais en alléguant mes derniers motifs, il me jeta brusquement au visage le bout de cigare allumé qu'il tenait à la main.

» J'eus besoin d'un puissant effort sur moi-même pour ne pas éclater. Je reculai d'un pas et je dis à monsieur Granget que cette insulte était inutile, puisque j'avais accepté le cartel : seulement, que je prétendais choisir un autre lieu et une autre heure ; que, du reste, je l'invitais à se tenir à distance, car j'étais en mesure de punir une nouvelle offense.

» Et je montrai les pistolets dont je m'étais muni.

» Je vous le demande, à vous général, à vous homme d'honneur et militaire, pouvais-je pousser plus loin la patience, la longanimité ? Cependant, ce n'était rien encore.

» La vue de mes pistolets parut porter au comble la frénésie du capitaine Granget. Avant que j'eusse pu prévoir son mouvement et le prévenir, il se rua sur moi :

» — Ah ! vous avez des armes et vous croyez me faire peur ? — s'écria-t-il, — tenez, tenez !... vous battrez-vous maintenant ?

» Et il me frappa rudement au visage. »

Au souvenir de cet outrage, monsieur de Listrac s'arrêta et une vive rougeur colora ses joues, comme si, après trois ans, elles eussent conservé l'empreinte de cette flétrissure.

— Encore une fois, je vous le demande, général, — reprit-il enfin d'une voix étouffée, — n'étais-je pas en droit de décharger sur l'insolent provocateur les deux pistolets que je tenais à la main ? Je ne le fis pas : mais je commençais à n'être plus maître de moi.

« — Nous allons nous battre, monsieur ! — m'écriai-je

à mon tour, — ici et à l'instant même... Prenez un de mes pistolets si vous n'aimez mieux aller chercher les vôtres. Toutefois, puisque la fureur vous transporte au point de vous rendre plus semblable à une brute qu'à une créature raisonnable, j'aurai de la prudence et pour vous et pour moi. Il faut que celui de nous qui survivra à ce duel, si contraire aux usages, ne puisse être plus tard accusé d'assassinat... Entrons dans le pavillon : une minute suffira pour griffonner quelques lignes qui deviendront la sauvegarde du vainqueur.

» Granget, en dépit de sa rage, sembla comprendre la sagesse de cette proposition : il s'était emparé d'un de mes pistolets et il me précéda dans le pavillon.

» L'intérieur en était sombre : il fut nécessaire d'allumer une bougie. Nous nous assîmes au bureau du capitaine. Comme Granget paraissait incapable d'assembler deux idées, je lui dictai une déclaration que j'écrivais moi-même en même temps. Si je ne me trompe, l'écrit qu'il signa était ainsi conçu :

« Je déclare que je me bats loyalement en duel avec » le lieutenant de vaisseau René de Listrac. Dans le cas » où la chance du combat m serait contraire, ma mort » ne devrait donner lieu à aucune poursuite contre mon- » sieur de Listrac. »

» Je signai un écrit pareil où il n'y avait que les noms d'intervertis, puis nous échangeâmes en silence nos déclarations. Je mis la mienne dans ma poche, le capitaine laissa l'autre sur son bureau : elle était maintenue par le chandelier qui supportait la bougie allumée : je me souviens parfaitement de cette circonstance.

» — A vos ordres, monsieur, — lui dis-je alors.

» — Sortons, — répliqua-t-il : — nous allons nous placer à dix pas l'un de l'autre... vous tirerez le premier... vous êtes l'offensé.

» — Je ne puis accepter cet avantage : il vaudrait mieux...

» — Sortons — répéta-t-il.

» Quand nous fûmes dans le jardin, il me fit signe de m'arrêter ; puis il mesura dix pas et se tourna vers moi, le pistolet à la main. L'obscurité était déjà si profonde que nous nous voyions à peine.

» — Allons, tirez, — me dit-il d'un ton farouche.

» — Tirons en même temps ; je ne veux pas de votre générosité.

» — Morbleu ! — s'écria-t-il en grinçant des dents, — faudra-t-il encore vous frapper au visage pour vous décider à profiter de l'avantage qui vous appartient ?

» Cette menace, le souvenir de la sanglante injure que je venais de recevoir, achevèrent de troubler ma raison ; j'allongeai le bras et je tirai dans l'ombre, sans ajuster, presque au hasard.

» Après avoir fait feu, je demeurai immobile pour essuyer à mon tour le feu de mon adversaire. Mais il ne bougeait pas ; je n'entendais aucun bruit ; je regardais de son côté, je vis un corps étendu sur le sable.

» — Granget ! mon pauvre Granget ! — m'écriai-je éperdu en courant à lui.

» Il ne répondait pas ; tout était fini ; la balle lui avait traversé le crâne... Je poussais des cris de désespoir et je m'enfuis. »

Monsieur de Listrac, en terminant le récit de cette catastrophe, était fort ému et sa voix tremblait. Léonie, la tête penchée sur sa poitrine, versait d'abondantes larmes. Le général lui-même s'agitait dans sa chaise longue.

— J'en conviens, monsieur, — reprit-il après une assez longue pause, — votre version n'est contredite en rien par le caractère de mon pupille. Bien des fois j'ai réprimandé le pauvre Léopold pour ses emportements et les choses, en effet, pourraient fort bien s'être passées comme vous venez de les raconter. Néanmoins, dans une affaire aussi grave, des affirmations, de simples possibilités ne suffisent pas, et les preuves matérielles vous manquent absolument. La justice fût appelée plu-

sieurs heures seulement après la catastrophe et les gens de l'hôtel, dans le trouble du premier moment, ne songèrent pas à faire des observations qui eussent été d'une grande importance pour la manifestation de la vérité. Mais en l'absence d'une enquête judiciaire complète, pourquoi ne pas produire les deux pièces qui, suivant moi, doivent pleinement établir votre version ? Une surtout, celle où le capitaine Granget reconnaît qu'il s'agit entre vous d'un duel loyal...

— Et c'est précisément, général, cette pièce que je croyais être déjà entre vos mains. Le lendemain du jour de la catastrophe, j'appris les soupçons dont j'étais l'objet, et, ne voulant pas mettre le public dans la confidence de ce secret, et, d'ailleurs, n'osant me présenter à vous quand vous étiez encore sous la première impression de la douleur et de la colère, je pris le parti de vous écrire pour vous exposer les faits tels qu'ils s'étaient passés. J'enfermai dans ma lettre la déclaration du capitaine Granget, comme preuve à l'appui, et je ne doutai plus que vous n'eussiez hâte à votre tour d'étouffer cette affaire... Vous savez qu'il n'en fut rien, et aujourd'hui seulement j'ai l'explication de votre inflexible rigueur à mon égard : ma lettre et l'acte décisif qu'elle contenait ne vous sont pas parvenus.

— Encore cette sotte histoire de lettres perdues ! — s'écria monsieur de Sergey, — mais en admettant cette circonstance mystérieuse, l'autre déclaration, celle que vous avez écrite et signée vous-même, celle qui, selon vous, était restée ouverte sur le bureau de Léopold, aurait dû se trouver à cette place ; or, j'accompagnais le magistrat qui, dans la nuit du meurtre, examina les papiers du capitaine, et je puis assurer que cette déclaration ne s'y trouvait pas.

— Je l'ai pourtant vue de mes yeux quand nous sommes sortis du pavillon pour nous battre, et le papier ne pouvait s'envoler aisément puisqu'il était maintenu par un lourd chandelier de bronze. Mais vous oubliez, général, que bien des personnes avaient pu pénétrer avant vous...

— Et quelqu'un, par haine ou par vengeance, aurait encore fait disparaître cette pièce ; n'est-ce pas ce que vous voulez dire ? Prenez garde, monsieur ; ce système de défense ne réussira pas. Qui donc aurait été assez audacieux, assez méchant pour accomplir un semblable larcin ?

— La même personne sans doute qui, le lendemain, supprima une lettre dont j'attendais de si heureux résultats.

Monsieur de Sergey semblait éprouver un malaise inexprimable. Il reprit d'une voix saccadée :

— Sortons enfin des réticences vagues, des insinuations détournées, monsieur ; et, si vous accusez, ayez du moins le courage d'accuser ouvertement... Qui soupçonnez-vous ? douteriez-vous de moi ? Me croiriez-vous capable de renier un dépôt sacré ?

— A Dieu ne plaise, général ! J'ai pour vous autant d'affection que de respect, et vous eussiez vous-même énergiquement travaillé à ma réhabilitation, j'en suis convaincu, si l'on n'eût pas empêché les preuves de mon innocence d'arriver jusqu'à vous.

— Fort bien ; mais alors qui accusez-vous, dans mon entourage, que ces odieuses machinations ?

— Monsieur de Sergey doit savoir mieux que moi...

— Tenez, — reprit le général avec effort, — j'aborderai la difficulté comme j'abordais autrefois une redoute. Vous vous croyez obligé à certains ménagements pour inculper une femme que j'estime et que j'aime ; ces ménagements sont plus perfides encore qu'une attaque directe ; ne le sentez-vous pas ? — Listrac baissa les yeux sans répondre. — Je vous demande, monsieur, — poursuivit le général avec une vivacité croissante, — si c'est à madame de Granville, ma parente et mon amie, que vous imputez de pareils faits ?

Comme Listrac se taisait toujours, Léonie lui dit à demi-voix :

— Parlez, monsieur, il y va de votre vie, de votre honneur !

Le jeune homme adressa un salut mélancolique à mademoiselle de Sergey, comme pour la remercier de son intervention.

— Eh bien ! général, puisque vous l'exigez, — reprit-il,—je ne vous cacherai pas ma pensée plus longtemps : selon moi, la personne dont vous parlez est l'auteur des soustractions qui m'ont été si funestes.

Monsieur de Sergey devint pourpre et saisit convulsivement les bras de sa chaise longue, comme pour se soulever ; mais une pâleur cadavéreuse envahit de nouveau son visage et il s'affaissa sur lui-même.

— Mon père ! — s'écria Léonie alarmée, — vous ne paraissez pas bien... cette conversation vous fatigue ; monsieur de Listrac consentirait peut-être...

Mais le vieillard se redressa, les yeux grands ouverts :

— Paix ! ma fille, paix, — répliqua-t-il avec autorité ; —je veux enfin m'éclairer, je le veux à tout prix.—Puis, se tournant vers Listrac : — Monsieur, — poursuivit-il, — l'action odieuse dont il s'agit ne saurait avoir été commise sans motif ; à quel motif donc attribuez-vous ces étranges persécutions ?

— La personne dont nous parlons...

— Pourquoi ne la nommez-vous pas hardiment ?

— Eh bien ! madame de Granville m'avait voué, bien avant la catastrophe, une haine déraisonnable.

— D'où venait cette haine ?

— Que sais-je ? Peut-être aurai-je froissé involontairement sa vanité ; peut-être cette dame n'aura-t-elle pas trouvé en moi l'admiration profonde et passionnée qu'elle excite d'ordinaire...

— Une semblable supposition, monsieur, prouverait tout au moins beaucoup de fatuité de votre part !... dit le général avec amertume ; — mais passons... Ainsi donc, sur des raisons aussi futiles, madame de Granville aurait voulu vous déshonorer, vous perdre ?

— Il n'existe pas de raisons futiles pour une femme irritée, général, mais la haine de celle-là contre moi n'a pas été sans doute l'unique mobile de sa conduite ; un autre mobile était la vive affection qu'elle portait à mon adversaire.

— Que voulez-vous faire entendre, monsieur ?

— Rien du tout, général ; n'était-il pas naturel que madame de Granville éprouvât quelque amitié pour votre pupille, pour un jeune homme brave et spirituel qui demeurait sous votre toit, et qu'en le voyant mort si misérablement elle eut senti un ardent désir de le venger ?

Le général garda un moment le silence.

— Ainsi donc, monsieur, — reprit-il enfin, — selon vous, ma parente, une dame distinguée, de mœurs douces, de caractère aimable, aurait conçu et exécuté un de ces plans d'atroce persécution que l'on trouve seulement dans les romans, n'est-ce pas cela ?

— Je veux croire encore, général, que madame de Granville n'avait rien prémédité ; la passion du moment, l'occasion, la légèreté de son caractère, l'auront plutôt jetée dans une voie funeste où le retour a fini par devenir impossible... Écoutez-moi encore, et si je vous afflige, si je vous offense, rappelez-vous quelle inexorable nécessité me presse : je sais d'une manière positive que, peu d'instants après le duel, madame de Granville descendit au jardin, et sans doute elle entra la première dans le pavillon où le capitaine avait laissé la déclaration que j'avais signée. Selon toute apparence, dans un transport d'indignation et de douleur, elle s'empara de ce papier et l'anéantit. Le lendemain, le hasard put faire tomber sous ses yeux une lettre de moi dont elle connaissait parfaitement l'écriture ; impatiente d'apprendre le contenu de cette lettre, elle l'ouvrit ; et y trouvant la preuve de mon innocence, elle craignit que vous ne

renonçassiez à la poursuite du meurtre et elle anéantit encore ce papier important. La suppression des autres lettres fut la conséquence de ces deux premières injustices, accomplies dans le paroxysme de l'exaltation... Croyez-vous, général, qu'une femme irréfléchie, passionnée, ne pourrait pas, même sans être profondément perverse, s'être laissé aller à de pareils entraînements ?

Il était impossible de donner un tour plus modéré, plus généreux à des faits qui avaient eu, pour Listrac, des suites si terribles. Cependant le général ne parut pas tenir compte à son interlocuteur de cette réserve.

— N'affectez pas ces airs d'indulgence, — reprit-il ; — si vos suppositions se trouvaient exactes, l'action serait infâme !... Mais non, — ajouta-t-il d'un ton sombre, — ce chagrin et cette honte ne sont pas réservés à mes derniers jours. Je ne crois pas, je ne puis croire... Il n'y a là-dessous que suppositions absurdes, mensonges et calomnies... Oh ! si vous m'avez trompé, je saurai bien vous punir de votre audace, monsieur de Listrac ?

L'agitation du vieillard devenait convulsive ; ses traits se décomposaient, sa voix était sourde et rauque.

— Mon père, — dit mademoiselle de Sergey en se levant brusquement, — vous souffrez, je le vois ; cet entretien ne peut se prolonger davantage, il n'a déjà que trop duré... Monsieur de Listrac, — ajouta-t-elle en joignant les mains, — je vous en conjure, retirez-vous, il est temps.

— Oui, oui, éloignez-vous, — balbutia le général ; je ne me prononce pas encore sur tout ceci ; je veux examiner à loisir. J'interrogerai cette femme que vous accusez et je l'obligerai bien à répondre... Oui, je l'interrogerai... Croit-on qu'elle me fait peur ? Mordieu ! je suis un vieux soldat et je prétends agir à ma guise...

Cette détermination frappa Léonie, malgré les autres préoccupations du moment.

— Mon père, — reprit-elle, — pourquoi ne pas éviter désormais des scènes, des émotions qui vous sont funestes ? Ne vaudrait-il pas mieux mettre en oubli le passé ? Il vous suffirait de retirer votre plainte et d'employer votre crédit à la prompte réhabilitation de monsieur de Listrac.

— J'ignore quel parti je prendrai, — répliqua faiblement le vieillard ; — mais je veux savoir la vérité... Et si l'on m'a trompé... s'il était possible... l'ingrate... l'imprudente créature !

Ces derniers mots étaient presque inintelligibles. Quelques sons confus sortirent encore de la bouche du général de Sergey ; puis il se renversa en arrière et demeura sans mouvement.

— Grand Dieu ! il est évanoui ! — dit Léonie éperdue ; — il n'a pu supporter ces secousses réitérées... Partez, monsieur, partez donc ; que voulez-vous de plus pour le moment ? Quand mon père reprendra connaissance, il aura besoin d'un repos absolu.

— Je sors, — dit Listrac ; — seulement, mademoiselle, avant de nous séparer, ne me donnerez-vous pas l'assurance que mes explications...

— Eh ! monsieur, avant toutes ces explications, est-ce que je doutais de vous ?

En ce moment la porte s'ouvrit avec précaution et le vieux Julien avança la tête dans l'ouverture.

— Madame est rentrée, — dit-il, — et elle peut venir ici d'un moment à l'autre.

— Il ne faut pas qu'elle vous voie, — dit mademoiselle de Sergey précipitamment à l'officier de marine ; — elle ferait un éclat qui pourrait être fatal à mon père... Le voilà qui commence à revenir à lui... Sortez, je vous en conjure... Julien va vous conduire jusqu'à la grille. Adieu, adieu !...

— Adieu, — répéta Listrac en adressant un geste passionné à la charmante fille, — et soyez mille fois bénie ?

Il suivit Julien qui s'empressa de l'emmener hors de la maison. Listrac, bouleversé, ne remarquait pas les regards de sympathie que lui jetait par intervalles le vieux domestique. Cependant quand on atteignit la grille du parc, Julien rompit le silence.

— Je vois, monsieur, — dit-il avec tristesse, — que vous n'avez pas réussi... Je m'y attendais ; cette malheureuse affaire ne pourra décidément s'arranger sans moi.

— Que dites-vous, Julien ? Est-ce que vous auriez connaissance...

— Nous n'avons pas le temps de causer ; mon maître a besoin de mes services. D'ailleurs madame vient de rentrer et je gagerais à sa mine riante qu'elle a réussi dans quelque diablerie nouvelle... Ne comptez pas trop sur le pauvre général, qui maintenant n'a pas grand pouvoir, et sur mademoiselle Léonie, qui ne peut rien du tout ; mais si vous aviez le malheur d'être arrêté, faites-moi citer en témoignage... Je dirai peut-être des choses qui ne vous seront pas inutiles.

Puis, sans attendre les questions de Listrac, il referma la grille et revint en courant vers le château.

Le proscrit, de son côté, traversa le parc afin de gagner la grande avenue qui conduisait à la ville. Il était profondément découragé ; le résultat négatif de sa visite au général l'avait jeté dans un abattement voisin du désespoir. Une circonstance nouvelle vint encore augmenter son trouble.

A la sortie du parc, il rencontra son hôtesse, la mère Guignet, qui accourut dans un désordre peu galant et la figure enluminée par la rapidité de sa marche.

— Je savais bien que je vous trouverais par ici, — dit-elle toute haletante ; — c'est donc pour vous apprendre, mon mignon, que les gendarmes sont venus chez nous et ont fouillé la maison du haut en bas. C'est à vous qu'ils en voulaient, j'imagine ; mais ils ont bien trouvé la niaise qui se laissera prendre à leurs ruses ! J'étais sur mes gardes, et avant leur arrivée j'avais caché vos effets. On est maligne aussi ! J'ai juré mes grands dieux que la chambre était inhabitée depuis un mois. Cependant faut pas se fier à ces sournois-là... Ne vous pressez donc pas de revenir à la maison ; car ils seraient capables de vous guetter... Si ce soir vous voyez un mouchoir blanc sécher à la fenêtre, ce sera une preuve que vous pourrez rentrer sans crainte ; sinon attendez-moi derrière le mur du cimetière et j'irai vous chercher pour vous conduire dans un endroit plus sûr que ma maison.

Listrac laissa tomber ses bras d'un air découragé.

— A quoi bon ? — murmura-t-il ; — tout m'abandonne, pourquoi ne m'abandonnerais-je pas moi-même.

La mère Guignet éprouva plus de compassion qu'on n'en pouvait attendre de sa nature égoïste.

— Allons, mon gentil garçon, — reprit-elle familièrement, — doit-on se laisser pincer ainsi par le chagrin ? Doit-on se désespérer quand on a, comme vous, de l'argent dans ses poches ? Prenez courage ; après le grain vient la bonne brise, comme disent nos hommes. De quoi s'agit-il, après tout ? de faire aujourd'hui une promenade un peu plus longue qu'à l'ordinaire. Ce soir tout sera en ordre sans doute et vous pourrez... Mais, parbleu ! — ajouta-t-elle avec inquiétude en levant les yeux, — il n'y a plus à lanterner... voici les grippe-jésus qui viennent par ici.

En effet deux gendarmes de la marine se montraient au bout de l'avenue.

— Il faut qu'ils sachent quelque chose de positif, — reprit-elle, — pour se diriger vers le château du Plessis ; est-ce que par hasard on vous aurait vendu ! — L'officier de marine devina la vérité, à savoir que l'autorité, avertie par madame de Granville, faisait surveiller les abords du château où l'on supposait que lui, Listrac, pourrait vouloir se rendre ; mais la mère Guignet ne lui laissa pas le temps de la réflexion. — Venez, venez donc, — dit-elle en lui prenant le bras avec autorité.

Elle l'entraîna vers une autre issue du parc, et ils gagnèrent un de ces chemins creux, ombragés, tortueux,

dont nous avons déjà parlé. Alors la bonne femme, après avoir adressé à son hôte de nouvelles recommandations, escalada un talus qui bordait la route, traversa un champ voisin et disparut, laissant le proscrit errer presque au hasard dans la campagne.

VIII

LE COMPLOT.

Terre-Neuve, en quittant le comte de Listrac, avait le désir de prendre langue dans le pays et de s'informer, aussi exactement que possible, de l'impression produite sur les habitants du voisinage par les événements de la nuit précédente. Il n'alla pas loin sans trouver l'occasion d'exercer cette sagacité d'esprit qui contrastait avec la frivolité apparente de ses manières.

Comme il approchait de la ville, il aperçut une élégante calèche qui stationnait sous les arbres, au bord du chemin. Penchée à la portière de cette voiture, une dame, de mise recherchée, causait avec deux hommes à tournure commune qui se tenaient respectueusement devant elle, la tête découverte. Qu'on juge de l'étonnement de Terre-Neuve ! l'un de ces hommes était son patron Cabillot, l'autre un brocanteur qu'il savait être l'associé des contrebandiers ; quant à la dame de la voiture, le jeune marin avait reconnu madame de Granville.

Il s'arrêta pour observer ce groupe de loin.

— Tonnerre ! — pensait-il, — j'aurais cru qu'une frégate de la marine royale baisserait pavillon devant le plus vieux et le plus pourri de nos flambarts avant que l'orgueilleuse dame du château consentît à causer avec ce vieux chien de mer de Cabillot ou ce grand fripon de Couturier, notre soi-disant armateur ! Que diable peuvent-ils se dire ? Ils ont, ma foi ! l'air d'être les meilleurs amis du monde. — En effet, madame de Granville adressait à ses interlocuteurs des sourires encourageants, des gestes de protection, tandis que Cabillot et son compagnon manifestaient par leur contenance une satisfaction extrême. Bientôt la conférence se termina ; madame de Granville salua légèrement de la main, et la voiture prit la route d'Eu, tandis que Couturier et lo pa eh ! eh ! faut voir, — murmura Terre-Neuve. — Et il continua d'épier les deux amis. Ceux-ci descendirent la pente assez raide qui mène au Tréport ; mais en arrivant aux premières maisons, ils se séparèrent. Terre-Neuve suivit Cabillot dans le quartier pêcheur, tout rempli de ruelles et d'impasses, et bientôt il vit le patron entrer dans une masure de mauvaise mine, où il demeurait. Terre-Neuve hésitait à pénétrer dans cette habitation, où selon toute apparence, il serait fort mal reçu ; cependant il surmonta son indécision. — Bah ! — pensait-il, — ces méchants que soient les autres, ils ne m'avaleront pas, peut-être, car aussi bien, je me mettrais en travers pour les étrangler... D'ailleurs, ils se montreront d'autant plus acharnés contre moi qu'ils me verront moins... Alerte donc ! et la voile au vent !

Il souleva le loquet d'une petite porte branlante, et entra dans une pièce noire, malpropre, encombrée d'instruments de pêche et de navigation. Il y régnait une odeur abominable de poisson corrompu, et cette odeur imprégnait tellement les murailles, qu'aucune aération, aucune fumigation n'eût pu la combattre. Des millions de mouches, attirées par les émanations pestilentielles, tourbillonnaient en bourdonnant dans ce bouge obscur.

Il n'y avait là en ce moment que la nièce de Cabillot, jeune fille fort laide, fort sale et presque idiote, qui, accroupie devant le foyer, surveillait la cuisson d'un immense pot rempli de moules. En revanche, un bruit

de grosses voix, des bouffées de tabac qui s'échappaient
d'une porte entr'ouverte, annonçaient des hôtes nombreux dans la salle voisine.

Aussi Terre-Neuve, après avoir adressé un bonjour
familier à la disgracieuse ménagère, se dirigea-t-il vers
la seconde pièce. Elle était beaucoup plus grande et
mieux éclairée que l'autre, mais l'odeur de poisson et
les mouches l'eussent rendue non moins inhabitable
pour un citadin tant soit peu délicat. Quatre à cinq
grabats misérables s'alignaient le long des murs, et dans
l'intervalle de ces lits, on avait accumulé des tonneaux
de salaison, du goudron, des paquets de cordages. C'était
là le magasin de Cabillot; l'on y eût trouvé de quoi
gréer au grand complet une barque de pêche, y compris
les ancres, les voiles et les petites vergues. C'était aussi
le dortoir des hommes de son équipage, qui, nous le
savons, appartenaient tous à la famille, et, certes, après
avoir occupé ce local empesté, ils ne devaient pas être
trop mal à l'aise dans l'étroite et suffoquante cabine
d'un bateau frêté pour la pêche du hareng.

Une table, formée de planches raboteuses, était chargée des débris d'un repas grossier mais abondant, où
l'ail et le vinaigre semblait avoir joué un rôle considérable. On ne mangeait plus; mais une grande quan-
tité de pots de grès, de bouteilles et de verres pleins,
annonçaient que l'on buvait encore. Autour de la table,
assis sur des barils et la pipe à la bouche, se tenaient
les quatre jeunes marins que nous connaissons déjà.
Le patron leur parlait avec chaleur; mais avec une bienveillance inaccoutumée, tout en les excitant lui-même
à vider leurs verres, et, certes, il fallait une circonstance extraordinaire pour décider Cabillot, si dur et si
avare, à s'humaniser ainsi.

. . . .

Terre-Neuve entra d'un air délibéré, le chapeau sur
l'oreille, en sifflotant; mais son assurance n'eût aucun
succès. On se tut en le voyant; aucune main ne se tendit vers lui, aucune tête ne s'inclina pour le saluer; on
lui lança des regards sombres et menaçants. Sans s'émouvoir, le petit marin prit sur la table un verre qu'il vida,
puis il s'assit sur un rouleau de cable, tira sa pipe et dit
en la bourrant avec une tranquillité parfaite :

— Eh bien ! patron, quels sont les ordres ? Embar-
quons-nous à la marée prochaine ? Si je ne me trompe,
nous pourrions bien avoir du mauvais temps d'ici au
quart de minuit.

On tardait à répondre ; enfin Cabillot répliqua d'un ton
dur :

— Nous n'embarquerons pas de sitôt, surtout avec
toi... Nous avons autre chose à faire ce soir.

— Oui, oui, nous avons autre chose à faire ! — répéta
l'aîné des Cabillot, gros garçon à cou de taureau, qui
affectait toute la brutalité, toute l'âpreté au gain de son
père.

Et l'on n'entendit plus que le peuh ! peuh ! des fumeurs, le cliquetis des verres que l'on remplissait.

Terre-Neuve comprenait bien que l'on se défiait de
lui, mais n'étant pas homme à rester longtemps dans
une position fausse, il brusqua l'explication.

— Voyons, père Cabillot, — dit-il avec un accent de
franchise, — ne louvoyons pas et gouvernons droit, si
cela se peut. On me fait une triste figure ici, comme si
l'on voulait me reprocher d'être malheureux la nuit
dernière... Que diable ! dans notre état il y a des hauts
et des bas ! Vingt voyages ont réussi, le vingt et unième
a tourné mal, est-ce une raison pour que vous lâchiez
sur moi toutes vos bordées ? Quel est le bon marin qui
n'a pas été jeté à la côte une ou deux fois dans sa vie ?

Cette logique de pleine mer produisit une certaine
impression sur les fils et les neveux de Cabillot ; mais
ils ne dirent rien et tournèrent les yeux vers le patron,
leur chef et leur oracle.

— Puisque tu l'exiges, mon gars, — répliqua Cabillot
avec une modération étudiée, — je vais te parler le cœur

sur la main. Tu as des amis qui ne nous conviennent
pas, et si tu veux que nous voguions encore de conserve,
il faut choisir entre eux et nous... Est-ce clair, cela ?

— Vous n'êtes pas raisonnable, patron. Qu'avez-vous
donc contre ce pauvre Maillard ! C'est un brave homme ;
la nuit dernière, il pouvait me mettre dans l'embarras,
car je ne me trouvais pas le plus fort ; au lieu de cela,
il m'a laissé partir sans vouloir me connaître, et il s'est
contenté de retenir la marchandise de fraude... Qu'auriez-vous demandé de plus ?

Le panégyrique de Maillard ne fut pas bien accueilli
dans cette assemblée prévenue.

— Oui, mais nous sommes ruinés pas moins ! — murmura l'un des assistants.

On nous ôte le pain de la bouche, — ajouta un
autre en vidant un grand verre de vin.

— Et ça ne se passera pas ainsi, — reprit avec
exaspération l'aîné des Cabillot en frappant sur la
table ; — avant que la nuit prochaine soit finie, ton
ami Maillard ne tarabustera plus personne, et je jure
bien...

Un geste impérieux du patron lui imposa silence,
mais Cabillot fils, dans son zèle exagéré, en avait déjà
trop dit, et il comprit sa faute en voyant l'effet que ses
paroles produisaient sur Terre-Neuve. Celui-ci se leva
tout pâle.

— Ah ! ah ! Jean, — s'écria-t-il, — en sommes-nous
là ? Vous complotez quelque chose contre Maillard, vous
voulez lui jouer un mauvais tour ?

— Mais non, mais non ! — répliqua le patron ; — tu
te trompes, petiot, et Jean est une bête qui ne comprend
rien.

— Oui, oui, père, je suis une bête et je ne comprends
rien, — répéta Jean complaisamment.

Mais Terre-Neuve n'était nullement rassuré par ces
dénégations, et Cabillot s'en aperçut.

— Que veux-tu que nous fassions à Maillard ? — poursuivit-il d'un ton de bonhomie ; — après lui, un autre
serait peut-être encore plus méchant. D'ailleurs, à quoi
nous servirait-il de le descendre ? ça nous rendrait-il les
marchandises saisies ?

— Je le sais, patron, vous n'aimez pas à risquer sans
profit, — répondit Terre-Neuve, — mais aussi vous ne
pardonnez pas aisément quand on vous a causé du
dommage... Il y a quelque projet sous roche contre ce
pauvre Maillard, j'en mettrais ma main au feu.

— Est-il têtu, ce morveux-là ! — dit Cabillot avec une
patience qui ne lui était pas ordinaire ; — mais, tiens,
puisque l'on a tant fait, je vais t'apprendre la vérité.

Une grande surprise se peignit sur les traits des
marins ; les pipes et les verres cessèrent un moment de
fonctionner. Cabillot poursuivit d'un ton insinuant :

— Voyons, mon garçon, s'il existait un moyen de
rattraper les belles marchandises qu'on nous a raflées
la nuit dernière, aurions-nous tort d'en user ?

— Oh ! pour cela, non.

— A la bonne heure ; eh bien, nous voulons reprendre
le ballot de dentelles dont tu t'es laissé délester, et nous
le reprendrons, n'est-il pas vrai, enfants ?

Des gestes énergiques furent la réponse des marins à
moitié ivres déjà.

— Et comment ferez-vous, père Cabillot ? — demanda
Terre-Neuve.

— Ça, c'est notre affaire ; à moins que tu ne con-
sentes à être des nôtres...

— Je ne dis ni oui, ni non ; si l'on veut que je couche
mon nom sur le rôle de l'équipage, encore faut-il que
l'on m'apprenne la destination du navire.

— Il y a bien des marins qui n'y regarderaient pas de
si près, mais nous aurons en toi confiance entière.
Seulement, tu jures, n'est-ce pas, que le projet te plaise
ou non, de n'en souffler mot à personne ?

— Que jamais plus je ne le baisse ! — dit Terre-Neuve
en levant la main.

— Ça suffit ; d'ailleurs, malgré ton amourette pour la nièce du douanier, tu es un bon petit diable, incapable de trahir les amis ; écoute-moi donc : tu sais que par suite d'un conflit entre la douane du Plessis et celle du Tréport, notre ballot de dentelles reste au Plessis jusqu'au retour de l'officier supérieur qui est en tournée ?

— Je n'en savais rien, père Cabillot ; mais je vais aller tout à l'heure aux informations, et je me mettrai au courant des nouvelles.

— Bien, bien, mon garçon, et tu viendras nous rendre compte de ce que tu auras appris... Je serais allé moi-même sur le port, mais ça pourrait donner des soupçons, et ces marsouins-là sont si maladroits, qu'ils manque-raient certainement la manœuvre ; il vaut mieux que tu te charges de la besogne, toi qui est un finaud... Pour en revenir à notre affaire, tu vois d'ici de quoi il retourne : la douane du Plessis demeurera presque seule la nuit prochaine ; quatre des cinq douaniers qui l'occupent seront en service sur la côte : on aura donc facilité pour pénétrer dans le bâtiment, et tout sera terminé en un tour de main.

— Si pourtant vous trouviez de la résistance ?

— Bah ! nous serons en force ; ça passera comme une lettre à la poste. Allons ! Terre-Neuve, viendras-tu avec nous ?

Le jeune marin réfléchit un moment.

— Non, — répliqua-t-il enfin ; — vous avez beau dire, je craindrais trop de me trouver encore une fois aux prises avec Maillard... Et puis, s'il faut l'avouer, les affaires de ce genre ne me plaisent pas. Quand il s'agit d'introduire en fraude un petit ballot en faisant la nique aux gabelous, on peut encore se laisser tenter ; la chose, à la rigueur, n'est qu'une plaisanterie. Mais entrer la nuit dans une habitation pour y dérober quelque chose qui ne vous appartient pas, ça ne saurait m'aller. Et vraiment, Cabillot, vous feriez bien, peut-être, d'y re-garder de près avant de donner à pleines voiles sur ces hauts fonds... Qu'arriverait-il si l'un de vous était pris ?

— On ne nous prendra pas, — répliqua le patron sèchement. Il ajouta bientôt d'un air plus ouvert : — I en sera ce que tu voudras, mon garçon ; tu es libre de ne pas te mêler de cette affaire ; quant aux suites, ne t'en inquiète pas, nous avons des protecteurs plus puissants que tu ne penses.

— Des protecteurs, père Cabillot ? Qui diable pour-rait...

— Avec ta permission, petit, cela ne te regarde pas, puisque tu ne veux pas être des nôtres. Laisse-nous donc agir seuls pour cette fois ; ce ne sera pas une raison pour que nous ne recommencions pas notre commerce plus tard, quand l'algarade de la nuit der-nière sera oubliée... Maintenant, Terre-Neuve, mon ami, le plus grand service que tu puisses nous rendre est d'aller un peu rôder sur le port ; je ne sais pourquoi, j'ai dans l'idée qu'on s'y occupe de nous !

— On y va, père Cabillot : j'ai aussi des renseignements à prendre dans l'intérêt de ce pauvre messager de la nuit dernière ; celui-là, je crois, ne se soucie pas plus que nous d'avoir affaire aux gens de l'autorité.

— Eh ! eh ! Terre-Neuve, connaîtrais-tu ce beau mon-sieur ? — demanda Cabillot.

— Mon Dieu ! non, patron ; quelque amoureux transi peut-être... Mais que nous importe !... Ah ça, avant de nous quitter, vous me jurez, là, bien vrai, que vous ne pensez pas à autre chose qu'à cette affaire de la douane ?

— Puisqu'on te l'assure.

— Et que vous ne tramez rien, absolument rien contre le grand Maillard ?

— Il n'en démordra pas, — dit Cabillot avec un mauvais sourire ; — demande aux enfants, et tu verras s'ils ne te diront pas la même chose.

Les jeunes marins confirmèrent les paroles du chef de famille, mais d'une manière gauche et embarrassée. Cependant, Terre-Neuve affecta de se montrer satisfait,

il posa son chapeau sur l'oreille, et sortit en sifflotant, comme il était venu.

A peine le jeune matelot était-il dehors, que la conte-nance du patron changea ; Cabillot reprit cet air impé-rieux et brutal qui lui était naturel. Ses enfants et ses neveux semblaient vouloir l'interroger, mais, retenus par la crainte, ils se contentaient de le regarder avec curiosité. Enfin, Jean se montra plus hardi :

— Père, — dit-il avec malaise, — vous êtes le maître, c'est sûr ; cependant, était-il bien nécessaire de conter à ce méchant drôle de Terre-Neuve...

— Tais-toi, — interrompit Cabillot ; — n'était-ce pas ta sotte langue qui a fait tout le mal ? Tu mériterais vingt coups de corde si j'étais en humeur de gronder. Il fallait bien dire quelque chose à Terre-Neuve, puisque tu avais commis la faute de le mettre sur ses gardes. J'étais certain qu'il serait de bonne composition au sujet de cette entreprise contre la douane ; et quant à nos autres projets, il n'en a plus, grâce à moi, le moindre soupçon. L'affaire terminée, il en prendra son parti... Mais assez causé ! Amusez-vous à boire jusqu'à ce soir ; seulement, ayez soin que personne ne soit gris quand viendra le moment d'agir, vous m'entendez ?

De son côté, Terre-Neuve n'était pas la dupe des protestations de Cabillot. L'air sournois du patron, la contrainte hostile des jeunes gens le mettaient en dé-fiance, et il se disait à part lui :

— On a beau prétendre le contraire, je gagerais qu'ils ont quelque mauvais dessein contre Maillard ; suffit, nous veillerons au grain !

Et il gagna le port, rendez-vous ordinaire des nou-vellistes et des oisifs.

En arrivant à l'extrémité de la jetée, Terre-Neuve, avec l'instinct d'un marin, examina d'abord le ciel, puis la mer, afin d'étudier, comme il disait, la mine du temps. Une interjection brève et une légère grimace témoignèrent bientôt que cette mine n'était pas de son goût.

Un changement brusque en effet s'était opéré dans la température. Ce soleil si glorieux le matin avait disparu ; des masses de vapeurs sombres et basses, roulaient pesamment dans l'atmosphère. La Manche avait perdu ces belles teintes vert-clair ou azurées dont elle se colore par un vent sec. Des montagnes d'eau, de couleur plombée, lourdes, paresseuses, largement espacées ve-naient se briser contre la jetée et faisaient trembler à chaque coup cette vieille construction de galets et de madriers vermoulus. Le vent soufflait du nord-ouest avec une certaine violence, mais l'agitation des eaux paraissait moins provenir du vent que d'une de ces grandes marées qui bouleversent l'Océan à certaines époques de l'année. Celle-ci n'était pas encore telle que devait l'être celle du lendemain ou même celle de la nuit suivante ; cependant elle recouvrait presque entiè-rement la grève et déjà en beaucoup d'endroits elle atteignait le pied des falaises.

La jetée était à peu près déserte à cette heure. La fraîcheur de la brise, surtout certaines lames perfides qui franchissaient parfois le parapet, avaient mis en fuite cet essaim de belles dames et de bourgeois dé-sœuvrés, spectateurs ordinaires de la marée montante. Il y avait seulement, autour du cabestan, quelques bai-gneurs intrépides, couverts de leurs manteaux cirés et le cigare à la bouche. Dans un angle de la tour du phare, un pêcheur invalide, assis sur un banc de bois à l'abri du vent, mâchonnait en bâillant son tabac et épiait les touristes, afin d'obtenir une légère aumône en échange de quelques renseignements d'une vérité sou-vent équivoque. Cependant, par intervalles, au milieu du fracas de la mer, un bruit cadencé de sabots réson-nait sur le carrelage en briques de la jetée ; c'étaient de longues files de femmes et d'enfants qui, attelés à une corde, halaient un bateau hors du port, malgré les apparences de mauvais temps. Aussitôt que la barque avait dépassé le môle, la corde se détachait comme d'elle-même, les voiles prenaient le vent et le navire cinglait avec difficulté vers le large. Alors les haleurs, après avoir salué de la main ceux qui partaient, s'empressaient de se retirer. Les enfants retournaient jouer sur la grève ; les femmes allaient s'agenouiller devant la croix du calvaire, à l'entrée du port, pour prier Dieu de donner à leurs pères, à leurs maris, une bonne pêche et un prompt retour.

Toutefois le nombre des navires qui sortaient n'était pas bien considérable. A peine en apercevait-on cinq ou six qui couraient des bordées, çà et là, en traînant leurs filets ; encore ne s'éloignaient-ils guère afin de pouvoir rentrer à la première alerte. On jugeait, en effet, à des signes certains que le gros temps allait devenir une véritable tempête, et les marins prudents, à l'exemple de Cabillot, aimaient mieux voir leurs bateaux reposer doucement sur leur quille dans la vase du bassin, que de les lancer, même avec l'espoir d'une bonne pêche, sur cette mer menaçante.

Mais Terre-Neuve n'était pas de caractère à prendre les choses au tragique. Il échangea quelques joyeux lazzis, du haut de la jetée, avec les audacieux qui partaient ; il railla de leur timidité ceux, au contraire, qui faisaient la grimace en examinant le temps. Il paraissait avoir complètement oublié les motifs secrets de sa venue, quand un nouvel incident les lui rappela.

Un canot de la plus petite dimension et conduit à la rame avait tourné l'angle d'une des hautes falaises voisines du Plessis, et s'avançait lentement vers le port. On eût dit d'abord d'un oiseau aquatique se reposant à la surface des flots, et par moments il disparaissait tout entier derrière les monstrueuses aspérités de la houle. Cependant il gagnait du terrain et bientôt il fut possible de reconnaître les hardis bateliers qui manœuvraient cette frêle coquille de noix. L'un d'eux, remarquable par sa grande taille, portait l'uniforme des préposés et l'autre celui des marins de la douane. Quoique l'embarcation fût à moitié remplie d'eau, elle trouvait gaillardement sa route à travers les vagues, et il était évident que sa témérité à braver cette grosse mer demeurerait impunie.

— Tiens, tiens, — murmurait Terre-Neuve, — n'est-ce pas le grand Maillard et Grivot qui nous arrivent là, mouillés comme des barbets ? Oui, morbleu ! ce sont eux et si je ne me trompe, je connais aussi le joujou de canot sur lequel ils valsent si gentiment... Bon ! nous allons enfin apprendre quelque chose.

L'embarcation atteignit l'entrée du havre, mais comme elle était repoussée par les eaux qui en sortaient, car la marée commençait à descendre, les rameurs s'épuisaient en efforts superflus pour la faire avancer. Terre-Neuve, sans attendre le secours du maître haleur, saisit une corde toute préparée qui se trouvait sur le parapet, en lança l'extrémité aux douaniers qui s'en saisirent et l'amarrèrent à l'avant du bateau. Alors le jeune marin, avec l'aide de quelques braves gens qui se trouvaient là, remorqua triomphalement la barque dans le bassin.

— Eh ! mon garçon, — lui dit Maillard en le saluant d'un air amical, — est-ce toi ? Vraiment tu viens à notre aide fort à propos, car Grivot et moi, nous n'en pouvons plus... la mer est dure en diable aujourd'hui !

Bientôt l'embarcation s'arrêta devant le quai, et les badauds du port, à la vue de ce canot monté par un sous-brigadier et un marin de la douane, accoururent de toutes parts. Terre-Neuve, écartant les curieux, sauta résolûment dans le batelet.

— Ah ! ça, père Maillard, — dit-il d'un ton de bonne humeur, — quel métier faites-vous donc ? on assure qu'hier au soir vous avez tenu tête à une centaine de fraudeurs et que vous les avez mis en fuite en leur saisissant un riche chargement de marchandises ; et voilà que déjà vous avez embarqué, malgré le mauvais temps, comme si vous vouliez faire des captures à la fois sur terre et sur l'eau !

— Tu ne crois pas si bien dire, Louis, — répliqua le douanier avec sa bonhomie habituelle ; — on exagère beaucoup l'affaire de la nuit dernière... Quant à ce canot, je l'ai trouvé, ce matin, échoué sur le galet. Comme la mer n'eût pas manqué de le briser, Grivot et moi nous l'avons conduit ici, où l'on pense qu'il pourra être réclamé.

— Tiens, tiens, cette barque n'a donc pas de maître ? Ne peut-on savoir...

Il fut interrompu par l'arrivée du commissaire du port. Ce fonctionnaire, ayant été prévenu de la découverte de Maillard, venait prendre des informations sur cet événement. Il entra dans l'embarcation et Terre-Neuve, qui s'était offert complaisamment pour vider l'eau dont elle était remplie, continua sa besogne, après avoir salué du revers de la main.

— Eh ! bien, Maillard, — demanda le commissaire avec familiarité, — on parle beaucoup de vous, aujourd'hui ; il n'est plus question dans la ville que de vos prouesses... Ah ! voici donc votre trouvaille ? Un joli petit morceau de bois, après tout, et qui vaut bien quelques centaines de francs... A sa tournure, je jurerais que ce bachot est de construction anglaise.

— Oui, oui, monsieur ; certainement il ne sort pas d'un chantier français. En Angleterre ils ont une manière à eux d'assembler le bois et le fer. D'ailleurs, si vous vouliez bien examiner les lettres et les chiffres peints sur l'arrière, vous reconnaîtrez qu'ils n'ont pas la forme des nôtres.

L'observation était un peu subtile, mais exacte. L'arrière du canot portait un W et le chiffre 735 ; on avait laissé sans doute subsister ces caractères parce qu'ils ne présentaient aucune signification.

— C'est une barque anglaise certainement, — reprit le commissaire ; — mais comment se trouve-t-elle échouée sur notre côte ?

— De plus habiles que moi en déciderons, — répondit Maillard.

— Nous la considérerons provisoirement comme une épave ; si personne ne la réclame, elle sera vendue et vous aurez votre droit de sauvetage.

— Ma foi ! monsieur le commissaire, ce sera justice, car ce pauvre Grivot et moi, nous avons rudement trimé tout-à-l'heure pour l'amener jusqu'ici... Mais, avec votre permission, elle ne saurait être considérée comme un débris de naufrage : depuis plus de deux mois il n'y a pas eu de gros temps dans la Manche.

— Elle aura donc été enlevée par la houle à quelque navire qui la traînait à la remorque.

— Dans ce cas nous eussions trouvé au moins un bout de corde ou de chaîne cassée, une ferrure attachée, que sais-je ?

— C'est à n'y rien comprendre, et à moins qu'elle n'ait servi à vos contrebandiers de l'autre nuit...

— Hem ! cela n'aurait rien d'impossible, — dit Maillard en souriant.

— Quel motif avez-vous de le croire ?

Le douanier sourit de nouveau et se mit à parler bas au commissaire de marine.

Terre-Neuve souhaitait fort de pouvoir entendre, car il était directement intéressé dans la question ; mais il saisissait seulement quelques mots sans suite. Bientôt Maillard alla chercher les avirons du canot, montra leur longueur exagérée pour une barque si petite et sembla tirer de cette circonstance des conclusions d'une certaine importance.

— A merveille, monsieur Maillard, — répliqua enfin le commissaire à voix haute et d'un ton satisfait ; — vous êtes un homme sensé, observateur, et vous méritez tous les éloges de votre administration. On tiendra compte de vos remarques et peut-être, comme vous le dites, permettront-elles de retrouver ces maudits fraudeurs... Eh bien, je vous laisse... la barque sera consignée jusqu'à nouvel ordre. Demain votre officier rentrera de sa tournée et je m'entendrai avec lui au sujet de cette affaire.

En même temps, le commissaire sauta sur le quai et retourna chez lui.

Maillard, à son tour, se disposait à quitter l'embarcation, qui devait rester sous la garde de Grivot ; mais Terre-Neuve continuait de racler machinalement avec son écope le fond du canot où l'on ne voyait plus la moindre goutte d'eau.

— Assez, mon garçon, — lui dit le douanier ; — tu finiras par user inutilement ces bonnes planches de sapin... viens-tu ? Pour moi je retourne sur la côte où mon service m'appelle.

— Me voici, père Maillard, — répliqua Terre-Neuve avec empressement. Tous les deux prirent congé du marin de la douane, et, sans répondre aux curieux qui les accablaient de questions au sujet de la barque mystérieuse, ils se dirigèrent vers les falaises. — Père Maillard, — dit Terre-Neuve, — vous devez être bien fatigué et vos habits sont trempés d'eau de mer ; ne voudriez-vous pas vous arrêter un peu au cabaret de la mère Fillou ? vous prendriez un verre de dur pour vous réchauffer.

— Merci, Louis, je ne vais jamais au cabaret.

— Une fois n'est pas coutume.

— N'en parlons plus ; mon corps est habitué aux douches d'eau salée et je me réchaufferai en marchant.

— Comme vous voudrez ; mais alors, monsieur Maillard, vous me permettrez bien de vous accompagner un bout de chemin ?

— Volontiers, mon cher Louis.

Et ils attaquèrent l'un et l'autre le rude sentier qui serpentait sur les flancs de la falaise. Quand ils furent à mi-chemin, ils s'arrêtèrent pour respirer. Au-dessous d'eux, une foule de plus en plus compacte se formait sur le quai.

— Hem ! — dit le douanier avec un sourire moqueur, — il y a bien du parlage là-bas !

En effet, on disait sur la jetée, autour du cabestan, que des vaisseaux étrangers avaient tenté, la nuit précédente, un coup de main contre le château d'Eu ; mais que l'expédition avait manqué, grâce à la surveillance de la douane et en particulier du préposé Maillard. Pour preuve de ces mirobolantes assertions, les nouvellistes montraient la petite embarcation consignée dans le port.

IX

LA DOUANE DU PLESSIS.

Bientôt Terre-Neuve et Maillard atteignirent le plateau qui couronnait le sommet des falaises et ils s'arrêtèrent de nouveau. Le vent très-violent à cette hauteur courbait jusqu'à terre les moissons et les herbages ; au loin les arbres s'inclinaient sous les rafales avec un mugissement comparable à celui de la mer elle-même. Ce fut pourtant vers la mer que se tourna d'abord l'attention des deux promeneurs. Quoique le reflux commençât à découvrir le sable net et poli du rivage, les lames conservaient leur élévation et leur turbulence. Les rares navires de pêche exposés à leurs caprices avaient diminué leurs voiles ; plusieurs même trouvant déjà le jeu périlleux, manœuvraient pour profiter du peu de marée qui restait afin de regagner le port.

Le douanier hocha la tête.

— Allons ! — dit-il, — en voilà qui en ont assez... ma foi ! je ne saurais les blâmer. La nuit prochaine sera, si je ne me trompe, une terrible nuit !

— Croyez-vous, père Maillard ? il me semble à moi que le vent tombe un peu.

— Il est vrai, mon garçon ; mais il souffle toujours du même rumb et il reviendra sans doute avec la marée, qui sera une des plus fortes de la saison. L'eau battra partout le pied des falaises et il ventera la peau du diable... Moi qui aime à voir les grands branle-bas de la terre et du ciel, je serai servi à souhait. Dieu veuille pourtant que cette bourrasque ne soit pas funeste à bien des pauvres marins !

Et il se remit à marcher d'un bon pas dans le sentier qui longeait la côte.

— Ainsi donc, monsieur Maillard, — demanda Terre-Neuve avec chagrin, — malgré vos fatigues de la journée et celles de la nuit d'hier, vous serez encore de service la nuit prochaine ?

— Il le faut bien, mon garçon ; la dernière affaire prouve que nous ne devons pas nous relâcher de notre surveillance ; les fraudeurs pourraient être tentés de prendre leur revanche, en dépit de la tempête qui se prépare. Aussi passerons-nous la nuit à faire des rondes comme à l'ordinaire, et notre brigadier restera seul à garder la douane du Plessis.

Ces détails qui prouvaient combien les informations de Cabillot étaient exactes, redoublèrent les alarmes de Terre-Neuve à l'égard de l'honnête préposé.

— Écoutez, père Maillard, — lui dit-il avec émotion, — vous êtes un brave homme, vous êtes l'oncle de Jeanne que j'aime tant, et je serais désespéré s'il vous arrivait malheur. Or je me suis laissé dire que les contrebandiers sur lesquels vous avez opéré cette importante saisie étaient en grand nombre, et qu'ils pourraient fort bien vouloir se venger de vous ; ne craignez-vous pas qu'ils profitent de la première occasion favorable pour vous malmener ?

— D'abord, mon enfant, ils n'étaient pas en grand nombre ; ils étaient deux seulement et celui que j'ai renversé ne m'a pas semblé bien redoutable... D'ailleurs, peut-être avant la fin de la journée ces fraudeurs seront-ils connus et mis hors d'état de nuire.

En dépit de lui-même, Terre-Neuve pâlit.

— Que dites-vous, Maillard ? vous avez un moyen de retrouver les gens qui ont tenté de forcer votre consigne la nuit dernière ?

— Peut-être. Si j'avais voulu, je connaîtrais déjà celui qui portait le ballot de dentelles, car je le tenais sous mon genou et le pauvre diable était complètement à ma discrétion.

— Pourquoi donc, après l'avoir lâché une fois, le rechercher maintenant ?

— Voici, mon garçon ; il est arrivé ce matin à la douane des nouvelles qui changent singulièrement la face des choses. Parmi ces fraudeurs devait se trouver un malfaiteur, un meurtrier que l'autorité recherche, et sur le compte duquel nous avons reçu les ordres les plus sévères. C'est ce qui m'a déterminé à révéler mes observations secrètes au sujet de la barque abandonnée sur la grève, et le commissaire de la marine, un rusé compère, comme tu sais, se charge d'approfondir l'affaire ; les mauvais sujets n'ont donc qu'à se bien tenir !

— Mais du moins, monsieur Maillard, pouvez-vous m'apprendre...

— Tiens, Louis, laissons cela ; il s'agit de service, et mes chefs seuls ont le droit de me questionner... Je ne t'en remercie pas moins, mon enfant, de ton conseil amical ; mais, vois-tu, il ne faut jamais avoir peur quand on remplit son devoir. Je n'ai redouté ni les tempêtes, ni les boulets, ni la peste, ni la fièvre jaune, quand j'étais dans la marine ; je ne redouterai pas davantage, maintenant que je me suis attaché comme une huître à ce rocher, la colère des coquins de fraudeurs.

Ceci était dit d'une voix ferme et assurée. Terre-Neuve, bien qu'il pût se croire menacé lui-même par les découvertes du douanier, n'en poursuivit pas moins son but.

— Je vous en conjure, mon bon Maillard, — reprit-il
avec véhémence,—ne vous exposez pas inconsidérément;
prenez quelques précautions, au moins pendant deux
ou trois jours, ou plutôt deux ou trois nuits. Ces gens,
en raison de la perte énorme que vous leur avez causée,
doivent être fort irrités contre vous ; laissez passer le
premier moment d'exaspération. Vous avez eu assez de
mal depuis hier ; demandez à vous reposer la nuit prochaine, tandis que votre brigadier prendra le service à
sou tour, et vous demeurerez enfermé chez vous, non
pas à la douane, où vous pourriez être dérangé, mais
chez votre sœur, dans le village du Plessis... Faites cela
pour moi, père Maillard, faites cela pour vos amis, pour
votre bonne sœur, madame Rupert, pour notre chère
Jeanne !

Terre-Neuve était fort agité. Le douanier s'arrêta et
le regarda fixement.

— Louis, — lui dit-il, — tu sais quelque chose... Je
gagerais que tu sais quelque chose sur ces coquins-là !

— Père Maillard, je vous assure...

— Tu sais quelque chose, te dis-je ; n'essaie pas de
nier.

Terre-Neuve, par un violent effort de volonté, domina
son émotion.

— Mon Dieu ! père Maillard, — répliqua-t-il, — je répète
ce que l'on disait ce matin sur le marché, sur le port,
dans les bateaux, partout, à savoir que les fraudeurs
chercheront inmanquablement à se venger de vous ; et,
comme ils peuvent fort bien avoir eux-mêmes répandu
ce bruit, vous devriez le prendre en sérieuse considération. Je n'en sais pas davantage, moi ; que pourrais-je
savoir, je vous le demande ? Mais évidemment, plus vous
molesterez ces gaillards-là, plus ils seront animés contre
vous.

Maillard se remit en marche.

— N'est-ce que cela ?—reprit-il ;—je croyais... Ecoute
à ton tour, Louis, — poursuivit-il d'un ton sérieux ; —
je t'ai promis ma nièce Jeanne, et je ne m'en repens
pas, car j'espère que tu la rendras heureuse ; mais à te
parler franchement, tu as des amis qui ne me reviennent guère, et, malgré moi, ceci jette du froid entre
nous quand je voudrais te donner entièrement ma confiance et mon amitié.

C'était à peu près le langage que Cabillot avait tenu
à Terre-Neuve un moment auparavant, et le jeune marin
commençait à sentir l'odieux de son rôle entre le douanier
et le fraudeur.

— Comment ! père Maillard, —demanda-t-il avec embarras, — auriez-vous des soupçons contre Cabillot mon
patron et contre... sa famille ?

— Eh bien ! là, sans grimace, je conviens de la chose.
Je t'ai dit déjà hier ce que je pensais de ce vieux sournois de Cabillot ; aujourd'hui il m'est plus suspect que
jamais. J'ai vu ses doubles fanaux la nuit dernière, et
il ne devait pas être bien loin quand les deux fraudeurs
ont escaladé la montée Verte... Tiens, on ne m'ôtera pas
de la tête que Cabillot et sa maudite séquelle de fils et
de neveux se trouvent au fond de toute histoire de malfaiteurs, de contrebandiers et de barques échouées !

Terre-Neuve trembla de tous ses membres.

— Le croyez-vous, père Maillard ? — balbutia-t-il.

— Je le crois, et je saurai peut-être bientôt si je ne
me trompe pas. Mais, puisque je suis en train de me
dégonfler le cœur, je veux te dire encore la singulière
idée qui m'est venue. Je ne pouvais faire beaucoup
d'observations la nuit dernière ; ce matin seulement
j'ai réfléchi et j'ai recueilli mes souvenirs. Mon adversaire était un jeune homme souple comme toi, à peu
près de ta taille, et quand il m'a demandé grâce, ma
foi ! sa voix ressemblait si fort à la tienne...

— Vous avez reconnu ma voix ? — s'écria Terre-Neuve
hors de lui ; — ah ! monsieur Maillard, monsieur Maillard, quelle opinion devez-vous avoir de moi !

Et, cédant aux remords de sa conscience, il fondit en
larmes.

L'honnête douanier se méprit sur la cause réelle de
cette douleur ; il crut avoir blessé le jeune marin par
ses doutes outrageants. Saisissant la main de Terre-Neuve,
il la pressa vigoureusement dans les siennes.

— Pardonne-moi, Louis, — dit-il avec chaleur ; — tu
ne m'as pas compris. A Dieu ne plaise que je songe à
t'accuser de cette méchante action ! tu en es certainement incapable. Ma sotte erreur provenait sans doute de
mes préoccupations continuelles à ton sujet, de mon
trouble pendant la lutte, de l'obscurité, de tes relations
avec des gens de probité douteuse, que sais-je ? Mais si
je pouvais te soupçonner d'une pareille abomination,
serais-je là tranquillement à causer avec toi ? Te traite-
rais-je déjà comme mon neveu, comme mon fils ? Tien-
drais-je ta main dans la mienne, ainsi que je fais ? Non,
non, je te regarderais comme le plus ingrat, comme le
plus vil des hommes ; je défendrais à Jeanne de te revoir, et, dans ma juste indignation, j'irais peut-être
jusqu'à te livrer à la justice.

Terre-Neuve avait eu un moment le désir de se jeter
dans les bras de Maillard et de lui avouer franchement
sa faute ; les dernières paroles du douanier lui firent
comprendre le danger d'une confession entière. Il se
fût résigné à tous les autres châtiments ; mais renoncer
à Jeanne était un sacrifice au-dessus de ses forces. Il
refoula donc l'aveu qui montait déjà jusqu'à ses lèvres,
et reprit avec un peu plus d'assurance :

— C'est votre état, monsieur Maillard, de vous défier
de tout le monde, et je ne vous en veux pas. Mes rapports avec ces maudits Cabillot sont la cause du mal,
je le vois bien ; aussi suis-je décidé à observer soigneusement, à l'avenir, les manœuvres du patron et si je
trouve quelque chose de louche dans sa manière de na-
viguer, je ne resterai pas longtemps sur son bord... Oui,
je le quitterai, père Maillard, et bientôt, je vous le jure,
quand je devrais mourir de faim !

— Un marin actif et intelligent tel que toi, ne peut
pas mourir de faim, mon cher Louis. Quant à quitter
les Cabillot, tâche de te décider promptement. Ils fini-
ront par se trouver dans de mauvais draps, et toi, qui
es un brave garçon, tu pourrais être compromis avec
eux. Ne parlons plus de cela. Je regrette de t'avoir conté
les sottises qui m'avaient traversé la cervelle ; oublions-
les l'un et l'autre et soyons toujours bons amis. — Il se
trouvaient en ce moment devant une de ces huttes de
gazon qui servent d'observatoire aux douaniers, et dans
lesquelles ils viennent se reposer à tour de rôle pendant
la nuit. Maillard s'arrêta ; c'était là qu'il devait attendre
un de ses camarades. Terre-Neuve s'arrêta de même ;
tous les deux regardèrent la mer en silence. Bientôt le
douanier dit à Louis, comme s'il eût voulu changer le
cours de ses idées. — N'est-ce pas, enfant, que nos
affections et nos haines, nos passions, nos désirs et nos
colères semblent bien misérables en présence de ce
magnifique et terrible spectacle ? Nous-mêmes, que sommes-nous pour ceux qui passent là-bas à l'extrémité du
plateau, ou pour ceux qui voguent sur les navires au
large ? Deux imperceptibles points se détachant sur la
nuée comme deux corbeaux qui planent. Notre place
dans le monde n'est pas plus grande ; et si nous sommes
si petits aux yeux de nos semblables, juge de ce que nous
devons être aux yeux de Celui qui nous regarde de là-
haut, à travers l'immensité du ciel ! On dit pourtant
qu'il nous connaît, qu'il nous voit, qu'il nous entend,
et cela devrait nous rendre modestes, bons, indulgents
les uns pour les autres. — Mais ces réflexions philoso-
phiques, où se montrait le caractère contemplatif et
profondément religieux de Maillard, ne produisirent
aucune impression sur son auditeur. Terre-Neuve, les
yeux tournés vers la terre, demeurait immobile, absorbé
sans doute par des idées d'un ordre différent. Maillard
s'en aperçut, et reprit avec un sourire bienveillant : —

Tu ne m'écoutes pas ?... Allons ! tu ne peux oublier, je le vois, notre grain de tout à l'heure, et tu as besoin de distraction. Je suis obligé d'attendre ici le camarade Blanchet, mais puisque tu ne prends pas la mer aujourd'hui, pourquoi ne pousserais-tu pas jusqu'au Plessis ? Tu y retrouverais Jeanne et sa mère, soit chez elle, soit à la douane, où elles ont à mettre en ordre mon petit logement. Le gentil babil de ma nièce te rendrait la tranquillité d'esprit, ta gaieté, et puis tu dirais à ces chères femmes de tenir mon dîner prêt pour six heures.

— J'y vais, monsieur Maillard, —répliqua Terre-Neuve avec empressement, — j'y vais, puisque vous le permettez, et je m'acquitterai de votre commission... Au revoir donc !... Mais, à votre tour, n'oubliez pas mes recommandations pour la nuit prochaine ; si vous vous hasardiez seul sur la côte il pourrait vous arriver malheur... Voyons, dirai-je aux femmes que vous coucherez ce soir dans votre lit ?

— Garde-t'en bien, mon garçon ! C'est impossible ; le service avant tout. Quant aux mauvais desseins de certaines gens contre moi, je ne m'en inquiète guère. Dieu tient la vie de toutes les créatures dans ses mains, et la plus chétive ne saurait mourir sans sa permission. Aie donc l'esprit en repos ; je ferai quelque chose pour moi, et la Providence fera le reste... Maintenant, adieu et sans rancune !

Ils échangèrent encore une poignée de main, et Terre-Neuve s'éloigna d'un pas rapide, pendant que le douanier s'asseyait devant la guérite.

— Le brave homme ! l'excellent homme ! —murmurait le jeune marin avec attendrissement, en longeant la crête des falaises ; — comment suis-je assez vil pour le tromper ? Tout à l'heure, quand il me demandait pardon de ses soupçons, si légitimes pourtant, je sentais comme un boulet de quatre-vingt-dix sur ma poitrine... oui, il a raison ; il faut rompre au plus vite avec ces damnés Cabillot. Ma mère et les autres diront ce qu'ils voudront ; je prétends n'avoir plus rien de commun avec ces brigands de fraudeurs. J'ai été jusqu'ici un hypocrite, un gueux fini ; je ne veux plus manger de ce pain-là... Mais comment diriger ma barque ? Si j'avertis Cabillot et sa clique des découvertes encore douteuses de Maillard, ils n'en seront que plus empressés à tenter leur mauvais coup. D'un autre côté, Maillard est très-fin ; maintenant qu'on l'a mis sur ses gardes, il serait homme à deviner notre manigance de contrebande, et alors il deviendrait furieux contre moi ; il me reprocherait, non sans raison, de l'avoir trahi ; il ne voudrait plus me voir, il romprait le mariage, il défendrait à Jeanne de me parler jamais... Mon Dieu ! que faire, que faire ? — Et il se frappait le front d'un air de désespoir. Il reprit bientôt : — Le mieux serait, je crois, de laisser aller les choses la nuit prochaine. Je ne dirais rien à Cabillot, et demain, quand il aurait recouvré ses marchandises, je serais en position favorable pour me brouiller avec lui. Je pourrais alors exercer honnêtement mon métier de pêcheur, et peut-être... Oui, oui, c'est cela ; je me tairai, je laisserai faire. Peut-être me devrais-je pas favoriser l'acte de violence de ces maudits chiens de mer ; mais je ne vois aucun autre moyen de me tirer d'affaire, et il faut bien être de connivence avec eux cette fois encore ; demain, nous ne nous connaîtrons plus... Ah ! par exemple, qu'ils n'essayent pas de malmener mon bon père Maillard ! Je veillerai sur lui, je le défendrai jusqu'à la mort... oui, jusqu'à la mort, car si je mourrais pour ce digne homme, ce serait encore une manière d'en finir, et Jeanne me pleurerait sans doute.

En causant ainsi avec lui-même, Terre-Neuve atteignit un endroit de la côte où le paysage changeait de nature. Le mur calcaire des falaises manquait là à coup et présentait une brèche de cinq ou six cents pieds de large, occupée par une petite vallée verte et fleurie. Un ruisseau, venu de l'intérieur des terres, tombait là dans

l'océan, cette fin commune de tous les cours d'eau du monde, et un pont de bois était jeté sur le ruisseau. Le vallon formait un de ces pâturages salins qui communiquent au lait et à la chair des bestiaux des propriétés particulières ; plusieurs vaches, attachées à des piquets, se délectaient en ce moment de cette herbe appétissante. Du côté de la terre, on entrevoyait au milieu des arbres quelques habitations rustiques. Au pied de la falaise opposée, dont la crête noire semblait toucher le ciel, s'élevait, dans une position solitaire et triste, un bâtiment d'un seul étage, à demi-caché par la grande ombre du rocher ; c'était la douane du Plessis.

Terre-Neuve, en face de ce tableau qui lui était familier, n'eut qu'une pensée :

— Je vais revoir Jeanne, — murmura-t-il, — ça me fera du bien... Chère Jeanne ! qu'elle était jolie hier au soir avec ses nouveaux ajustements ! Et ce matin donc, quand j'ai failli renverser son pot au lait !

Regaillardi par ces souvenirs, il se mit à descendre une pente irrégulière qui s'inclinait vers le vallon. Comme il approchait, toujours courant, du pont de bois, quelqu'un l'appela d'un ton de bonne humeur :

— Eh ! eh ! moussaillon, tu passes bien vite, — disait-on, — où diable vas-tu comme cela ?

Terre-Neuve s'arrêta subitement et regarda autour de lui. Derrière un ressaut de terrain, à l'abri du vent, un gros douanier couché sur des touffes de ce beau pavot cornu, à fleurs jaunes (qu'un écrivain horticulteur ne veut pas admettre parmi les pavots), fumait tranquillement sa pipe de fausse écume, les yeux tournés vers le paysage. Le jeune marin reconnut aussitôt le chef de la douane du Plessis, le supérieur immédiat de Maillard. Sachant de longue date le faible de ce personnage qu'il avait intérêt à ménager, il ôta son chapeau et l'aborda respectueusement :

— Ah ! c'est vous, brigadier Martin, — lui dit-il ; — pardon ! je ne vous avais pas aperçu... Vous vous reposez donc aussi ? Ce n'est pas dommage, car on assure que vous avez rondement besogné la nuit dernière ; et l'on a beau être de fer comme vous, brigadier, à certains moments le corps finit par demander grâce.

— Cela n'est pas vrai pour moi, mon garçon, — répliqua le gros douanier en se rengorgeant ; — je ne suis jamais fatigué ; on se repose, parce qu'on n'a pas d'ouvrage, voilà tout... Ah çà ! on connaît donc dans le pays mes exploits de la nuit dernière ? Véritablement, sans moi de grands événements pouvaient arriver, et il en aurait été bruit dans toute la France !

— De quels événements parlez-vous, monsieur Martin ? — demanda Terre-Neuve avec étonnement. — On m'a conté que vos hommes avaient saisi les marchandises d'un fraudeur, mais...

— Ce qu'ont fait mes hommes c'est moi qui l'ai fait, car je suis leur chef et j'ai la responsabilité du service. Mais crois-tu, petit, qu'il s'agisse seulement d'une affaire de fraude ?... Tiens, tu es presque de la douane, puisque tu dois épouser la nièce de mon sous-brigadier, et on peut te confier, à toi, que ma vigilance a déjoué de grands projets il n'y a pas longtemps... As-tu remarqué hier au soir, en flânant sur les falaises, certaines voiles suspectes au large ?

— Ma foi ! non, brigadier.

— Personne ne les a vues, et le mérite n'en est que plus grand pour l'auteur de cette importante découverte. Je t'apprendrai, donc, mon garçon, qu'hier, au coucher du soleil, il y avait une voile anglaise à l'horizon.

Terre-Neuve tressaillit ; il savait combien un pareil fait était probable, et il répondit avec embarras :

— Bah ! quelque brick charbonnier qui se sera approché de la côte pour prendre ses relèvements...

— Pas du tout, jeune homme, c'était un navire de guerre. On n'a pas la berlue, peut-être, et malgré la brume, j'ai très-bien reconnu un bâtiment armé.

Cette fois Terre-Neuve, rassuré, ne peut retenir un éclat de rire.

— Un navire de guerre pour faire la contrebande des dentelles? Voyons, brigadier Martin, vous voulez vous gausser de moi!

— Je ne me gausse de personne, — dit le préposé d'un ton dédaigneux, — et je sais ce que je sais... Mais vraiment tu es trop jeune, trop léger, pour qu'on jase avec toi de choses aussi graves... Sache-le bien, pourtant, les Anglais étaient dans nos eaux la nuit dernière, puisqu'ils ont abandonné une de leurs barques sur la grève. Les fraudeurs avaient peut-être pour mission de venir en avant examiner la côte, et on croit être sûr qu'ils étaient commandés par un ancien officier de la marine française, un vaurien fini, qu'on a rencontré vers minuit dans l'avenue du château. D'après les journaux, le roi est brouillé pour le moment avec les Anglais; or il n'y a pas loin d'ici au château d'Eu, et les batteries en ruines qui protègent là-bas l'entrée du port ne pourraient servir à grand'chose... Ne serait-il donc pas possible que ces Anglais eussent voulu tenter quelque hardi coup de main ?... Mais suffit, je m'entends; heureusement j'étais là, et le roi s'est trouvé bien gardé.

Terre-Neuve faillit partir d'un nouvel éclat de rire, quand il comprit enfin les ambitieuses prétentions de son interlocuteur; mais comme il lui importait de ne pas irriter le brigadier, il se contint et reprit en donnant à sa physionomie l'expression d'une admiration naïve.

— Ma foi! ça serait bien possible, et rien ne m'étonnerait de votre part, brigadier Martin, car vous n'avez pas froid aux yeux... Quoi qu'il en soit, j'imagine que les Anglais ne songeront pas à revenir à la charge la nuit prochaine, car c'est décidément un coup de vent qui commence.

— Je ne dis pas non; mais je ne me relâcherai pas de ma surveillance ordinaire. Quand même il venterait à décorner les bœufs, mes hommes resteront à leur poste sur la côte; moi-même je les accompagnerais si je n'étais obliger de rester à la douane pour attendre la ronde de notre officier.

— Bon! — pensa Terre-Neuve; — il ronflera toute la nuit comme la chaudière d'un bateau à vapeur, en attendant la ronde, et les Cebillot auront beau jeu.

Le brigadier Martin, après une courte pause, reprit d'un ton indifférent:

— Il est inutile de te demander où tu vas, mon garçon; mais si tu veux voir la sœur et la nièce de Maillard, il faut aller les chercher à la douane. Ne te gêne pas pour cela; je suis bon vivant et je ne t'interdirai pas l'entrée de la caserne, comme j'en aurai le droit; va donc dire bonjour à ta prétendue, je te le permets. Tu trouveras peut-être les deux femmes dans ma chambre où je les ai priées de jeter un coup d'œil, car je suis garçon et je ne me pique pas de beaucoup d'ordre dans mon ménage.

Terre-Neuve remercia Martin de la permission, et après avoir adressé quelques autres flagorneries au glorieux brigadier, il continua son chemin.

— Imbécile, vantard et paresseux! — disait-il à part lui. — Ah! si tous les gabelous lui ressemblaient, quel bonheur on aurait de faire la contrebande!

Bientôt il atteignit le bâtiment de la douane. Tous les préposés étaient absents pour le service, cependant la porte restait ouverte et un murmure de voix partait de l'étage supérieur. Terre-Neuve, familier avec les êtres de la maison, franchit un petit vestibule, monta l'escalier, puis s'avança vers la chambre d'où venait le bruit et qu'il savait être celle du brigadier; mais, avant d'entrer, il s'arrêta un moment pour écouter Jeanne et sa mère qui parlaient avec vivacité de l'autre côté de la porte.

Jeanne disait d'un ton suppliant:

— Voyons, mère, soyez raisonnable. Je vous demande un peu quel tort je pourrais causer au gouvernement

si je prenais, au milieu de tant de belles choses, quelques aunes de cette dentelle? Il faudra bien, tôt ou tard, finir par me marier; le grand mal quand je couperais dans cette pièce de Malines de quoi faire mon bonnet de noces!

— Non, non, Jeanne, — répondait madame Rupert d'un ton de regret; — y songes-tu, toi qui es bonne chrétienne? Ce serait un vol.

— Un vol! Vraiment, mère, vous avez des idées singulières... A qui donc, je vous prie, porterais-je préjudice, puisque ces marchandises n'appartiennent plus à personne? Si encore je voulais avoir cette robe en point d'Angleterre, ce voile de duchesse, ces berthes magnifiques, je comprendrais vos scrupules; mais ce coupon, ce simple coupon de Malines pour aller avec mon costume de cauchoise! Mon oncle Maillard lui-même n'aurait pas le courage de me refuser.

— Il te le refuserait certainement, ma fille; Maillard ne plaisante pas en pareille affaire... Ni lui, ni le brigadier Martin ne nous pardonneraient cet abus de confiance.

— Bah! ils ne le sauraient pas; on n'a pas encore dressé l'inventaire de ces merveilles.

— N'en parlons plus; en vérité, mon enfant, la coquetterie te tourne la tête.

Ce fut en ce moment que Terre-Neuve se montra.

La chambre du brigadier était petite, assez mal meublée, et le vent de la mer qui entrait par la fenêtre largement ouverte, ne pouvait en expulser d'une manière complète une odeur invétérée de tabac. Cependant, on venait de faire des efforts extraordinaires pour assainir ce bouge de fumeur; le plancher portait les traces d'un récent arrosement, les meubles étaient soigneusement frottés, le lit était blanc, bien arrangé; enfin la pièce avait un air de propreté qui ne paraissait pas lui être habituel.

La veuve Rupert et Jeanne étaient les deux fées qui avaient opéré cette transformation. Madame Rupert, grande femme d'une cinquantaine d'années, ressemblait si fort à son frère qu'on eût cru d'abord voir en elle l'honnête sous-brigadier sous la jupe et le béguin d'une ménagère normande; mais si elle avait la haute taille, les allures viriles de Maillard, elle en avait aussi la physionomie douce et bienveillante. Debout au milieu de la chambre, les deux mains appuyées sur un balai, elle regardait d'un air d'admiration timide divers objets précieux que Jeanne, nu-tête et sa robe relevée dans sa ceinture, faisait passer successivement devant ses yeux.

Ces objets n'étaient rien moins que les riches dentelles saisies la veille sur Terre-Neuve. Le ballot, déposé dans la chambre du brigadier, avait été ouvert afin qu'on pût s'assurer du contenu, en attendant qu'il fût réclamé, si toutefois l'on avait l'audace de le réclamer. La mère et la fille, en voulant remettre la chambre en ordre, avaient reconnu le paquet: poussées par la curiosité féminine, par cet instinct puissant qui entraîne les femmes de tout âge, de toute condition, vers les somptueux colifichets de la toilette, elles n'avaient pu résister à la tentation d'admirer les trésors qu'il renfermait. Jeanne, surtout, trouvait un plaisir inexprimable à les contempler; elle les retirait du ballot les uns après les autres, elle les étalait autour d'elle pour mieux juger de leur effet. Aussi en ce moment, les sièges grossiers, la table boiteuse et le lit de sangle du brigadier disparaissaient sous ces légères et aériennes broderies, qui semblaient tramées par des sylphides. Jamais taudis de douanier n'avait eu de si belles et si précieuses tentures.

L'arrivée subite de Terre-Neuve alarma les femmes, qui se retournèrent au bruit en poussant un cri d'effroi; mais elles se rassurèrent aussitôt.

— Bon! ce n'est que monsieur Louis, — dit Jeanne en riant; — il arrive toujours quand on ne l'attend pas.

— Oui, oui, c'est Louis Guignet, — reprit la veuve Rupert ; — mais il m'a fait une frayeur... Allons ! ma fille, hâte-toi de plier ces dentelles et de les remettre en place... que dirait ton oncle, que dirait monsieur Martin, s'ils venaient à s'apercevoir que l'on a touché à cela ? Finissons bien vite et partons.

— Mère, je voudrais voir encore...

— Assez, te dis-je ; si tout autre que Louis Guignet fût entré ici, je serais morte de honte.

Jeanne obéit lentement, non sans pousser de fréquents soupirs.

Terre-Neuve, de son côté, n'avait pu se défendre d'une certaine émotion en voyant ces richesses sur lesquelles il croyait avoir des droits. Il rougit, ses yeux brillèrent de convoitise, et il éprouva la tentation de s'emparer de son bien. Mais il parvint à surmonter ses désirs secrets, et dit d'une voix assez calme :

— Ne vous dérangez pas, ma bonne madame Rupert, ma chère Jeanne. Maillard et le brigadier Martin, sachant que vous étiez à la douane, m'ont permis de venir vous y joindre.

En même temps, il s'acquitta de la commission dont le douanier l'avait chargé.

— Tu le vois, Jeanne, — reprit madame Rupert, — ton oncle sera encore de service la nuit prochaine ; nous devons songer à son dîner... Allons ! dépêche-toi d'emballer ces fanfreluches ; j'entends d'ici la vache qui beugle d'impatience là-bas à son piquet.

— Oui, oui, me voici, mère.

Malgré cette assurance, Jeanne continuait de manier les dentelles avec amour, et ne les réintégrait qu'avec peine dans le ballot. A chaque instant elle s'arrêtait pour draper autour de son front ou sur ses épaules une pièce de broderie, et elle se tournait vers Terre-Neuve en souriant d'un air mutin pour se faire admirer.

— Comment me trouvez-vous ainsi, monsieur Louis ? — dit-elle en s'enveloppant d'un voile en point de Bruxelles qui valait à lui seul le prix d'un domaine ; — ne seriez-vous pas heureux que votre fiancée fût ainsi parée le jour de votre mariage ?

— Il y a des fiancées qui ne sauraient paraître plus jolies, — répondit galamment Terre-Neuve ; — ah ! mademoiselle Jeanne, quel malheur de n'avoir pas des monceaux de ces affiquets-là pour vous les offrir puisque vous les aimez ?

— Oui, mais vous ne les avez pas, mon pauvre Louis, — reprit la jeune coquette en repliant comme à regret le superbe tissu, — et ces choses-là ne sont pas faites pour moi. Si j'étais parée d'un voile semblable, je songerais parfois aux pauvres filles qui ont usé leurs doigts et leurs yeux, pendant des années peut-être, à produire ce chef-d'œuvre, et certainement la grande dame qui le portera n'y pensera guère... Mais je suis raisonnable, et ce n'est pas ce magnifique ouvrage que je souhaiterais ; qu'en ferais je, bon Dieu ! Je préférerais un simple coupon de Malines comme il s'en trouve ici plusieurs.

— Comme celui-ci, par exemple ? — demanda Terre-Neuve en désignant le coupon que Jeanne avait convoité déjà.

La jeune fille fit un signe affirmatif.

En ce moment la veuve Rupert, qui avait achevé de ranger la chambre, jeta un coup d'œil vers la fenêtre et dit précipitamment :

— Voici le brigadier qui vient de ce côté... Dépêche-toi, ma fille, ou il va nous surprendre.

Jeanne s'empressa de faire disparaître les précieux tissus, et Terre-Neuve s'offrit obligeamment pour l'aider. En moins d'une minute toutes les dentelles étaient rentrées dans le ballot que l'on disposa comme on l'avait trouvé. Une seule pièce, le coupon de Malines, resta sur la table. Terre-Neuve s'en saisit, et, comme la veuve Rupert avait le dos tourné, il l'offrit à la jeune fille, qui rougit et pâlit tour à tour.

— Ne craignez rien, — murmura-t-il, — je prends tout sur moi.

Elle hésitait encore ; mais un pas lourd retentit dans l'escalier. Elle tremblait, elle frémissait... Enfin elle n'y tint plus et prit vivement ce qu'on lui présentait.

Peut-être avait-elle encore l'intention de glisser la dentelle dans le sac, quand le brigadier Martin entra. Elle tint le coupon caché sous son tablier ; Terre-Neuve souriait.

X

LE PROTECTEUR.

On se souvient que Réné de Listrac, en quittant la mère Guignet et le parc du Plessis, s'était enfoncé dans la campagne, cherchant les endroits les moins fréquentés, les chemins les plus solitaires. S'il ne craignait pas la mort en elle-même, il redoutait la honte d'une arrestation, les angoisses et les humiliations d'un jugement. Aussi, envisageait-il avec une terreur involontaire la possibilité d'être épié et reconnu.

Son inquiétude acquérait à chaque instant une nouvelle force, quand il déboucha tout à coup sur une grande route, et il dut s'arrêter afin de s'orienter. Cette route descendait, par une pente rapide, vers le Tréport, et l'on apercevait la ville enchâssée entre deux hautes falaises, dont une était couronnée par l'antique abbaye ; la mer formait le fond du tableau. Les premières habitations n'étaient pas à plus d'un quart de lieue de distance, et Listrac ne comprenait pas comment, après tant de marches et de détours, il s'en trouvait si proche. Mais il n'avait pas de temps à perdre en observations. Des passants qui se montraient à droite et à gauche, ne pouvaient manquer de le rejoindre bientôt ; il s'empressa donc de se jeter dans un chemin latéral, opposé à celui qu'il avait suivi jusque-là.

Enfin la solitude de la campagne environnante le rassura un peu. Sauf des paysans qui moissonnaient dans un champ éloigné, il n'apercevait plus personne. Il était épuisé de fatigue. Avisant, non loin du chemin, un taillis ombreux bordé par un buisson, il résolut d'attendre là que la journée fut plus avancée, et qu'il pût risquer de rentrer chez son hôtesse. Il se glissa donc dans le petit bois, et, se couchant sur le gazon, il s'abandonna librement à ses pensées.

Cette rêverie ne pouvait être d'une nature bien gaie ; toutes ses périlleuses démarches, depuis quelques heures, n'avaient pas abouti à changer la face de ses affaires. Loin de là, l'imprudence qu'il avait commise en se découvrant à madame de Granville le mettait à la merci de cette femme haineuse, et son entrevue avec le général, entrevue dont il avait attendu le meilleur résultat, ne devait être pour lui, probablement, qu'une déception de plus. De quel côté qu'il portât ses regards, il ne voyait que persécutions, souffrances et déshonneur.

Il était donc bien près de se laisser aller au désespoir encore une fois, quand le piétinement d'un cheval se fit entendre au-dessous de lui dans le chemin creux. Se croyant toujours poursuivi, il se leva sans bruit et se tint en observation derrière la haie.

Un cavalier, parfaitement monté, suivait le chemin qui passait seulement à quelques pas de lui, et se dirigeait de son côté. Listrac reconnut au premier coup d'œil qu'il n'avait rien à craindre de ce promeneur. C'était un jeune homme à la physionomie franche et ouverte, dont le visage régulier, encadré de favoris noirs, semblait légèrement doré par l'action d'un soleil tropical. Il était vêtu, avec une élégante simplicité, d'un pantalon de couleur foncée et d'une courte redingote noire ; à sa boutonnière brillait, comme une fleur purpurine, la rosette de la Légion d'honneur. Malgré l'aisance gracieuse de ses manières, il y avait dans sa personne une distinction, une noblesse suprêmes.

La monture elle-même méritait une mention particulière ; à ses formes sveltes, à ses jambes fines, à sa tête vive et intelligente, on reconnaissait une bête de pure race arabe. Elle essayait de lutter contre son maître qui modérait son ardeur sur cette pente caillouteuse, et elle mâchonnait son mors d'argent comme pour protester contre ces ménagements indignes d'elle.

Le maître, excellent cavalier, n'avait pas de peine à réprimer ces velléités d'insubordination ; mais le fougueux arabe, effrayé sans doute par le voisinage de Listrac, encore invisible, se mit à dresser les oreilles, renifla bruyamment, et fit tout à coup un écart.

L'inconnu demeura ferme sur sa selle et se contenta de pousser une exclamation d'impatience en châtiant la poltronnerie de l'animal. Toutefois cette brusque secousse avait fait tomber son chapeau, et le vent de mer emportait déjà vers un champ voisin la légère coiffure.

Alors le promeneur appela un valet à cheval, que l'on n'avait pas aperçu d'abord et qui suivait à distance ; mais avant que le domestique eût pu se rendre à cet appel, Listrac s'était élancé pour réparer l'accident dont il était la cause involontaire. Sortant de sa cachette, au risque de toutes les conséquences possibles, il saisit adroitement le chapeau et vint le présenter à l'inconnu qui, les cheveux au vent, maugréait et souriait à la fois.

— Je vous remercie, monsieur, — dit-il avec aménité ; — ce maudit Soliman n'en fait pas d'autres ; il est si ombrageux... Mais, — ajouta-t-il aussitôt en regardant Listrac plus attentivement, — si je ne me trompe, je suis en pays de connaissance ?

Listrac, à son tour, envisagea son interlocuteur ; il pâlit d'émotion et se découvrit avec respect ; il venait de reconnaître un des princes les plus populaires de la famille royale.

— Monseigneur, — balbutia-t-il, — Votre Altesse n'a donc pas oublié...

— Je n'oublie jamais mes frères d'armes, monsieur. Vous êtes le comte de Listrac, autrefois enseigne de vaisseau sur la frégate la Sirène. Vous avez attaché votre nom à des travaux d'hydrographie importants, et vous commandiez une canonnière à la prise de N***, et je fus témoin moi-même de votre bravoure... Allons touchez là, monsieur de Listrac..., enchanté de vous voir !

Et il lui tendit une de ses mains, tandis que de l'autre il retenait son cheval devenu complétement docile.

Mais Listrac demeura immobile et baissa la tête d'un air humilié.

— Excusez-moi, monseigneur, — répondit-il ; — la position où je me trouve... Je ne voudrais pas devoir à une surprise la faveur signalée que Votre Altesse Royale daigne m'accorder.

Le prince avait rougi légèrement en retirant sa main.

— Que signifie ceci ? — demanda-t-il d'un ton de dignité blessée ; — mais attendez, — ajouta-t-il aussitôt comme frappé d'un souvenir, — je crois avoir entendu dire que vous aviez eu une mauvaise affaire... Il s'agissait d'un duel malheureux contre un militaire, d'une rivalité au sujet d'une femme, n'est-ce pas cela ? J'étais alors en mer, et je n'ai su qu'imparfaitement cette histoire à mon retour. On assure pourtant que vous n'y avez pas joué le beau rôle, monsieur de Listrac ; et l'état où je vous vois, votre contenance embarrassée, ce costume bourgeois, donneraient à penser...

— Pensez seulement, monseigneur, que je suis le plus à plaindre des hommes ! — s'écria Listrac avec chaleur. Et de grosses larmes jaillirent de ses yeux. Cette douleur, qui n'avait rien de vulgaire ni de bas, toucha l'âme généreuse du prince. Listrac poursuivit : — Monseigneur, je vous l'avouerai, je me trouve sous le coup d'une accusation capitale. Rentré en France depuis quelques

heures à peine, je suis déjà menacé, traqué de toutes parts. Je n'ose plus abriter ma tête sous un toit ; et au moment où Votre Altesse s'est offerte à mes yeux, je me demandais s'il ne valait pas mieux me briser le crâne contre ces roches que de mener plus longtemps cette vagabonde et misérable vie ?

— Mais, enfin, monsieur, votre infortune est méritée ?

— Ah ! monseigneur, si elle l'était en effet, aurais-je le courage de la supporter ? Non, elle ne l'est pas, j'en atteste le ciel. Je suis victime de circonstances funestes, de menées perfides, peut-être ; mais sur mon honneur de marin, je n'ai pas commis le crime dont on m'accuse.

Le prince écoutait avec intérêt.

— Ceci est fort extraordinaire, — reprit-il ; — eh bien, monsieur de Listrac, je vous connaissais autrefois pour un officier du plus grand mérite, et cette infortune, que vous me dépeignez avec tant de chaleur, ne saurait me trouver indifférent... Auriez-vous assez de confiance en moi pour me conter toute cette affaire ?

— Ah ! monseigneur, pourrais-je souhaiter un plus noble et plus généreux confident ? Je suis aux ordres de Votre Altesse.

Le prince mit pied à terre et jeta la bride de son cheval au valet qui s'était approché.

— Marchez en avant, — lui dit-il, — vous m'attendrez à la grille du bois de la ferme ; je ne tarderai pas à vous rejoindre. — Le domestique partit avec les deux chevaux, non sans attacher un regard soupçonneux sur cet étranger qu'il laissait en compagnie de son maître. Incapable de la moindre défiance, le prince tira de sa poche un étui en paille de Manille et offrit un cigare à Listrac qui refusa. Pour lui, après avoir allumé un de ses havanes, il dit d'un ton amical : — Nous allons nous promener un instant ensemble, monsieur de Listrac, et vous me mettrez au courant de votre malheureuse aventure. Surtout ne me cachez rien ; je veux savoir le bien comme le mal, je vous en avertis.

Et ils se mirent en marche côte à côte, précédés par le domestique, qui restait hors de la portée de la voix.

Listrac s'empressa de raconter, avec la franchise et la concision d'un marin, l'histoire de ses relations avec la famille de Sergey et du duel funeste qui en avait été la conséquence. Il n'omit ni son affection partagée pour Léonie de Sergey, ni la haine aveugle de madame de Granville. Seulement il glissa légèrement sur son mode de débarquement, ce secret n'étant pas le sien, et il se contenta de dire qu'il était venu à terre dans un bateau de pêche. Il termina sa narration par un rapide aperçu des dangers auxquels il était exposé en ce moment encore, grâce aux persécutions acharnées de madame de Granville.

Le prince avait écouté Listrac avec attention, mais sans prononcer une parole. Le récit achevé, il continua de se taire en chassant, d'un air pensif, la fumée de son cigare. Le proscrit s'alarma de ce silence prolongé.

— Monseigneur, — demanda-t-il avec inquiétude, — serait-il possible que Votre Altesse conservât des doutes...

— Non, non, mon cher Listrac, à Dieu ne plaise ! — répliqua le prince avec empressement. — Je ne suis ce qu'un conseil de guerre ou des juges en robe rouge, réunis dans l'enceinte d'un tribunal, penseraient de tout ceci ; mais ces confidences faites de vous à moi, dans cette campagne paisible, avec l'accent de la loyauté, m'inspirent une entière confiance. Par malheur, mon opinion personnelle ne saurait avoir grand poids, et je ne vois pas trop comment vous tirer de là. Cette affaire, dans l'origine, aurait pu facilement être étouffée ; mais elle s'est envenimée par suite d'une foule d'incidents accessoires et maintenant elle prend des proportions vraiment effrayantes. Pourquoi donc, connaissant mon estime pour vous, avez-vous tant tardé à invoquer mon appui, Listrac ?

— Vous étiez absent lors de la catastrophe; et d'ailleurs, — poursuivit Listrac chaleureusement, — je vous en laisse juge, monseigneur: quand moi, gentilhomme et officier de marine, j'étais accusé d'un meurtre, d'une lâcheté, devais-je me hâter de mettre mon honneur sous la sauvegarde de Votre Altesse? Non, il fallait avant tout me justifier, et, je vous le jure, monseigneur, si aujourd'hui un hasard favorable ou plutôt la Providence, qui veut me donner une consolation dans ma cruelle infortune, ne m'avait placé sur votre chemin, je n'eusse pas osé réclamer votre protection!

— C'est là peut-être une délicatesse exagérée, mais je la comprends sans peine. Voyons donc comment on pourrait vous venir en aide: Si le vieux général de Sergey n'était pas faible et malade, j'aurais tenté de le voir en personne et peut-être lui aurais-je fait entendre raison, car il est honnête et généreux; mais l'état déplorable où vous l'avez trouvé ne permet guère de compter sur lui. Je m'informerai pourtant, et s'il revenait à la santé, je n'hésiterais pas à lui demander un entretien... Reste cette madame de Granville; je l'ai entrevue deux ou trois fois; elle est encore très-jolie, elle ne paraît manquer ni d'adresse ni de ténacité, et de tous les ennemis que vous pouviez vous créer, mon pauvre Listrac, celui-là est certainement le plus dangereux... Sur ma foi! Je ne sais comment vous tirer de ce mauvais pas!

— Ne songez pas davantage, monseigneur, à surmonter des difficultés insurmontables peut-être. Il me suffira que Votre Altesse ait daigné s'intéresser à ma triste destinée...

— Non pas, non pas, monsieur; je veux tenter quelque chose pour l'honneur de la marine, pour le salut d'un brave officier qui jusqu'ici a bien servi son pays. Mais j'y songe, — poursuivit le prince d'un air de réflexion, — P*** nous serait d'un grand secours dans le cas actuel; il est plein de finesse; il sait tirer parti des plus légers indices; si quelqu'un doit parvenir à dégager l'inconnue de cette maudite formule algébrique, c'est lui sans aucun doute. Par bonheur, il se trouve au château en ce moment; je vais le voir et peut-être ne me refusera-t-il pas son assistance dans cette obscure et inextricable affaire. S'il veut la prendre à cœur, comme je l'espère, tout tournera bien. Ce diable de P*** finirait, je crois, par faire parler un mur.

— Le plan de monseigneur est sage et il réussira sans doute. Je suis pénétré de reconnaissance pour la touchante sollicitude...

— Ne chantons pas encore victoire, mon cher Listrac; si habile que soit monsieur de P***; il rencontrera certainement bien des obstacles... Mais à la garde de Dieu!... Maintenant il ne s'agit plus que de savoir où l'on pourra vous retrouver et se concerter avec vous. — Listrac indiqua sa demeure chez la veuve Guignet, et son protecteur prit rapidement quelques notes sur un calepin. — C'est entendu, — dit le prince avec satisfaction; — demain je vous enverrai P***; fiez-vous complétement à lui; surtout ne lui cachez rien, car il est comme les médecins, il ne saurait guérir un mal dont il ne connaîtrait pas tous les symptômes. — Pendant cette conversation, les deux promeneurs étaient arrivés à une large grille, derrière laquelle on apercevait un bois verdoyant, aux allées tortueuses et soigneusement sablées; c'était le bois de la ferme qui communique par une passerelle avec le parc du château d'Eu. La grille était ouverte, et le valet se tenait à l'entrée avec les deux chevaux. Un vieux garde, à la livrée royale, sortit de la loge, et, le chapeau à la main, s'approcha pour recevoir le prince. Listrac comprit qu'il ne devait pas aller plus avant; il s'arrêta donc, et, les yeux humides de larmes, il balbutia quelques mots de gratitude. — Attendez du moins pour me remercier, — dit le prince, — que notre barque ait touché le port; à cette heure, elle est encore battue par la tempête, et le moindre choc peut la faire chavirer...

N'oubliez aucune de mes recommandations et comptez toujours sur moi... Allons, au revoir, monsieur de Listrac, et bon courage!

Il tendit sa main à l'officier de marine, qui ne la refusa pas, cette fois, et la couvrit de baisers; mais le prince se dégagea promptement, sourit, et, remontant à cheval, il partit au galop.

Listrac erra quelques instants encore dans la campagne; mais il éprouvait maintenant un soulagement, un bien-être indéfinissable. Lui, tout à l'heure si morne, si abattu, tout palpitant au moindre bruit, il marchait d'un pas ferme, la tête droite, le cœur plein d'espérance. Cette auguste protection qu'il avait trouvée, quand ses maux semblaient être à leur comble, lui inspirait une confiance absolue. Il se relevait à ses propres yeux; il se disait que Léonie n'avait pas tort de l'aimer, malgré son abaissement actuel, puisqu'un prince, dont tout le monde vantait la droiture et la noblesse d'âme, voulait aussi lui venir en aide. Fort de ce double suffrage, il se sentait plein d'énergie pour supporter les nouvelles épreuves qu'il plairait au sort de lui envoyer.

Aussi ne cherchait-il plus à éviter les passants que le hasard amenait sur son chemin; le regard des promeneurs oisifs n'étaient plus pour lui comme des armes à feu braquées contre sa poitrine. Il se dirigea fièrement vers la grande route où, tout à l'heure encore, il éprouvait de si cruelles angoisses, et la suivit d'un pas assuré. Bien plus, il résolut de retourner chez la veuve Guignet, quoique le jour fût encore haut, et il marcha vers la maison, sans même s'assurer si le signal convenu apparaissait à la fenêtre.

Il trouva son hôtesse vaquant dans la pièce du rez-de-chaussée aux soins du ménage. La bonne femme manifesta en le reconnaissant autant de surprise que d'effroi.

— Sainte Vierge! monsieur René, est-ce vous? — demanda-t-elle; — il n'y a pourtant pas de mouchoir blanc à la fenêtre. Tout à l'heure encore, le gendarme rôdait chez ma voisine, la Guillaumette, et s'il vous avait vu entrer ici...

— Bah! personne ne m'a vu, ma chère madame Guignet, — répondit Listrac en s'essayant sur un escabeau; — il est trop tard maintenant pour faire des perquisitions... D'ailleurs, je mourais de fatigue et de faim.

— Mais vous voulez donc qu'on vous arrête? Je ne le souffrirai pas. Diable! on ne trouve pas tous les jours des locataires comme vous; et je vous demande un peu où j'en serais si je venais à vous perdre... Non, je ne le souffrirai pas!

Listrac parvint à la rassurer. En effet, le reste de la journée se passa tranquillement et l'on ne reçut aucune de ses visites que craignait tant la mère Guignet.

Vers le coucher du soleil, le coup de vent qui s'annonçait depuis le matin éclata d'une manière alarmante. Des rafales tombaient par intervalles sur l'habitation et semblaient devoir l'emporter; tout annonçait que la nuit serait une des plus orageuses dont on eût gardé la mémoire.

Listrac, retiré dans sa chambre, était en train d'écrire à la lueur d'une chandelle fumeuse, quand on frappa doucement à la porte et Terre-Neuve entra. Le jeune pêcheur avait son manteau goudronné et paraissait prêt à sortir malgré le mauvais temps. Son air triste et contraint n'échappa pas à l'officier de marine.

— Qu'y a-t-il, mon garçon? — demanda Listrac avec bienveillance; — vous ne songez pas sans doute à embarquer par un temps pareil?

— Non, non, monsieur René, — répliqua Terre-Neuve; — avec votre permission je vais sortir pour... pour mes affaires.

— S'agirait-il encore de contrebande, Louis? — reprit Listrac d'un ton sévère; — avez-vous oublié déjà vos angoisses de la nuit dernière? Écoutez, mon enfant,

— continua-t-il d'un ton affectueux, — vous m'intéressez vivement, malgré la détestable profession que vous avez embrassée par légèreté, par nécessité peut-être. Si, comme je l'espère maintenant, ma position venait à changer bientôt, je ne négligerais rien pour vous tirer de la mauvaise voie où je vous ai trouvé engagé. Il n'est pas temps de vous apprendre mes projets à votre égard, mais j'ai pour vous les meilleures intentions, et peut-être pourrai-je les réaliser un jour. Seulement je dois avant tout exiger que vous rompiez sans retard avec les fraudeurs.

— Je vous remercie de vos bonnes dispositions, monsieur René, — répliqua Terre-Neuve; — mon parti est pris, et, à partir de demain, Cabillot et moi nous ne nous connaîtrons plus... Mais pour ce soir encore, je suis obligé d'aller sur la côte.

— Dans quel but? Vous ne voudriez pas être complice de quelque nouveau méfait?

— Non, sur ma vie! monsieur René; au contraire, je vais remplir un devoir sacré; et comme cette fois j'ai ma conscience pour moi, l'on me couperait en morceaux que je n'y renoncerais pas à mon idée.

— Soit, mon brave garçon; va pour ce soir encore. Cependant vous feriez mieux de ne pas quitter votre mère aujourd'hui; vous paraissez tout bouleversé; on dirait que vous allez braver un danger... La nuit sera terrible et ce vent-là n'est pas une plaisanterie.

— Bah! je ne dois pas quitter le plancher des vaches et je peux me moquer du vent... Mais avant de sortir, j'ai à vous apprendre, monsieur René, une circonstance que je tiens de Cabillot, et qui pourrait avoir un certain intérêt pour vous.

— De quoi s'agit-il, Louis?

— Vous ne devineriez jamais à qui était destinée la majeure partie des dentelles dont on m'avait chargé hier au soir? Je vous le donnerais en cent, je vous le donnerais en mille... A la dame du château, à madame de Granville.

Et il raconta comment ce fait était venu à sa connaissance.

On se souvient que le jour même, en sortant du Plessis, Terre-Neuve avait vu de loin madame de Granville, causant par la portière de sa voiture avec Cabillot et Couturier, le prétendu armateur, ou plutôt le recéleur des contrebandiers. Ce Couturier était un marchand de la ville d'Eu, assez mal noté, qui ajoutait au profit de son commerce patent les bénéfices beaucoup plus considérables d'un commerce interlope. Le matin, Terre-Neuve n'avait osé demander à Cabillot l'explication de cette rencontre: mais à son retour, il avait trouvé le patron mieux disposé, grâce aux renseignements précieux qu'il apportait aux fraudeurs, et l'on s'était décidé à lui dire la vérité. Couturier avait proposé à madame de Granville, comme à plusieurs autres coquettes opulentes résidant au Tréport, l'acquisition de magnifiques dentelles étrangères. Il offrait de les livrer à des prix d'autant plus modérés qu'elles n'auraient acquitté à leur entrée en France aucun droit de douane. Madame de Granville soutenait alors, contre plusieurs *lionnes* de l'établissement des bains, une de ces luttes de toilette dans lesquelles certaines femmes engloutissent leur fortune, leur bonheur et celui de leur famille; d'ailleurs elle devait assister prochainement à un grand bal où se trouveraient les dames les plus brillantes de la cour. Elle avait donc fait à Couturier une commande extravagante en point de Bruxelles et d'Angleterre. Or, ces dentelles qu'elle attendait avec impatience se trouvaient précisément dans le ballot saisi par Maillard, et c'était ce malencontre que Couturier et Cabillot expliquaient à leur cliente quand le jeune marin les avait vus causer ensemble.

René de Listrac n'attacha pas autant d'importance que Terre-Neuve s'y attendait à ces révélations.

— Cela ne m'étonne pas, mon cher Louis, — répliqua-t-il avec un sourire amer; ··· la personne dont vous parlez a commis peut-être des fautes plus graves que celles d'acheter des marchandises de contrebande et de protéger des contrebandiers.

— Mais ne voyez-vous pas où tout cela peut mener, monsieur René? Cette dame, à ce qu'il paraît, garde une dent pour la frayeur que vous lui avez faite dans l'avenue du Plessis et peut-être pour d'autres choses qui existent entre elle et vous; je me suis même laissé dire qu'elle était cause si les gendarmes avaient visité tous les logements garnis de la ville... Or, ce coquin de Cabillot sait votre demeure actuelle, et s'il s'avisait d'apprendre à la dame du château où vous vous cachez, vous ne seriez pas en sûreté chez nous.

— C'est juste; mais comment empêcher les indiscrétions de cet homme? Heureusement le temps se passe, et d'ici à demain il peut arriver tels événements qui changeront la face des choses.

— A la bonne heure, — dit Terre-Neuve en se disposant à sortir; — d'ailleurs Cabillot et sa famille auront assez d'occupations cette nuit pour ne point songer à vous. Enfin vous voilà prévenu, et si par hasard je ne rentrais pas...

— Comment, Louis, serait-il possible que vous ne rentrassiez pas cette nuit?

— Qui sait, il faut tout prévoir; je puis être retenu plus longtemps que je ne pense... Tenez, monsieur René, — poursuivit-il avec émotion en tortillant son chapeau ciré, — vous êtes plein d'indulgence pour moi; vous m'avez dit, en quelques heures, plus de bonnes paroles que personne ne m'en a dit depuis ma naissance, y compris ma mère, ce n'est pas qu'elle soit méchante, au contraire; mais elle a ses idées... Je vous l'avouerai donc franchement, il serait possible que je ne rentrasse plus du tout... Dans ce cas, je vous prierais de reporter sur la mère Guignet l'intérêt que vous me témoignez. Elle a éprouvé de bien mauvais temps, la pauvre femme! c'est ce qui l'a rendue un peu âpre et revêche comme vous la voyez; il ne faut pas lui en vouloir; le malheur aigrit l'âme. Mais vous êtes marin comme moi, quoique votre place soit à l'arrière du navire et la mienne à l'avant; vous aurez donc égard à ma recommandation si... si quelque accident vient à m'arriver.

— Je vous le promets, Louis; seulement je désire savoir...

— Il suffit; merci, monsieur René... je ne puis rien répondre, sinon que vous-même ne sauriez désapprouver mon projet. Adieu; n'oubliez pas vos promesses.

Listrac le retint.

— Vous n'êtes qu'un enfant, — dit-il, — et je ne souffrirai pas que vous vous engagiez dans quelque entreprise périlleuse et désespérée. Si vous ne voulez pas écouter mes conseils, mes supplications, songez du moins à votre mère, que votre perte réduirait au cœur...

— Ma mère, — répéta le jeune marin avec ironie, — comment se plaindrait-elle? Je vais essayer de réparer le mal qu'elle m'a fait faire!

Et il s'échappa précipitamment sans écouter l'officier de marine, que le rappelait. On entendit claquer la porte extérieure; et, quand Listrac descendit, il trouva la maison vide.

XI

LE DÉVOUEMENT.

Vers les dix heures du soir, la tempête se déchaînait avec toute sa violence, et rien n'annonçait qu'elle dût décroître avant minuit, heure où la mer serait dans son plein. Le ciel était sombre, chargé de gros nuages qui, de temps à autres, apportaient des tourbillons de pluie et de vent. La lune s'élevait sur l'horizon, mais elle ne répandait à travers ces épaisses vapeurs, qu'une lueur vague, terne, blafarde, du plus sinistre caractère. Le vent soufflait avec tant de force, qu'on ne pouvait se tenir debout sur certains points de la ville haute ; les fenêtres se brisaient, les toitures étaient soulevées ; et, quoique les premières lames de la marée commençassent seulement à pénétrer dans le port, les navires s'entrechoquaient avec des craquements lugubres.

La mer surtout avait un aspect effrayant. Ceux qui osaient s'aventurer sur la grève n'apercevaient plus qu'une lame à la fois mais monstrueuse et semblable à une montagne mouvante. Elle s'avançait vers le rivage, noire, droite, irritée ; tout à coup elle devenait blanche comme la neige, croulait sur elle-même avec un bruit épouvantable, et inondait le sable et le galet d'une écume éblouissante. L'eau s'était retirée, pendant la journée précédente, bien au-delà de la limite ordinaire, et l'on avait pu distinguer, à la marée basse, des rochers éloignés qui restaient à sec deux ou trois fois au plus dans le cours de l'année ; mais à présent le flux montait avec une rapidité sans exemple, et envahissait tumultueusement l'entrée du port. Cependant le fanal de la tour n'était pas allumé, car on ne pouvait encore se réfugier dans le bassin, et quelques navires exposés aux mouvements désordonnés de la houle, semblaient attendre avec une vive impatience l'apparition de cette flamme protectrice.

Terre-Neuve, enveloppé de son manteau, demeurait silencieusement blotti dans un angle de muraille non loin du quai ; mais ce n'était pas vers cette mer courroucée, que se portait son attention. Son œil ne quittait presque pas une rue tortueuse, qui s'enfonçait dans les bas quartiers de la ville, et son oreille épiait, au milieu des grondements du vent, un bruit de pas sur le pavé. C'était par là, en effet, que Cabillot et ses gens devaient passer pour aller accomplir le coup projeté, et Terre-Neuve, qui avait refusé ouvertement de les assister, s'était promis de surveiller en secret leurs démarches afin d'intervenir au besoin.

Il était en sentinelle depuis longtemps déjà, quand il crut enfin entendre marcher à quelque distance. Le bruit se rapprocha rapidement, et bientôt deux hommes en costume de marin, le bonnet enfoncé sur les yeux. passèrent à côté de lui. Malgré les ténèbres, et malgré le soin que ces individus prenaient de se cacher, il reconnut parfaitement la haute taille du patron Cabillot et de Jean, son fils aîné. L'un et l'autre se dirigeaient vers l'étroit sentier qui gravissait latéralement la falaise.

Terre-Neuve ne se pressa pas de quitter son poste, car il s'attendait à voir les trois marins de l'équipage suivre ceux-là de près, pour se réunir à eux sur quelque point de la côte désigné d'avance. Mais vainement prêta-t-il l'oreille ; la rue restait déserte. Après quelques instants d'attente, il soupçonna que les autres membres de la famille Cabillot avaient été envoyés en avant pour espionner les préposés de la douane ; il se décida donc à quitter sa retraite et courut vers l'endroit où Cabillot et son fils venaient de disparaître ; mais il eut beau scruter le chemin escarpé de la falaise, il ne les revit plus.

Terre-Neuve éprouva une grande perplexité. Il s'était promis de ne pas perdre de vue, pendant toute la nuit, ces deux personnages, et, dès les premiers pas, ils échappaient à sa vigilance. Néanmoins, sachant leur destination certaine, il ne désespéra pas de les rejoindre bientôt, et se mit en devoir de gravir le sentier malgré les ténèbres, afin de gagner le plus directement possible la douane du Plessis.

Il ne tarda pas à reconnaître l'impossibilité d'une pareille ascension par cet horrible temps. Le vent se brisait, avec des détonations analogues à celles de l'artillerie, contre les angles de ces roches calcaires, et acqué-

rait une force irrésistible à mesure que Terre-Neuve s'élevait ; on pouvait craindre à tout instant d'être emporté et jeté dans l'abîme. Evidemment ce danger avait dû arrêter les deux fraudeurs, et ils s'étaient trouvés dans l'obligation de faire un détour assez long pour gagner le plateau.

Le jeune pêcheur prit lui-même ce parti et s'enfonça dans l'intérieur du pays, dont tous les accidents lui étaient familiers. De la sorte il put atteindre sans difficulté sérieuse l'esplanade des falaises, et revint alors vers les bords de la mer, où il comptait trouver ceux qu'il cherchait.

Son attente fut vaine encore ; aucune créature humaine ne semblait avoir osé braver les éléments en colère sur cette surface nue. D'ailleurs, le fracas de l'orage, les tourbillons de pluie, l'obscurité toujours croissante, l'eussent empêché de voir et d'entendre les contrebandiers, n'eussent-ils été qu'à deux pas de lui. A la vérité, s'il ne pouvait voir, il avait aussi la chance de ne pas être vu ; cependant, craignant de se heurter dans la nuit à quelque douanier, dont la présence n'eût pas manqué d'éveiller les soupçons, il se mit à marcher parallèlement à la mer, en prenant soin de se tenir à l'abri du vent derrière les gibbosités du terrain.

Les magnifiques moissons, les luxuriants herbages qui, le matin encore, couvraient cette fertile campagne, étaient complétement perdus. Terre-Neuve foulait aux pieds sans le savoir les débris de la récolte. Les blés étaient couchés dans le sens du courant d'air, et si exactement collés au sol, qu'on eût cru marcher sur des nattes parsemées de bluets et de coquelicots. Dans la direction du château du Plessis, on entendait les grands arbres craquer et se rompre. Les ravages de ce terrible coup de vent, rien que sur les côtes, devaient être incalculables. Mais le jeune matelot ne songeait pas à s'attendrir sur les pertes de l'agriculteur ; il eût plutôt tourné sa pensée vers les malheureux marins qui pouvaient être exposés en ce moment au danger d'un naufrage, si des préoccupations personnelles d'une nature non moins pressante ne l'eussent absorbé tout entier.

Il atteignit le vallon du Plessis ; sur ce point, la mer, de plus en plus enflée, envahissait rapidement les espaces qu'elle respectait d'ordinaire. Fière et turbulente, elle se précipitait hors de son lit, et, malgré la pente du rivage, elle formait des barres qui remontaient tumultueusement le cours du ruisseau. Le pont de bois était menacé d'une destruction prochaine, et déjà le sommet des lames en ébranlait les solives vermoulues.

Terre-Neuve s'empressa de le franchir, et y réussit heureusement, malgré de légères atteintes de l'eau salée ; puis il se dirigea du mieux qu'il put vers le bâtiment de la douane qui, caché par l'ombre colossale des hauteurs voisines, était complétement invisible à cette heure de nuit. Il y arriva par une sorte d'instinct, et se mit en observation derrière un bloc de rocher tombé de la crête des falaises.

Rien ne bougeait dans l'intérieur de la maison ; les fenêtres étaient closes et ne laissaient filtrer aucun rayon lumineux ; s'il y avait des habitants à la douane, ils devaient être profondément endormis. La même solitude régnait alentour. Aucun être humain ne se mouvait dans l'ombre ; seulement des objets d'une blancheur éblouissante voltigeaient en l'air ; c'étaient les flocons d'écume, arrachés aux vagues et portés au loin dans les terres par le vent orageux.

Terre-Neuve savait bien pourtant qu'il ne devait pas être seul à épier ce qui se passait à la douane du Plessis. Peut-être d'autres personnes, cachées dans un pli du terrain, attendaient-elles, comme lui, une occasion favorable, et il osait à peine remuer, de peur de donner l'éveil.

Enfin une particularité nouvelle attira son attention. Un homme descendit rapidement le revers opposé de la vallée et franchit sans s'arrêter le pont de bois, qui disparaissait parfois tout entier sous les lames. A son uniforme, à ses buffleteries surtout, Terre-Neuve avait reconnu un douanier de service. Cet individu paraissait porteur d'une grave nouvelle, et ne prenait aucun souci de l'orage. Il courut à la douane, ouvrit la porte qui n'était fermée qu'au loquet et entra.

Peu d'instants après, on entendit parler dans la maison ; puis une lumière brilla dans la chambre du brigadier, et des ombres passèrent devant la fenêtre ; enfin la porte s'ouvrit de nouveau ; le préposé qui venait d'arriver et le brigadier Martin parurent sur le seuil.

Le gros brigadier semblait avoir été dérangé au milieu de son sommeil ; les yeux rouges, l'uniforme boutonné de travers, il achevait ses préparatifs de départ et gourmandait son subordonné, qui s'excusa d'un ton soumis.

— Des navires en perdition, — disait Martin, — et que diable veut-on que j'y fasse ? De quel secours pouvons-nous être, perchés sur nos falaises ? Autant vaudrait tendre la main du haut d'un clocher à ceux qui passent en bas... Ce n'était pas moi qu'il fallait prévenir, mais les pilotes du Tréport, si toutefois il y a moyen de mettre une barque dehors par ce chien de temps.

On répliqua que le sous-brigadier Maillard avait envoyé un camarade au Tréport pour porter la nouvelle, tandis que lui-même restait en vigie à la montée Verte.

— Maillard ! toujours Maillard ! — reprit le brigadier avec humeur ; — il faut que j'y aille pourtant, car si un seul naufragé parvenait à se sauver, on dirait encore que Maillard a tout fait... Allons ? me voilà prêt.... Quelle abominable nuit !

Il assujettit sous son menton les jugulaires de son schako et s'entortilla dans son manteau ; il allait se mettre en route, quand son inférieur lui fit observer que la porte n'était pas fermée et qu'une chandelle restait allumée dans la chambre.

— Bon, bon, — répliqua le brigadier avec impatience, — je ne serai pas longtemps absent ; il s'agit seulement de pouvoir dire plus tard qu'on s'est promené sur la côte... D'ailleurs si l'officier de ronde vient à passer, il faut qu'il puisse se mettre à l'abri. En voyant de la lumière chez moi, il comprendra que je suis occupé d'un service de force majeure, que je vais rentrer d'un moment à l'autre, et il ne fera pas de mauvais rapport contre le poste.

Une partie de ces explications ne fut pas entendue de Terre-Neuve, car les deux préposés étaient déjà loin ; mais il en savait assez pour comprendre que la douane allait demeurer un certain temps plus ou moins long. Il vit en effet le brigadier et son compagnon traverser encore une fois le pont et gravir le coteau.

En toute autre circonstance, le jeune marin eût été vivement frappé de cette nouvelle sinistre que des navires étaient en danger de périr dans le voisinage ; mais une seule idée l'occupait.

— Maillard est à la montée Verte, — disait-il, — les autres vont le rejoindre ; il n'y a donc rien à craindre jusqu'à nouvel ordre. — Une réflexion moins consolante s'éveilla presque aussitôt dans son esprit. — Et les Cabillot, que sont-ils devenus ? — poursuivit-il — si pourtant ils avaient profité du moment où Maillard était seul pour... — Terre-Neuve n'acheva pas ; il se faisait autour de lui un piétinement étrange ; des formes noires venaient de se lever dans les ténèbres et s'avançaient vers le bâtiment. Ces gens semblaient sortir d'une embuscade, et sans doute ils n'ignoraient pas non plus l'absence du brigadier. Louis éprouva un mouvement de joie. — Ah ! — murmura-t-il, — je savais bien que Cabillot songerait avant tout à ses marchandises... Ma foi ! les coquins sont bien heureux... Ils n'ont qu'à entrer et à prendre.

Les fraudeurs passèrent si près de Terre-Neuve que celui-ci eût pu les toucher en étendant le bras ; mais l'amour du gain et le désir de recouvrer leur précieux ballot endormait leur défiance ordinaire. Il s'arrêtèrent en silence devant la maison ; puis, mettant à exécution un plan combiné d'avance, deux d'entre eux gardèrent la porte, tandis que Cabillot lui-même, avec les deux autres, pénétrait dans l'intérieur. Aucun murmure de voix, aucun bruit de pas ne pouvait donner l'alarme ; les sentinelles, collées contre la muraille, conservaient une immobilité de statue. On vit bientôt du mouvement dans la chambre du brigadier ; sans doute les fraudeurs, connaissaient la disposition des lieux, s'étaient rendus directement à cette pièce, où ils savaient trouver les dentelles saisies par Maillard.

Du reste, l'opération ne fut ni longue ni difficile ; toute agitation ne tarda pas à cesser à l'étage supérieur ; et Cabillot reparut, suivi de ses deux acolytes. L'obscurité ne permettait pas de voir s'ils avaient les mains vides ; mais des exclamations de joie, aussitôt réprimées, par le patron, donnèrent la certitude à Terre-Neuve que l'entreprise avait pleinement réussi.

Alors les jeunes gens parurent pris d'une panique ; ils s'enfuyaient déjà de toute leur vitesse, quand Cabillot les rappela.

— Tonnerre ! — dit-il d'un ton de bonne humeur, — n'avez-vous pas honte de prendre la chasse quand aucun navire ennemi ne se trouve dans les eaux ? Allons, enfants, du calme ! Dieu ou le diable nous protège cette nuit... A présent le plus fort est fait ; le reste ne sera qu'une bagatelle. — Les matins s'étaient arrêtés au premier appel ; Cabillot remit à l'un de ses fils un objet dont il était chargé. — Tiens, Michel, — lui dit-il, — tu vas porter bien vite le ballot où tu sais, et tu te laisseras arracher l'âme du corps avant de rendre aux gabelous ces marchandises qui nous ont causé tant d'ennuis. Quand une fois elles seront en sûreté, tu viendras nous rejoindre dans le champ de blé, à gauche de la montée Verte. Dépêchons-nous, car j'ai hâte d'en finir, et l'on trouve rarement des occasions aussi favorables que celle d'aujourd'hui.

Michel s'empressa de remonter la vallée avec son fardeau, tandis que les autres prenaient une direction différente.

Les dernières paroles de Cabillot avaient donné comme une secousse au cœur de Terre-Neuve. L'expédition des fraudeurs n'était donc pas terminée par la reprise des dentelles ? Qu'allaient-ils faire à la montée Verte où était Maillard ? Ils en voulaient donc à Maillard ? Sans doute on n'oserait pas l'attaquer tant que le brigadier Martin serait avec lui ; mais le brigadier avait annoncé son prochain retour, et l'oncle de Jeanne demeurant seul, à quels excès ne se porteraient pas contre lui ces hommes féroces, qui le considéraient comme un obstacle à leurs desseins, qui croyaient avoir à venger une sanglante injure à venger ?

Aussi Terre-Neuve se leva-t-il de l'enfoncement où il s'était tapi jusque-là, comme un lièvre au gîte, et il tâcha de rejoindre les fraudeurs, sans trop s'inquiéter d'être entendu ou vu de leur côté. Mais quand il voulut franchir le ruisseau, il trouva le pont emporté et les vagues rugissaient bien au-delà des débris. L'embouchure de cette rivière était devenue une sorte de petit bras de mer, et il ne fallait pas songer à la traverser. Force fut donc au jeune pêcheur de remonter la vallée, afin de gagner une place où la marée ne parvenait pas encore ; et quoique ce détour lui occasionnât une certaine perte de temps, il se consolait en songeant que ceux qui le précédaient avaient dû le faire comme lui.

Bientôt il aperçut, à travers les arbres, la maisonnette habitée par Jeanne et la veuve Rupert. Elle était calme et silencieuse à cette heure de nuit ; la mère et la fille reposaient paisiblement au bruit de la tempête. Terre-Neuve s'arrêta devant l'habitation et la contempla d'un air mélancolique.

— Dors, dors, ma chère Jeanne ! — dit-il avec un

soupir; — tu ne te doutes guère des inquiétudes que me cause une personne à qui tu dois tout... Mais tu le sauras peut-être un jour et tu m'en aimeras davantage !

Aiguillonné par cette pensée, il envoya un baiser rapide vers la chaumière et se remit en marche.

Il gravissait la pente des falaises quand il rencontra un personnage inconnu qui semblait venir au-devant de lui. Croyant avoir affaire à Cabillot ou à quelqu'un de sa bande, il se jeta de nouveau ventre à terre et ne bougea plus. Toutefois ses yeux n'étaient pas fermés, et quand l'auteur de cette alerte passa près de lui, il reconnut le brigadier Martin qui retournait sans doute à la douane.

Terre-Neuve fut sur le point de l'appeler, de lui apprendre le danger que courait Maillard et de l'engager à revenir sur ses pas; mais une réflexion l'en empêcha. Comment expliquerait-il au brigadier ses informations si précises? Ne serait-ce pas appeler sur lui le soupçon de complicité avec les fraudeurs, alors surtout que Martin allait s'apercevoir de la soustraction opérée pendant son absence? Rien qu'en se montrant, Terre-Neuve pouvait assumer sur sa tête la responsabilité de cette soustraction. D'autre part, il était douteux qu'aucune considération pût décider l'égoïste sous-officier à retourner en arrière. Le jeune marin le laissa donc passer, et bientôt le perdit de vue.

Quand il s'engagea sur le plateau, sa marche devint plus difficile. Le vent du large balayait d'un souffle dominateur la plaine découverte. Terre-Neuve fut obligé de plier son manteau, et ce fut en se traînant sur les genoux et sur les mains qu'il put arriver dans le voisinage de la montée Verte.

La tempête était alors dans toute sa force; la turbulence des flots s'accroissait par l'impulsion irrésistible d'une grande marée. Les lames se ruaient les unes sur les autres, comme des bêtes féroces, en hurlant de fureur; elles ne se contentaient plus de fouetter la base des falaises, elles venaient les frapper en plein corps avec un bruit formidable et rejaillissaient parfois jusqu'au milieu de ce mur vertical de deux cents pieds de hauteur. La roche calcaire, cédant sous ces chocs multipliés, se désagrégeait et formait un de ces brèches considérables, comme si l'Océan voulait enfin renverser ses vieilles barrières. Un brouillard transparent, dû à l'agitation des eaux, couvrait la mer; les flocons d'écume, soulevés par le vent, tourbillonnaient en tous sens. Parfois un oiseau aquatique, arraché par une trombe à sa crevasse de rocher, mêlait un sifflement de détresse aux mugissements continuels, épouvantables, horribles, des éléments déchaînés.

Mais Terre-Neuve, par un instinct professionnel, chercha d'abord du regard les navires en danger. Il y en avait trois dont la situation était des plus grave; deux d'entre eux luttaient bien encore avec leurs voiles en lambeaux contre l'orage, et manœuvraient péniblement pour essayer de gagner le port, dont le phare venait de s'allumer dans la brume, et peut-être, Dieu aidant, parviendraient-ils à se sauver; mais la position du troisième, beau brick d'environ deux cents tonneaux, paraissait à peu près désespérée. A quelques encablures seulement de la falaise, le cap à la lame, et il avait mouillé toutes ses ancres, afin de ne pas être jeté sans résistance à la côte. L'action des vagues près du rivage, le maintenaient encore en place; mais il plongeait à chaque coup de mer, et ces secousses furieuses, venant à rompre les cordages qui le retenaient, il pouvait être porté avec la rapidité de la pensée vers les rochers, où sa perte eût été certaine.

C'était là un spectacle bien fait pour émouvoir un marin, et Terre-Neuve frissonna en reconnaissant la grandeur du péril; mais après avoir marmotté une courte prière à l'intention des pauvres gens de l'équipage, il détourna son regard de la mer et se mit à

chercher autour de lui quelqu'un à qui il pût rendre des services plus positifs. Sa recherche fut vaine d'abord; il était assourdi par le fracas de la tempête, aveuglé par cette neige d'écume qui voltigeait autour de lui. Enfin, cependant, il entrevit à quelque distance un individu couché à plat ventre, les yeux tournés vers le navire en détresse. C'était Maillard.

Le douanier, de son côté, ne paraissait pas se douter du voisinage de Terre-Neuve, et il fallut que celui-ci lui touchât l'épaule pour attirer son attention. Il eut d'abord un mouvement de méfiance, mais en reconnaissant le fiancé de sa nièce, sa physionomie n'exprima plus que de l'étonnement.

— Comment! est-ce toi, mon garçon? — demanda-t-il; — que diable viens-tu faire ici, au lieu de rester bien chaudement dans ton lit?

— Je ne pouvais dormir, monsieur Maillard, — répliqua le jeune homme avec embarras; — et sachant que des navires étaient en perdition par ici, j'ai voulu voir de quoi il s'agissait.

— Et tu as compté sans doute une occasion de te rendre utile? C'est fort bien cela... Ma foi! je commence à croire que les deux flambarts de pêche se sauveront, et en voilà déjà un qui vire pour entrer dans le port... Quant à ce brick, qui est là au-dessous de nous, c'est une autre affaire. J'ai envoyé prévenir les pilotes à la ville; mais comment mettre une barque à la mer par cette effroyable bourrasque? Et, d'ailleurs, que feraient des pilotes de plus que nous pour tirer de là ce malheureux navire?

— Le bon Dieu est le maître, père Maillard; une saute de vent pourrait encore changer la face des choses, et s'il y avait à bord quelqu'un qui connut bien la côte...

— C'est de la folie, mon garçon; le brick chasse sur ses ancres et dérive de minute en minute. Lors même que ses câbles tiendraient bon, il va tout à l'heure se trouver sur sa quille, quand la marée baissera, et il sera démoli le temps de dire un Pater.

— Voyez pourtant, monsieur Maillard, ces pauvres marins ne s'abandonnent pas eux-mêmes, et leur capitaine paraît être un homme expérimenté... Ils coupent leurs mâts afin de donner moins de prise au vent, et peut-être se sauveront-ils comme cela. La mer bat son plein et dans une heure d'ici...

— Avant une heure, il ne restera pas deux planches ensemble de ce beau navire, et tous ceux qui le montent seront noyés... Cependant, tu as raison, Louis, il ne faut jamais désespérer de la bonté de Dieu.

Ils regardaient toujours le brick qui roulait comme une masse inerte au milieu des flots. Enfin Terre-Neuve surmonta l'émotion que lui causait ce terrible tableau.

— Ce n'est pas tout cela, père Maillard, — reprit-il avec vivacité; — si grand que soit le danger de ces pauvres diables, vous ne devez songer qu'à vous-même. Éloignons-nous un peu et tenons-nous sur nos gardes; il se trouve près d'ici des gens qui n'ont pas les meilleures intentions pour vous.

— Encore ton ancienne chanson? — dit le douanier avec impatience sans bouger. — Qui s'inquiète de moi, je le prie?

— Je sais ce que je sais, père Maillard; je vous ai prévenu déjà, et vous ne voulez pas me croire. Eh bien, je viens de rencontrer certains gaillards à mine suspecte dont je me défie... Retirons-nous dans votre guérite, et si l'on nous attaque, nous nous défendrons de notre mieux.

— Voilà encore que tu prends tes airs mystérieux, — répliqua Maillard en souriant; — mais tu rêves, j'en suis sûr... Ne parlons plus de ces balivernes et voyons si nous pourrions rendre service à ces malheureux marins. Ne te semble-t-il pas, mon garçon, qu'en nous glissant sur la pente de la montée Verte nous aurions la chance d'en sauver quelques-uns?

— Oui, si la mer était moins haute et moins agitée,

— repliqua Terre-Neuve avec distraction ; — mais comment résister à des lames qui rejaillisent à cent pieds en l'air ? D'ailleurs, il nous fraudrait des cordes, des grappins, des bouées...

— Mon camarade, le préposé Gireau, est allé à la ville pour donner l'alarme, tandis que les autres font le service comme à l'ordinaire. Sans doute Gireau va nous arriver avec du monde et les apparaux nécessaires ; cours bien vite au-devant de lui et engage-le à se hâter.

— Quoi ! monsieur Maillard, — demanda Terre-Neuve avec un accent de joie, — il va nous venir du monde ici tout à l'heure ?

— Certainement ; tu sais combien nos pêcheurs sont dévoués quand il s'agit de secourir un navire en péril ; ils ont sans doute été retenus par le sauvetage des deux flambarts qui viennent enfin d'entrer dans le bassin, mais je gage qu'ils sont déjà en route... Cours donc les prévenir qu'il n'y a pas une minute à perdre.

Terre-Neuve demeura immobile.

— Avec votre permission, — répondit-il, — nous allons les attendre ici ; rien ne pourra plus m'obliger à vous quitter cette nuit.

— Mais c'est absurde cela ! que diable veux-tu donc ?

— Vous défendre si l'on vous attaque, père Maillard, je n'en démorderai pas.

— Qui pourrait m'attaquer ? Tiens, mon enfant, il faut que tu aies quelque chose sur le cœur pour insister ainsi. Ne vaudrait-il pas mieux m'avouer franchement la vérité ! Alors je saurais si je dois...

— Eh bien ! père Maillard, — répliqua le jeune marin hors de lui, — je vais tout vous dire... J'ai promis, j'ai donné ma parole, mais je n'y tiens plus ; il me répugne trop de vous tromper davantage... venez.

Cette conversation avait lieu, comme nous l'avons dit, sur la limite extrême de la falaise. Les deux interlocuteurs, couchés sur le gazon, le visage tourné vers l'abîme, étaient tout couverts de cette mousse blanche et floconneuse qui remplissait l'atmosphère ; à distance on eût pu les confondre avec le sol. Bien qu'ils parlassent très-haut, ils étaient obligés pour se faire entendre de se tenir fort près l'un de l'autre. Quand ils voulurent se lever afin de gagner une place plus favorable à un entretien confidentiel, ils furent saisis par un tourbillon et emportés pendant quelques secondes. Heureusement il se trouva sur leur chemin un enfoncement du sol où ce vent infernal perdait un peu de sa violence, et ils purent enfin s'arrêter.

Comme ils commençaient à se remettre de l'étourdissement causé par cette furieuse rafale, ils tombèrent au milieu de quatre à cinq hommes, qui s'avançaient en chancelant. Ces gens, à l'apparition subite de Maillard et de Terre-Neuve, demeurèrent immobiles et embarrassés. Le douanier n'en conçut aucune méfiance.

— Ah ! voici enfin quelques-uns de nos braves pêcheurs qui viennent au secours du navire en danger ! — s'écriat-il ; — par ici, mes amis... La mer est fièrement dure et le vent fait rage ; mais il ne faut rien négliger, et quand nous ne sauverions qu'un seul de ces naufragés, nous n'aurions pas perdu nos peines.

Le son de sa voix avait semblé produire un effet singulier sur les inconnus. Ils s'étaient rapprochés les uns des autres et se concertaient entre eux. Enfin l'un d'eux murmura :

— Oui, oui, c'est bien lui... C'est le grand Maillard ; mais l'autre, que diable peut-il être ?

Le sous-brigadier ne savait plus que penser de l'attitude extraordinaire des nouveaux venus, mais Terre-Neuve avait reconnu Cabillot en son monde.

— Père Maillard, — s'écria-t-il avec énergie, — vous vous êtes trompé. Au nom de Dieu, tirez votre sabre et mettez-vous en défense... Quant à vous, — poursuivit-il, en s'adressant aux rôdeurs ; — passez au large. On ne veut pas vous connaître, mais nous attendons d'un

moment à l'autre les pêcheurs de la ville, et si vous ne décampez pas au plus vite...

Le fracas de la tempête empêchait peut-être d'entendre distinctement ces paroles ; mais le son de voix parut encore frapper les fraudeurs :

— Tiens ! — dit celui qui avait parlé déjà, — c'est le marsouin de Terre-Neuve... Ma foi ! tant pis ; il ne nous empêchera pas de faire ce que nous avons résolu ; qu'il le veuille ou non, nous en finirons cette fois... Allons ! enfants, tout le monde à l'ouvrage !

En même temps, Cabillot, car on l'a reconnu sans doute, se rua sur le douanier ; les autres, excités par l'exemple, s'empressèrent de l'imiter.

Maillard avait déposé son fusil dans sa cabane, à quelques pas de là. Embarrassé par son manteau, surpris par l'impétuosité de l'attaque, il n'eut pas le temps de tirer son sabre. Cabillot, très-vigoureux encore malgré son âge, avait enlacé le douanier dans ses bras, et deux autres fraudeurs cherchaient à maîtriser ses mouvements. Tous les trois combinaient leurs efforts pour l'entraîner vers le précipice et le jeter à la mer.

Cependant la force peu commune de Maillard rendait cette tâche difficile ; il luttait contre eux sans désavantage et disait avec indignation :

— Mais vous êtes donc des gredins ! que me voulez-vous ?

— Tu as beau te démener ! tu y passeras... — répliqua Cabillot avec un accent de férocité ; — tu nous as fait assez de misères ; nous allons nous venger !

De son côté, Terre-Neuve se débattait contre les deux autres contrebandiers et poussait de grands cris pour donner l'alarme. Ses adversaires essayaient vainement de lui imposer silence.

— Tais-toi donc, — disaient-ils à voix basse ; — c'est nous... des amis... tu sais bien qu'on ne te fera point de mal, à toi !

Mais Terre-Neuve redoublait d'efforts pour se dégager.

— Brigands ! scélérats ! — s'écriait-il en fureur, — ne touchez pas Maillard, ou je vous dénoncerai tous ? c'est le plus brave homme du monde, c'est mon ami, mon père... Cabillot, vieux diable rancunier, tu me le payeras.

— Cabillot ! — répéta le douanier, que ce nom frappa ; — je m'en doutais !

— Tenez ferme, enfants, — dit le patron ; — il nous connaît maintenant ; nous ne pouvons plus nous en dédire.

Cette lutte opiniâtre dans les ténèbres, au milieu d'une épouvantable convulsion de la nature, sur le bord d'un gouffre immense, avait un caractère sombre et solennel ; cependant elle était trop inégal pour se prolonger. Terre-Neuve, plus souple que robuste, avait fini par être renversé et on le tenait cloué contre terre. Maillard résista plus longtemps aux trois hommes qui l'attaquaient ; mais comme il cherchait à se débarrasser des étreintes des deux plus acharnés, le troisième eut la lâche pensée de s'attacher à ses jambes pour le renverser. Le brave douanier tomba ; dans sa chute, sa tête porta rudement contre terre, et il demeura étourdi. Ses adversaires comprirent la nécessité de mettre à profit ce moment d'impuissance ; on était à deux pas de l'abîme... Six bras robustes enlevèrent Maillard presque inanimé et le lancèrent dans le vide.

Aucun cri ne fut entendu, aucun bruit ne monta des profondeurs de gouffre lorsque le corps vint frapper la mer ; la prodigieuse élévation des falaises, le sifflement du vent, le grondement des flots empêchèrent que rien trahît cette catastrophe. Il y avait un homme de moins sur le plateau, c'était tout.

Terre-Neuve sentit bientôt qu'on ne le retenait plus. Il se releva d'un bond et promena son regard autour de lui. Il ne vit plus que Cabillot et les quatre marins qui semblaient reprendre haleine.

— Maillard ! père Maillard ! — s'écria-t-il avec un accent d'angoisse.

Un ricanement affreux répondit seul à cet appel.

— Où est le pauvre Maillard, l'oncle et le père adoptif de ma Jeanne bien-aimée? — répéta le jeune homme à moitié fou de frayeur; — assassins, qu'en avez-vous fait?

Cabillot s'approcha et lui dit d'un ton de bonhomie.

— Allons, sois raisonnable, mon gars; ce coquin de gabelou a été traité comme il le méritait; il ne nous gênera plus... Maintenant tu pourras épouser la petite quand tu voudras.

Terre-Neuve parut enfin comprendre.

— Que l'enfer vous engloutisse! — dit-il d'une voix étouffée; — mais je l'ai promis, je tiendrai ma promesse.

Avant qu'on eût pu deviner son dessein, il s'élança vers la montée Verte, se laissa glisser le long de cette pente dont la vue donnait le vertige et disparut.

Les contrebandiers, eux-mêmes effrayés de cette détermination insensée, se jetèrent à plat-ventre et se penchèrent sur le précipice. Il leur sembla voir un objet noir qui roulait rapidement sur la montée Verte, puis cet objet se détacha des flancs du rocher et tomba dans la mer. Mais ce fut vainement que leurs yeux le cherchèrent au milieu des tourbillons d'écume, des lames furieuses, des remous désordonnés qui formaient un chaos indescriptible au pied de la falaise.

Alors leur attention se tourna vers le navire en détresse; mais loin de pouvoir secourir les malheureux qui se noyaient, il paraissait lui-même entièrement perdu; il avait dérivé tout près des rochers et chaque coup de mer balayait son pont de l'avant à l'arrière. C'était miracle qu'il ne fût pas déjà brisé en éclats.

Enfin le patron se leva:

— Ce qui est fait est fait, — dit-il d'un ton farouche.

— Ce moussaillon de Terre-Neuve nous a rendu des services, mais son amitié pour l'autre nous eût porté malheur et il nous eût trahis tôt ou tard... Il l'a voulu: Il vaut mieux que les choses soient ainsi... partons!

— Père, — dit Léonard, le plus jeune de ses fils, avec émotion, — laissez-moi espérer que ce pauvre Terre-Neuve du moins aura pu se sauver... Il était si joyeux, si bon enfant!

— Se sauver! — répéta le patron en ricanant, — autant vaudrait dire que ces pauvres diables là-bas vont se remettre à flot et gagner le large. Terre-Neuve et son ami le gabelou ont été écrasés comme des œufs frais contre la roche, et vraiment je ne vois pas grand mal à cela; tout s'est bien passé; demain on croira que ces deux imbéciles ont péri en voulant porter secours aux naufragés, et aucun soupçon ne pèsera sur nous... Nous n'avons plus rien à faire ici maintenant; allons dormir.

Et ils se hâtèrent de quitter la côte. Les pêcheurs et les douaniers, qui arrivèrent bientôt à la montée Verte, ne virent plus trace de navire; mais la mer, toujours courroucée, jouait avec de nombreux débris.

XII

LE LÉGISTE.

René de Listrac passa une nuit fort agitée. Outre les inquiétudes causées par sa position personnelle, il éprouvait une vive anxiété au sujet de Terre-Neuve, qui n'était pas rentré, et c'était seulement vers le matin que la fatigue avait fini par triompher de son insomnie. Aussi faisait-il grand jour quand il se leva, et il s'empressa d'appeler son hôtesse du bout de l'escalier, afin d'avoir des nouvelles; mais personne ne lui répondit, il se trouvait seul dans la maison.

Après avoir vaqué rapidement aux soins de sa toilette, il ouvrit le volet d'une fenêtre qui dominait la ville et

une partie du port. La tempête avait diminué de violence et le soleil se montrait parfois entre les grands nuages blancs qui couraient dans le ciel. Cependant le vent conservait une certaine force, et la mer, qui était basse en ce moment, apparaissait encore blanche et enflée dans le lointain. Listrac crut s'apercevoir aussi qu'une agitation inaccoutumée régnait dans la ville, surtout dans le voisinage du port. Des groupes d'hommes et de femmes se formaient çà et là; on parlait avec animation, et il semblait qu'une sinistre nouvelle mit en émoi toute cette population de pêcheurs.

Le reclus n'osait aller lui-même aux informations; cependant il soupçonnait vaguement qu'il avait un intérêt personnel dans l'événement qui causait la préoccupation générale. Aussi malgré l'imprudence d'une pareille démarche, se fût-il peut-être décidé à sortir et à questionner les passants, s'il n'eût entendu frapper à la porte de la maison.

Naturellement personne ne répondit; l'ancien officier de marine avait trop à craindre la visite d'un gendarme ou d'un agent de police pour donner signe de vie. On frappa plus fort, et, comme on ne recevait toujours aucune réponse, on finit par soulever le bouton de la porte qui, selon l'usage du pays, n'était fermé qu'au loquet, et on pénétra dans la pièce du rez-de-chaussée. Là on l'appela plusieurs fois avec un peu d'impatience; puis, comme si l'on eût deviné que la maison n'était pas réellement abandonnée, on s'engagea dans l'escalier criard qui conduisait au premier étage.

Listrac regretta de n'avoir pas profité du moment où l'on s'annonçait à la porte extérieure, pour s'enfuir par le jardin et gagner la campagne, car la personne qui venait d'entrer avec si peu de cérémonie pouvait n'être pas bien intentionnée à son égard; mais il était trop tard maintenant pour prendre ce parti. Il résolut donc de faire bonne contenance, et il se leva pour aller au-devant du visiteur.

Il reconnut d'abord qu'il n'avait pas affaire à quelque agent subalterne de la justice. Le personnage qui s'offrit à lui était un homme d'une cinquantaine d'années, de taille moyenne, d'une physionomie douce. Il n'avait de remarquable, au premier aspect, que la parfaite distinction de ses manières; toutefois, en l'examinant avec plus de soin, on découvrait ses yeux bleus une vivacité, dans les plis de sa bouche une finesse qui dénotaient une haute intelligence. Il portait un grand surtout de drap, fort simple et boutonné jusqu'au col; mais il était chaussé et ganté avec une élégance qui trahissait un habitué du meilleur monde.

Pendant que Listrac l'observait avec curiosité, il enveloppa lui-même l'officier de marine de son regard pénétrant. Le coup d'œil lui suffit; il salua bientôt avec aisance et dit en souriant:

— Je ne crois pas me tromper, monsieur; je suis bien ici chez un marin de la Sirène?

— Et vous venez de la part du commandant de la Thétis, — s'écria Listrac qui reconnut le mot de ralliement donné la veille par le prince. — Soyez le bienvenu, monsieur de P***; je suis pénétré de gratitude pour vos bontés, pour celles du généreux protecteur qui a bien voulu vous intéresser à mon sort!

Monsieur de P*** salua de nouveau poliment, mais avec réserve, et s'assit.

— Vous n'êtes guère bien gardé, monsieur de Listrac, — poursuivit-il avec un fin sourire; — on arrive jusqu'à vous beaucoup trop facilement... Vous n'ignorez pas pourtant que votre présence dans ce pays est connue et qu'un mandat est décerné contre vous?

— En effet, je devrais prendre quelques précautions; mais les gens de la maison sont absents pour une cause fâcheuse, je le crains, et ils se seront relâchés de leur surveillance ordinaire.

— Il importe, néanmoins, que vous conserviez votre liberté d'action. Heureusement pour vous, l'autorité locale est fort occupée ce matin d'événements arrivés sur la côte ; peut-être, au milieu de ce tracas, vous oubliera-t-on, à moins de dénonciation nouvelle et plus précise. Il nous faut donc mettre les instants à profit... Je vous prie de m'expliquer votre affaire dans le plus grand détail ; surtout n'omettez rien, car telle particularité oiseuse en apparence peut nous ouvrir la voie des découvertes. — Et il s'arrança sur son siège, afin de pouvoir étudier la physionomie de l'officier de marine pendant le récit qui allait commencer. Listrac eût voulu interroger monsieur de P *** sur les événements arrivés dans la ville ; mais, sachant combien le temps de cet important personnage était précieux, il ajourna ses questions et se mit à exposer de nouveau ses funestes aventures. Monsieur de P *** l'interrompit fréquemment pour demander des explications sur les points qui présentaient des obscurités. Après s'être fait répéter plusieurs fois certains détails, il se renversa sur son siège, prit son menton dans sa main et réfléchit profondément. — Oui, c'est bien là ce que m'a dit le prince, — reprit-il enfin en changeant d'attitude ; — les faits ont dû se passer ainsi, et je n'aurais garde de révoquer en doute votre sincérité, du moins dans les choses essentielles ; mais la conviction personnelle ne suffit pas en pareille matière ; il faut établir la vérité par des moyens juridiques. Or, il se trouve une femme dans tout ceci, et l'intervention d'une femme dans une instruction judiciaire augmente démesurément les difficultés. Un homme obéit logiquement à ses passions, à ses intérêts, et, en partant d'un point fixe, on peut le suivre pas à pas dans tous les détours de sa mauvaise action. Mais ces créatures fantasques et frivoles, inconséquentes avec elles-mêmes, cédant à des impressions subites, tour à tour bonnes et mauvaises, déconcertent toutes les prévisions, bouleversent tous les raisonnements et jettent le logicien le plus rigoureux à cent pas de la vérité. — Après cette boutade satirique contre les femmes, appréciées au point de vue des investigations judiciaires, monsieur de P *** se leva et fit quelques tours dans la chambre. — Monsieur de Listrac, — reprit-il bientôt en s'arrêtant devant l'officier de marine, — avez-vous un motif de supposer que madame de Granville n'aurait pas anéanti les lettres adressées par vous au général de Sergey, et notamment l'écrit signé du capitaine Granget, votre adversaire, au moment du duel !

— Aucun, monsieur, — répliqua Listrac avec accablement ; - j'ai bien plutôt sujet de croire qu'elle a détruit ces pièces à mesure qu'elles tombaient en son pouvoir.

— Eh bien ! avec votre permission, je pourrais être d'un avis différent. Si, au lieu de cette évaporée, vous aviez pour ennemi un homme méchant qui vous détestât comme elle paraît vous détester, qui voulût se venger de vous comme sans doute elle en a le désir, oh ! évidemment il n'eût pas négligé de prendre de minutieuses précautions. Il aurait médité sa haine, calculé les chances et les probabilités ; il eût agi en vertu du principe : « Qui veut la fin veut les moyens. » Mais, dans l'espèce, nous avons affaire à un autre genre d'adversaire. J'ai vu plusieurs fois, dans le monde, cette madame de Granville, et a essayé sur moi, comme sur tant d'autres, l'effet de ses beaux yeux, mais je me suis trouvé un peu trop coriace pour elle. Suivant mon humble jugement, elle ne saurait être plus constante dans ses haines que dans ses affections ; c'est une coquette étourdie, toute de caprice et de spontanéité. Une femme de ce tempérament aurait fort bien pu ne pas reculer devant l'action coupable d'intercepter des lettres adressées par une tierce personne, et reculer pourtant devant l'acte à peine moins coupable de les anéantir ; ces dames ont parfois de tels scrupules et commettent de telles imprudences. Combien n'en voiton qui conservent chez elles, dans un meuble à peine clos, des correspondances dont la découverte les couvrirait de déshonneur ainsi que leurs maris, leurs enfants

et toute leur famille ? Cependant on apprend chaque jour de pareilles témérités, et les catastrophes qui en résultent souvent ne corrigent personne.

Listrac ne put s'empêcher d'admirer l'étonnante sagacité avec laquelle monsieur de P *** avait déduit ces présomptions du caractère connu de sa persécutrice.

— Vous pouvez avoir raison, - reprit-il ? — madame de Granville, dans un but inconnu, frivole peut-être, serait capable d'avoir conservé ces pièces... mais comment s'en assurer ?

— Ah ! voilà ; comment s'en assurer ? — répéta monsieur de P *** d'un air rêveur. Après un nouveau silence, il demanda non sans embarras : — Ne m'avezvous pas dit, monsieur de Listrac, que vous aviez inspiré quelque sympathie à mademoiselle de Sergey, la fille du général ? Ne saurions-nous trouver un peu d'aide de ce côté ?

— Monsieur, monsieur, je vous en conjure, ne mêlons pas le nom de mademoiselle de Sergey à ces scandales ; j'aimerais mieux mourir que de faire intervenir cette noble et généreuse enfant, d'une manière indigne d'elle, dans cette déplorable affaire !

— Fort bien ; mais il faut arriver à la vérité ; et où en serait-on, dans les instructions judiciaires, si l'on éprouvait de ces beaux scrupules ?.. Enfin, puisque vous voulez absolument tenir mademoiselle de Sergey à l'écart, n'est-il pas d'autres personnes dans la maison dont nous pourrions tirer certains éclaircissements indispensables ?

— Attendez, — s'écria Listrac frappé d'un souvenir. Il apprit à son protecteur les paroles échappées la veille au vieux Julien, le valet de chambre du général.

— Et vous ne me disiez pas cela ? — s'écria monsieur de P *** avec un mélange d'impatience et de joie, — à quoi songiez-vous donc ?... Cette circonstance est grave et peut tout sauver. Évidemment l'individu en question sait quelque chose de sérieux. Jusqu'ici, en raison de sa position dépendante, il s'est borné à confirmer la version commune ; mais interrogé avec l'adresse convenable, il ne peut manquer de faire des révélations. Je parlerai moi-même à ce domestique, et peut-être... C'est Julien, je crois, que vous l'appelez ? — Listrac répondit affirmativement. — Eh bien, — poursuivit-il avec d'un air de vivacité en se levant, — je battrai le fer pendant qu'il est chaud. Je vais sur-le-champ me rendre au Plessis et pousser une reconnaissance jusqu'au cœur de la place. Je dois une visite depuis longtemps à monsieur de Sergey, il n'y aura rien d'extraordinaire que je vienne, dans l'état où il est, m'informer de ses nouvelles, tout en faisant ma promenade du matin. Peut-être verrai-je le général, ou même toute bonne ennemie, mais sûrement je verrai Julien... Fiez-vous à moi, j'ai promis à un auguste personnage, qui vous estime et vous aime, d'employer toute mon adresse, toute mon expérience en votre faveur, et, morbleu ! je tiendrai ma promesse. — L'officier de marine voulut lui exprimer ses remerciements. — C'est bon, c'est bon, — interrompit monsieur de P *** ; — à vrai dire, cette affaire a par elle-même un mystère plein d'attraits ; je la poursuivrai avec toute l'ardeur d'un mathématicien qui veut résoudre un problème prétendu insoluble, d'un joueur qui veut gagner une partie désespérée. Des remerciements prématurés, seraient donc inutiles ; plus tard, si je réussis, je serai suffisamment récompensé par mon succès. — Au moment de prendre congé il ajouta : — Je n'ai pas besoin, monsieur de Listrac, de vous recommander le plus profond secret sur nos relations actuelles. Notre partie adverse ne manque pas de finesse, quoique cette finesse soit plutôt le résultat de l'instinct féminin que d'un calcul raisonné. Si elle soupçonnait le moins du monde un concert entre nous, non-seulement je ne saurais rien tirer d'elle, mais encore elle prendrait l'alarme et peut-être irait-elle jusqu'à détruire ces papiers que je la soupçonne d'avoir encore en sa possession. Il faut donc agir avec une extrême prudence.; et si nous nous rencontrions partout ailleurs qu'ici, nous devrions être ensemble comme si nous ne nous étions jamais vus. — Listrac sentait la sagesse de ces précautions, et il promit de s'y conformer rigoureusement. Monsieur de P*** ne voulant pas sortir par la porte de la rue, de peur d'être remarqué, l'officier de marine le conduisit jusqu'à la petite porte qui donnait sur la campagne. Chemin faisant, il lui demanda quelques détails sur les événements qui causaient tant d'agitation dans la ville. — Je ne sais pas grand'chose ; on parle d'une soustraction qui aurait été commise cette nuit à la douane du Plessis, en l'absence des préposés ; on parle aussi de naufrages, de navires avariés, que sais-je ? Tout occupé de vos intérêts, je n'ai pas donné une attention suffisante à ces nouvelles locales. Vous-même, monsieur de Listrac, je vous conseille de ne pas quitter votre retraite pour aller aux informations. S'il faut l'avouer, ce matin même j'ai vu le mandat d'amener lancé contre vous ; on vous a cherché hier dans toute la ville, et l'on vous y chercherait encore aujourd'hui, si les gendarmes n'étaient occupés ailleurs... Cependant, croyez-moi, soyez prudent.

Listrac promit encore de ne pas quitter sa chambre jusqu'à la nuit suivante, et il ajouta :

— Vous allez au château du Plessis, monsieur, et sans doute votre haute raison, votre expérience des choses et des hommes, surtout votre zèle ardent pour ma cause, triompheront enfin du mauvais vouloir de mes ennemis. Cependant, je ne m'opposerais pas à ce que vous invoquassiez, en cas de nécessité absolue, la bienveillance de mademoiselle de Sergey en ma faveur, pourvu toutefois...

— Pas de restrictions, monsieur ; je ne dois pas laisser supposer que je pourrais manquer de discrétion et de mesure envers une jeune personne digne de respect... Entre nous, — ajouta monsieur de P*** avec un sourire moqueur, — j'avais l'intention, le cas échéant, d'invoquer son secours, que vous le voulussiez ou non... Mais, adieu, monsieur de Listrac ; vous recevrez bientôt de mes nouvelles.

En même temps il s'engagea d'un pas rapide dans un sentier bordé de haies touffues, et Listrac revint tout pensif vers la maison en murmurant :

— Mon auguste bienfaiteur ne pouvait mieux choisir ; monsieur de P*** me sauvera certainement... si je puis encore être sauvé !

Comme il traversait la pièce du rez-de-chaussée afin de regagner sa chambre, il entendit un grand bruit de voix dans la rue. Au milieu de plaintes et de lamentations, il distingua l'organe peu harmonieux de son hôtesse, la veuve Guignet. Redoutant d'être aperçu par la nombreuse compagnie qui approchait, il s'empressa de monter l'escalier, et à peine en avait-il franchi la dernière marche, que plusieurs personnes envahirent l'étage inférieur.

Listrac était préparé, depuis la veille, à quelque nouvelle sinistre ; debout dans sa chambre qu'un mince plancher séparait du rez-de-chaussée, il prêta l'oreille. Pendant un moment, tout parut être désespoir et confusion au-dessous de lui. Des hommes et des femmes parlaient à la fois ; ils semblaient en proie à une douleur commune, et les gémissements dominaient le tumulte. Une femme s'était évanouie, mais ce ne pouvait être la mère Guignet, que l'on entendait pousser des cris en allant et venant comme une folle par la maison.

L'officier de marine, malgré son désir de connaître la cause de cette rumeur, n'osait se montrer à tant de personnes inconnues, et force lui était d'attendre que la mère Guignet fût seule. Il écoutait toujours, afin de reconnaître de quoi il s'agissait ; mais il ne saisissait que des paroles sans suite. Il pouvait seulement deviner qu'un malheur immense venait d'arriver et plongeait toute l'assistance dans une mortelle affliction.

XIII

DÉSESPOIR.

Voici ce qui s'était passé.

La veuve Guignet n'avait conçu aucune inquiétude en ne voyant pas son fils rentrer pendant la soirée précédente : habituée à ses longues absences, elle les remarquait à peine. Cependant le matin, quand elle s'aperçut que Terre-Neuve ne s'était pas couché, elle éprouva, sinon des craintes, du moins une vive curiosité d'apprendre ce qu'il était devenu, et elle s'achemina vers le port pour s'enquérir de lui.

Malgré l'heure peu avancée, beaucoup de personnes se trouvaient à ce lieu de réunion. On n'avait pas de nouvelles de plusieurs bateaux depuis la dernière marée, et les familles des pêcheurs absents se pressaient sur la grève, sur les batteries, sur la jetée pour examiner l'horizon ; mais aussi loin que la vue pouvait s'étendre, il n'y avait aucun navire. De pauvres femmes, mères ou filles, sœurs ou fiancées, fondaient en larmes et se tordaient les mains de désespoir, tandis que les hommes, retirés à l'écart, se communiquaient à voix basse leurs suppositions au sujet des parents ou des amis qui manquaient. Avaient-ils pu gagner quelque point des environs ou même d'Angleterre ? Avaient-ils péri dans l'affreux coup de vent qui durait encore ? Reviendraient-ils bientôt, ou ne devaient-ils plus revenir ? Dans cette anxiété, les uns allaient s'agenouiller devant la croix de fer du calvaire et promettaient des ex-voto à la Vierge, étoile de la mer ; les autres juraient entre leurs dents et montraient le poing au vent qui soufflait avec violence par intervalles.

La veuve Guignet ne croyait pas avoir à redouter pour son fils le sort probable des pauvres gens dont les familles éperdues erraient autour d'elle. En longeant le quai elle venait de voir la barque de Cabillot dans le bassin, et cette circonstance lui donnait la certitude que Terre-Neuve n'était pas en mer. Aussi écouta-t-elle avec philosophie les lugubres récits qui avaient cours dans la foule. Grâce au dévouement des gens du port, deux flambarts de pêche avaient été sauvés pendant la tempête, mais on savait qu'un grand navire avait péri dans le voisinage du Plessis, car la mer, de ce côté, rejetait de nombreux débris, des tonneaux, des tronçons de mât. On parlait aussi vaguement d'un événement arrivé à la douane du Plessis et de la disparition inexplicable d'un douanier ; mais on en revenait toujours aux navires qui manquaient ; on se perdait en conjectures sur leur destinée, et cette préoccupation dominait toutes les autres.

Comme la veuve Guignet n'entendait pas parler de son fils, qui seul l'intéressait d'une manière sérieuse, elle finit par questionner les assistants à son sujet. Aucun n'avait vu Terre-Neuve, bien que la plupart eussent été sur pied toute la nuit. Les alarmes maternelles de la bonne femme commencèrent à s'éveiller ; elle ne prêta plus qu'une attention distraite aux plaintes de ses voisines, elle ne trouva plus un mot d'espérance à leur adresser ; une vive et terrible anxiété lui étreignit le cœur à son tour. Tout à coup elle quitta la jetée et se mit à courir vers le bas quartier de la ville.

Elle venait de songer que Cabillot pourrait certainement lui donner des nouvelles de son fils, et elle courait chez Cabillot.

Plus elle avançait, plus elle précipitait sa course. Elle était pâle, haletante. Une fois elle essaya de se calmer et ralentit le pas :

— Folle que je suis! — murmura-t-elle, — je vais le trouver tranquillement attablé chez les fraudeurs. Le vieux a pour habitude de les régaler lorsqu'ils doivent tenter un coup, ou bien lorsqu'un coup a réussi... Pourquoi Louis ne profiterait-il pas de la bonne chère quand ça ne lui coûte rien? Il aura bu la nuit dernière et il sera resté chez le patron. Il va bien rire de moi, et j'en rirai bien moi-même! — Cependant, sans qu'elle s'en aperçut, son pas reprenait sa rapidité primitive, et elle arriva tout en nage chez Cabillot. Dans la première pièce, la jeune fille idiote vaquait aux soins du ménage, en compagnie des myriades de mouches, hôtes ordinaires de ce bouge empesté. — La Suzette, — dit la veuve Guignet tout d'une haleine en entrant, — as-tu vu mon fils?

Suzette ouvrit de grands yeux hébétés; puis elle se mit à rire.

— Eh! eh! oui, que je l'ai vu, — répliqua-t-elle en attaquant le feu avec un soufflet asthmatique.

Si laide, malpropre et stupide que fût cette créature, la mère de Terre-Neuve eut envie de l'embrasser.

— A la bonne heure! — dit-elle avec soulagement; — ah! petiote, si tu savais quelle frayeur j'éprouvais!... Comme ça, Louis est ici?

— Mais non, — répliqua l'idiote en soufflant toujours.

— Tu sais du moins où il est?

— Mais non.

— Ah! çà! te moques-tu de moi? Puisque tu dis que tu as vu Terre-Neuve...

— Eh! oui, je l'ai vu... hier au soir, à la marée basse. La veuve lui arracha brusquement le soufflet criard.

— Si tu n'étais pas une pauvre innocente, — dit-elle en levant sa formidable main, — je t'apprendrais... Mais on ne saurait tirer de toi un mot raisonnable... Où sont les hommes?

— Ils sont là, — répliqua Suzette effrayée en désignant la porte intérieure; — ils sont couchés et ils dorment.

— Bon! Quand ces fainéants-là ne sont pas en mer, ils ne savent plus que manger ou dormir. Mais cela ne m'arrêtera pas; s'ils dorment, ils se réveilleront; je n'ai pas le temps d'attendre, moi.

Et elle se dirigeait vers la seconde pièce. L'idiote semblait vouloir l'empêcher d'entrer; néanmoins, connaissant de longue date les manières expéditives de la visiteuse, elle n'osait lui barrer le passage. Comme elle protestait par des cris contre cette violation de domicile, le patron Cabillot parut.

Il était dans un désordre de toilette qui rendait plus saillante encore la rudesse de ses traits, et, soit fatigue, soit toute autre cause, une pâleur très-sensible se montrait à travers le hâle de son visage. Il regarda la veuve Guignet avec une inquiétude farouche, où celle-ci crut voir seulement l'impatience d'avoir été dérangé.

— Qu'y a-t-il donc? — demanda-t-il d'un ton bourru.

— Patron, je viens chercher mon fils.

Cabillot continuait de la regarder d'une façon singulière; enfin il répondit avec une tranquillité étudiée:

— Votre fils! Ah çà! qu'est-ce qui vous prend donc, voisine? Ni les enfants ni moi nous n'avons vu Terre-Neuve depuis hier au soir... J'en jurerais par tous les saints du paradis.

— Bon Dieu! Alors qu'est-il devenu? — dit la veuve qui posa la main sur son front, comme si elle y eût reçu un coup violent.

— Ma foi, je n'en sais rien, — répliqua froidement Cabillot.

Malgré cette tranquillité, la Guignet sentit qu'on lui cachait quelque chose; elle se roidit contre sa faiblesse.

— Patron, — s'écria-t-elle, — n'essayez pas contre moi de vos ruses et de vos malices. Je vous obligerai bien à me dire la vérité... Rendez-moi mon enfant; je le veux...; il me le faut... Il me le faut, entendez-vous?

Et elle lui portait au visage ses deux poings fermés. Cabillot était trop sûr maintenant qu'elle ignorait tout pour s'effrayer de cette attitude menaçante.

— Ah çà! mère Guignet, êtes-vous folle? — demanda-t-il; — nous ne sommes pas allés en mer depuis deux jours.

— C'est possible; mais vous avez des diableries sur terre aussi bien que sur l'eau. Or, comme vous fourrez toujours mon pauvre gars dans vos vilaines affaires, et comme vous lui laissez le plus dur, tandis que vous prenez les profits, je ne me payerai pas de balivernes... Mon fils est perdu, il faut qu'il se retrouve!

— Ah çà! vieille entêtée... — Cabillot se reprit, et poursuivit d'un ton plus doux: — Mère Guignet, soyez raisonnable. Tenez, j'en conviens, mes garçons et moi nous avons eu de la besogne la nuit dernière, mais, vrai, Terre-Neuve a refusé absolument de s'en mêler. Les enfants pourront vous assurer comme moi, et peut-être lui-même vous en a-t-il touché quelque chose.

La malheureuse mère se souvint, en effet, que la veille au soir Terre-Neuve avait exprimé devant elle l'intention de ne prendre aucune part à une expédition projetée par Cabillot et sa famille. Elle demeura donc atterrée et tomba sur un siège en poussant des cris déchirants.

Sa forte organisation était endurcie à la souffrance; ses yeux demeuraient secs, mais son visage se décomposait par l'action d'horribles tortures intérieures. L'idiote la regarda curieusement.

— Ah! ah! mère Guignet, — dit-elle en éclatant de rire, — que vous êtes donc drôle comme ça?

Cabillot lui imposa silence.

— Allons, voisine, — reprit-il d'un ton patelin, — ne vous désolez pas avant de savoir d'où souffle le vent. Votre petit Terre-Neuve est un malin qui sait se tirer d'affaire dans une bourrasque; je gage qu'il ne lui est arrivé aucun malheur.

— Si, si, il lui est arrivé malheur, — bégaya la veuve dans un transport de désespoir, — et c'est vous qui en êtes cause... oui, vous qui, à l'époque où nous manquions de pain, êtes venu tenter notre misère en nous proposant d'entrer dans votre maudite association de contrebande. Nous n'avons pu refuser, car il faut vivre, et mon pauvre Louis s'exposait chaque nuit aux plus grands dangers pour vous enrichir. D'ailleurs vous l'avez menacé l'autre soir en ma présence, et je vous crois capable de toutes les horreurs... Allez! cela ne se passera pas ainsi, vieux scélérat! Si mon fils ne se retrouve pas, je vous dénoncerai... oui, je vous dénoncerai, je vous le jure... Mon fils! mon brave Louis, je ne le reverrai plus!

Elle criait si fort qu'on pouvait l'entendre des maisons voisines. Il sembla qu'on s'émût aussi dans la seconde pièce, car des voix s'élevèrent de ce côté. Cabillot alla vivement refermer la porte de communication, puis revenant à la veuve Guignet, qui trépignait de douleur, il reprit doucereusement:

— Pouvez-vous soupçonner ainsi vos amis, voisine? Ce que je disais l'autre soir, dans un premier moment de colère, je ne le pensais pas... Moi, faire du mal à ce gentil garçon de Terre-Neuve qui nous rendait tant de services! Savez-vous que si nous le perdions notre commerce serait ruiné?

— Que m'importe? Tant mieux! Puissiez-vous tous être réduits à l'aumône!

— Pour Dieu, ne parlez pas si haut! Si l'on vous entendait... Votre fils se retrouvera; et, j'y pense, pourquoi ne serait-il pas quelque part là-bas, du côté du Plessis, chez la nièce au grand Maillard?

Cabillot savait bien que Terre-Neuve ne pouvait être chez Jeanne, mais la pauvre mère saisit cette idée avec une étonnante ardeur. Elle se leva tout à coup;

— Oui, oui, vous avez raison, — s'écria-t-elle; — où avais-je donc l'esprit? Louis aime tant cette petite! J'y vais... Tonnerre! cette mijaurée ne me le prendra pas encore comme ça!... Mais j'y vais, j'y vais!

Et elle sortit en courant.

A peine avait-elle disparu que la porte intérieure s'ouvrit, et Léonard, le plus jeune des fils de Cabillot, montra timidement son visage baigné de pleurs.

— Père, — dit-il d'une voix sanglotante, — ne ferez-vous rien pour consoler cette pauvre créature si malheureuse? Terre-Neuve était mon ami; voudriez-vous me permettre de donner à sa mère la part qui me revient dans les dernières affaires?

Un violent coup de poing repoussa Léonard dans la seconde pièce.

— Tiens, — dit le brutal Cabillot, — voilà pour t'apprendre à écouter aux portes et à te mêler de ce qui ne te regarde pas. . Jean, — cria-t-il à son fils aîné, l'exécuteur ordinaire de ses ordres despotiques, — veille sur ce pleurard qui nous mettra dans l'embarras avec ses jérémiades.

Jean saisit Léonard par le collet et l'on entendit le bruit d'une lutte entre les deux frères.

Cabillot ne jugea pas à propos de donner son attention à une circonstance aussi ordinaire dans sa maison; mais Suzette disait à l'écart:

— Bon! Léonard qui pleure à présent!... ah! ah! ah! qu'ils sont donc drôles aujourd'hui!

Et elle riait de son rire idiot.

Cependant le patron réfléchit qu'il avait eu tort de ne pas suivre la veuve Guignet. Dans l'état d'exaltation où elle se trouvait, cette femme pouvait laisser échapper des paroles très-compromettantes pour lui. Aussi prit-il bientôt son parti; il acheva de s'habiller, donna encore quelques ordres aux jeunes gens et à Suzette, puis il sortit pour tâcher de rejoindre la mère de Terre-Neuve, sur le chemin du Plessis.

Mais celle-ci n'avait pas eu besoin d'aller jusqu'au village. A quelque distance de sa maison, elle aperçut deux femmes éplorées qui venaient en sens contraire, appuyées sur le brigadier Martin; elle reconnut la veuve Rupert et sa fille Jeanne. L'une et l'autre pleuraient et se lamentaient chemin faisant; elles paraissaient avoir à peine la force de se soutenir.

Malgré les projets d'union arrêtés depuis longtemps entre Jeanne et Louis, il n'avait jamais existé ni intimité ni confiance entre les Guignet et les Rupert. De goûts et de caractères différents, elles se voyaient seulement sur le pied d'une glaciale réserve. Toutefois Jeanne s'élança vers la mère de son fiancé, les bras ouverts, et s'écria d'une voix brisée:

— Ah! madame Guignet, madame Guignet, quel malheur! Le bon Dieu nous abandonne.

La veuve se laissa embrasser et inonder de larmes; pour elle, l'œil sec, elle n'avait toujours qu'une pensée, qu'un cri:

— Mon fils!... avez-vous vu mon fils?

Jeanne tressaillit.

— Votre fils! — demanda-t-elle, — quoi! Monsieur Louis n'est-il pas à la maison?

— Il n'est pas rentré depuis hier au soir. Mais vous, petite, vous savez certainement...

— Je ne sais rien, je ne l'ai pas vu... Oh! mon Dieu! serait-il aussi arrivé malheur à ce pauvre Louis?

— Aussi! que voulez-vous dire avec votre aussi? N'est-ce pas au sujet de Terre-Neuve que vous vous désolez tant?

— Mais non; l'épouvantable accident qui a frappé mon oncle Maillard... Tous les deux, dans la même nuit!... Sainte Vierge! ayez pitié de nous!

Elle fut forcée de s'asseoir au bord de la route. Alors sa mère, plus calme et surtout plus forte devant la douleur, apprit à la veuve Guignet que le préposé Maillard son frère bien-aimé, avait disparu la nuit précédente et que, selon toute apparence, il était tombé à la mer du haut des falaises pendant la tempête, car on avait retrouvé son manteau et son sabre sur le galet. Les deux pauvres femmes venaient, en compagnie du brigadier Martin, supplier l'autorité compétente de faire immédiatement des recherches pour retrouver le corps du malheureux douanier, quand la veuve Guignet les avait rencontrées.

La mère de Louis écoutait, les poings sur les hanches, d'un air sombre et rêveur. Enfin, elle s'écria:

— C'est fort bien, mais mon fils, à moi, n'a pas pu tomber du haut de la falaise. A moins...

Elle s'arrêta tout à coup et garda un silence farouche.

— Si votre fils ne donne pas de ses nouvelles, — dit le gros brigadier d'un ton dolent, — je vous conseille, madame, de faire au plus tôt votre déclaration à la justice; mais la justice aura grand'peine, je le crains, à débrouiller les événements de cette nuit. Moi-même, qui pourtant ne manque pas d'expérience, je n'y saurais plus rien comprendre. A peine ai-je été absent du poste pendant une demi-heure, et l'on a trouvé moyen, dans ce peu de temps, de voler la douane...

— On a volé la douane? — demanda la mère Guignet.

— Ce n'est que trop sûr; les marchandises de fraude saisies l'autre nuit ont été soustraites dans ma propre chambre. Il y a certainement là-dessous un complot des ennemis de la France.

— Attendez, attendez; ils ont donc repris leurs marchandises? Eh bien! ne se pourrait-il pas que trouvant le grand Maillard sur leur chemin... Mais non, ils n'auraient pas voulu, ils n'auraient pas osé traiter de même mon cher Louis!

— Mère Guignet, — s'écria Jeanne en frémissant, — que voulez-vous dire?

La veuve n'entendait pas.

— Non, — poursuivit-elle d'un air égaré, — ils n'eussent pas osé s'en prendre à lui, je le jurerais... Cependant si Louis, qui aimait tant Maillard, avait essayé de défendre le douanier? cela ne serait pas impossible, et alors... oh! si cela était! si cela était!

Elle frappa du pied. Cette femme, dont les facultés étaient assez obtuses d'ordinaire, avait presque deviné, par l'intuition de l'amour maternel, la vérité de ce lugubre drame.

— Que le ciel nous protége! — dit la Rupert; — je tremble de vous comprendre.

— Croyez-vous vraiment que la disparition de votre fils et celle de mon sous-brigadier pourraient être l'ouvrage de ces soi-disant fraudeurs? — dit Martin.

La mère Guignet tardait à répondre, quand un nouveau personnage vint se mêler à la conversation. C'était le patron Cabillot, qui s'avançait en traînant la jambe; il salua humblement les assistants.

— Ah! je vous retrouve enfin, voisine! — dit-il d'un ton amical; — sur ma foi! j'étais en peine de vous, et je me suis décidé à mettre toutes voiles au vent pour vous rejoindre... Eh bien! avez-vous enfin des nouvelles de votre gars? Ces bonnes dames et monsieur le brigadier vous en ont apporté sans doute?

— Cabillot, — répliqua la veuve en lui lançant un regard dur et plein de menace, — mieux que personne peut-être, vous pourriez m'en donner!

Le vieux fraudeur ne se démonta pas.

— Moi? — dit-il avec bonhomie, — je le voudrais bien, ma chère; j'avais pour ce brave garçon de Terre-Neuve autant et plus d'amitié que pour mes propres enfants; aussi, en cas de malheur, regarderais-je comme un devoir, mère Guignet, de faire quelque chose pour vous... oui, certainement j'irais jusqu'à vous cautionner d'un pain par semaine chez le boulanger... Mais, — ajouta-t-il aussitôt comme effrayé lui-même de sa générosité, — nous n'en sommes pas encore là, je l'espère. Qui sait si, pendant que vous courez le pays à la recherche de votre fils, il ne sera pas tranquillement revenu à la maison?

Cabillot voulait à tout prix séparer en ce moment la veuve Guignet des personnes présentes, elle donna dans le piége.

— C'est vrai, — dit-elle avec un de ces mouvements

impétueux qui trahissaient les brusques variations de son esprit, — il est peut-être rentré en mon absence.

Et elle s'éloignait déjà, quand madame Rupert s'écria:
— Ma fille se trouve mal... Jeanne, ma pauvre Jeanne, qu'as-tu donc?

La jeune fille n'avait pu supporter ces poignantes émotions; elle s'était affaissée sur le gazon et avait perdu connaissance.

Sa mère, le brigadier et Cabillot lui-même s'empressèrent de la secourir. Quant à la veuve Guignet, cet accident l'avait fait revenir sur ses pas.
— C'était la fiancée de mon fils, — dit-elle d'un air attendri, — portons-la chez moi... Jeanne n'est-elle pas aussi mon enfant?

Cette proposition fut acceptée, au grand désappointement de Cabillot. La Guignet elle-même allait enlever Jeanne dans ses bras robustes, quand la pauvre enfant fit signe de la main qu'elle désirait marcher. On attendit un moment pour lui permettre de reprendre complètement ses sens, puis on se dirigea vers la maison qui heureusement n'était pas éloignée.

Le brigadier Martin avait à rendre compte des événements à ses supérieurs; ne voyant plus rien d'alarmant dans l'état de Jeanne, il se sépara de ses compagnes et annonça qu'il viendrait les prendre un peu plus tard pour les ramener au Plessis. En revanche, Cabillot, comprenant de plus en plus le danger de quitter la mère Guignet dans ce quart d'heure de crise, la suivit en affectant une hypocrite compassion.

Le groupe s'accrut en chemin de quelques voisins et voisines qu'un mot avait mis au courant de la vérité. La disparition du douanier et de Terre-Neuve ne pouvait manquer d'exciter une profonde sympathie dans cette ville de pêcheurs et de marins, où les malheurs de ce genre sont si fréquents. Chaque individu de cette pauvre population devait redouter un sort pareil pour lui ou pour les siens; chacun avait ses lugubres souvenirs que réveillait cette catastrophe. Aussi l'affluence était-elle grande autour des affligées, quand on atteignit la maison; mais trois ou quatre femmes de leur connaissance la plus intime y pénétrèrent seulement avec elles; les autres se dispersèrent, afin de répandre partout la fatale nouvelle avec les commentaires obligés en pareil cas.

.　.　.　.　.　.　.　.　.　.　.　.　.

Nous savons donc maintenant quelle était la nombreuse compagnie qui se trouvait au rez-de-chaussée de la pauvre demeure, tandis qu'à l'étage supérieur, monsieur de Listrac écoutait avec anxiété.

En entrant, Jeanne et la mère Guignet jetèrent autour d'elles un regard d'angoisse; mais Terre-Neuve ne se montrait pas, rien n'annonçait qu'il fût venu récemment au logis. La veuve ne songea même pas qu'il pût être chez leur hôte, car elle savait que sa voix et celle de Jeanne l'eussent fait accourir. D'ailleurs, des soins nouveaux ne tardèrent pas à la réclamer; soit fatigue de la marche, soit douleur de voir sa dernière espérance déçue, la jeune fille, à peine entrée, s'était évanouie encore une fois.

On s'empressa de la porter sur un lit, et bientôt elle rouvrit les yeux, mais elle demeurait plongée dans une morne atonie, immobile, sans prononcer une parole. La mère Guignet ne paraissait pas moins à plaindre. Elle s'était jetée sur un siège et, prenant sa tête dans ses mains, elle trépignait convulsivement. C'était toujours la même douleur sèche, farouche, assez semblable à de la fureur. Vainement les commères qui entouraient la pauvre créature essayaient-elles de lui donner des consolations, elle ne répondait pas, elle n'entendait même pas.

Tout à coup elle se leva d'un air d'emportement.
— Qu'ai-je besoin de ces bavardages et de ces simagrées? — s'écria-t-elle; — si vous croyez mon fils encore vivant, mettons-nous à le chercher; partons toutes, parcourons la ville, et si l'une de vous m'en apporte des nouvelles, je lui donnerai... mon Dieu! je n'ai rien à donner, mais je l'aimerai toute ma vie... Allons! partons-nous?... Mais non, — ajouta-t-elle dans un nouveau transport de désespoir, — il ne reviendra plus jamais... jamais, je le sais bien!

Elle retomba sur un siège, se couvrit la figure de son tablier, et les trépignements recommencèrent.

Les voisines ne tardèrent pas à s'éloigner, les unes pour aller chercher prendre des informations, les autres pour fuir ce spectacle navrant. La maîtresse du logis resta seule avec madame Rupert et sa fille. Dans un coin, Cabillot, attentif et toujours en alerte, épiait chaque parole, chaque geste.

Bientôt, une voix faible s'éleva derrière les courtines du lit. Jeanne, les mains jointes, les pommettes des joues empourprées par la fièvre, disait avec délire:
— Dieu me punit, parce que j'ai commis une mauvaise action, un vol... Sainte Vierge, intercédez pour moi!... Si vous me rendez ceux que j'aime, je fais vœu, bonne Vierge, d'employer cette malheureuse dentelle à une robe pour votre statue dans l'église de l'abbaye et d'aller pieds nus en pèlerinage à la chapelle de Saint-Laurent... Sainte Vierge, priez pour moi! mon Dieu, exaucez-moi!

Ce vœu n'avait rien que de fort ordinaire, suivant les idées pieuses et naïves de la localité; cependant les assistants en furent frappés.
— Ah! ça, mais... que dit-elle donc? — demanda la Guignet.
— Elle a parlé de dentelles, — murmura Cabillot.

Mais la veuve Rupert secoua tristement la tête:
— Reviens à toi, ma petite Jeanne, — dit-elle d'un ton affectueux en se penchant sur sa fille; — de quelle mauvaise action pourrais-tu t'accuser, chère enfant? N'as-tu pas toujours été douce, bonne et honnête?
— Ne m'interrogez pas, mère, — répliqua Jeanne en s'agitant sur sa couche; — la sainte Vierge me comprend... Vous m'avez souvent reproché de trop aimer la toilette; c'est ce qui m'a poussée au mal. Je voulais être belle et je croyais qu'il m'en aimerait davantage. D'ailleurs lui-même ne m'avait-il pas engagée... Mais non, c'est moi qui ai tout fait, moi seule avec mon incorrigible coquetterie!... Sainte Vierge, agréez mon vœu... Les dentelles sont à vous de ce moment; je vous le promets, je vous le jure!
— Des dentelles! — répéta le patron qui ne put plus se contenir, — vous voyez bien qu'il s'agit de dentelles.

Cette observation déchaîna de nouveau sur lui la colère de la veuve Guignet.
— Comment! vieux Cabillot, vieux serpent, vieux diable, êtes-vous encore là? — s'écria-t-elle; — que vous importe ce qui se passe chez moi, dans la maison de mon fils? Tenez, ne levez pas la crête si haut; on ne m'ôtera pas de l'esprit que vous êtes la cause de nos malheurs, et si la moindre preuve venait confirmer mes soupçons...

Elle s'interrompit; le brigadier Martin rentrait, affectant plus de tristesse encore et plus de consternation qu'auparavant.
— Mère Guignet, — dit-il avec embarras, — monsieur le maire et le commissaire de la marine désirent vous voir sur-le-champ à l'hôtel de ville.
— Moi! que me veulent-ils donc?
— Je ne sais si je dois vous le dire; eh bien! on a trouvé sur la grève un manteau et un chapeau de marin que l'on croit appartenir...
— Ah! mon fils!... C'est donc vrai? Il est mort, ils me l'ont tué?
— Tué! y songez-vous, ma chère? Notre officier ne veut pas croire que les Anglais aient débarqué sur nos côtes ces dernières nuits, et les Anglais seuls auraient pu... Enfin l'on suppose que votre jeune homme ainsi que mon sous-brigadier Maillard, auraient tenté de secourir le navire qui a péri à la montée Verte, et que l'un et l'autre auront été victimes de leur dévouement.

— C'est donc vrai ? — s'écria la malheureuse mère. Et elle tomba, comme foudroyée, sur le carreau.

Pendant que madame Rupert et Jeanne elle-même s'empressaient de la relever, le brigadier s'approcha de Cabillot qui observait toutes choses avec un vif intérêt.

— Patron, — lui dit-il, — j'ai aussi une commission pour vous. Le chef de douane de la ville vous invite à passer au bureau le plus tôt possible. On veut vous demander des explications au sujet d'une paire d'avirons qu'on aurait trouvés sur votre chaloupe, et qui proviennent évidemment de la barque anglaise consignée dans le port, car ils sont marqués du même numéro. Pour moi, je ne verrais pas une grosse affaire dans tout ceci; et je n'aurais jamais songé à vous mander à la douane pour une méchante paire d'avirons; mais il paraît que Maillard avait de mauvaises idées sur votre compte et il a imaginé là-dessus un conte de la longueur d'un câble... Je n'en dis pas davantage, car on m'accuserait encore d'être jaloux de Maillard ; et puis voilà que le pauvre diable est mort, sans compter que sa sœur et sa nièce sont de bonnes créatures... Enfin je vous ai prévenu, patron; faites votre profit de mon avertissement.

Cabillot avait été d'abord atterré. Il savait combien la plus frivole découverte à son sujet pouvait avoir d'importance dans les circonstances présentes ; cependant il ne tarda pas à recouvrer son assurance :

— Merci, brigadier, — reprit-il d'un ton de respect et de cordialité; — vous êtes certainement le meilleur enfant, l'officier le plus expérimenté de toute la côte, depuis Dieppe jusqu'à Saint-Valery. Cette drôlerie est en effet une invention de Maillard qui voulait faire l'entendu et qui ne valait pas votre petit doigt; il avait l'air de soupçonner tout le monde et... Mais comme vous dites, il est mort, laissons-le en repos. Pour ce qui est de cette paire d'avirons, voyez le grand crime quand j'aurais recueilli en mer ces deux morceaux de bois, à la place de mes propres avirons qui étaient pourris ! Je ne suis pas allé déclarer la chose à la douane, c'est vrai ; mais l'objet en valait-il la peine?

— Ah! vous reconnaissez donc que l'échange a eu lieu ? Vous avez raison, car il paraît que vous ne sauriez le nier. Mais alors, si vous avez pris les avirons, pourquoi n'auriez-vous pas pris la barque de même ?

— Tout bonnement, brigadier, parce que je ne l'ai pas rencontrée sur mon chemin ; vous me connaissez, je ne suis pas homme à négliger le plus mince profit. Si j'avais trouvé en mer cette jolie embarcation, aurais-je été assez fou pour ne pas m'en emparer et pour laisser à d'autres les droits de sauvetage en cas de réclamation ?

— C'est juste, — dit le brigadier à qui l'argument parut sans réplique ; — vous aussiez certainement profité de cette aubaine. Hâtez-vous donc d'aller vous entendre avec les chefs... S'il faut l'avouer, les têtes commençaient à se monter là-bas, à l'administration, et l'on doit être en train de faire une perquisition chez vous.

— Une perquisition chez moi ! — répéta Cabillot d'un air inquiet. Mais il se remit aussitôt. — Je ne crains rien, — poursuivit-il avec un sourire forcé ; — cependant, il faut que je retourne vite à la maison. Ils vont tout bouleverser; et puis, les enfants sont si bêtes... et Léonard surtout... Au revoir donc, brigadier, et merci de vos bons avis.

— Il n'y a pas de quoi; j'aime à obliger, — dit Martin qui malgré sa jalousie contre Maillard et malgré sa sottise, n'était pas foncièrement méchant. — Moi, je vais ramener au Plessis ces pauvres créatures dont l'état me fait pitié... On s'arrangera facilement de votre côté, je l'espère.

— Sans doute, — répliqua le patron d'un air sinistre en se disposant à sortir ; — mais si l'on ne s'arrangeait pas, certaines gens recevraient des éclaboussures... Qu'on ne me pousse pas à bout, je ne dis que cela !

Ces menaces semblaient s'adresser particulièrement au groupe de femmes qui se trouvaient à l'autre extrémité de la chambre et qui ne donnaient aucune attention à cet entretien.

Un peu plus tard, la veuve Guignet était seule dans la pièce du rez-de-chaussée. Jeanne et sa mère, à peine remises l'une et l'autre de ces violentes secousses, avaient voulu rentrer chez elles, en compagnie du brigadier, afin de se livrer sans contrainte à leur douleur. Le même motif avait déterminé la mère Guignet à fermer au verrou la porte de la maison ; assise sur un siège, la tête dans ses mains, elle s'abandonnait à de lugubres rêveries.

Alors elle entendit marcher à l'étage supérieur ; on descendit l'escalier avec précaution, et Listrac parut devant elle. La présence de son hôte ne lui inspira pas d'idées bienveillantes.

— Ah! c'est vous, monsieur, — dit-elle avec rudesse ; — ma foi ! je vous avais oublié. Que m'importe tout le reste, maintenant ? Je n'ai plus de fils ; je suis seule au monde... je voudrais que la terre s'abîmât sous mes pieds.

— Réné de Listrac avait trop de cœur et d'intelligence pour s'offenser de ces paroles. Il n'ignorait plus la cause de ce sauvage désespoir, il n'éprouvait que de la compassion pour la malheureuse mère. Aussi lui adressa-t-il des consolations avec une douce autorité qui finit par impressionner cet esprit grossier. — Oh ! vous êtes bon, monsieur, — dit la veuve, — et j'ai tort de m'en prendre aux autres du malheur qui me frappe ! Nul ne saurait s'imaginer, voyez-vous, ce que cet enfant était pour moi... Je le rudoyais souvent, il est vrai, je paraissais dure envers lui quand je l'envoyais à la mer par des nuits de tempête ; que voulez-vous ?... nous autres femmes de marins, nous ne pouvons dorloter nos enfants ; ils ont à gagner péniblement leur pain, et, en définitive, mon fils exerçait l'état de son père. Mais je n'avais jamais pensé qu'il pût me manquer ainsi tout à coup, lui, si jeune, si adroit et si fort ! Oui, je croyais la chose impossible, et maintenant je me sens si misérable, si abandonnée, que je regrette d'avoir tant vécu !

— Vous n'êtes pas abandonnée, madame Guignet ; votre fils m'a légué le soin de vous protéger, et je reconnaîtrai les services qu'il m'a rendus en acceptant ce legs. — En même temps Listrac lui rapporta brièvement la conversation qu'il avait eue à son sujet avec Terre-Neuve, dans la soirée précédente. — Mon sort, à moi-même, — poursuivit-il, — est encore bien incertain ; mais, quoi qu'il arrive, je vous assurerai une petite rente qui vous mettra pour le reste de vos jours à l'abri de la misère.

La mère Guignet ne put retenir un cri de joie ; il faut savoir combien est précaire l'existence des femmes de sa condition pour comprendre l'effet d'une semblable promesse sur elle. Cependant, le premier mouvement passé, son incrédulité misanthropique lui revint, et elle allait presser Listrac de questions quand on frappa à la porte de la rue.

Listrac et son hôtesse écoutèrent avec inquiétude. Après une courte pause, on frappa plus fort. L'officier de marine voulut remonter à sa chambre ; la Guignet l'arrêta :

— Bah ! — dit-elle avec impatience, — c'est encore quelque voisine qui vient me casser la tête de ses consolations... Tenez-vous là, dans ce coin sombre ; je vais lui donner lestement son paquet.

Elle ouvrit avec une vivacité qui n'annonçait pas des intentions bien hospitalières ; mais au lieu d'une commère du voisinage, ce fut un gendarme de la marine qui se présenta.

• •

La veuve, surprise d'abord, voulut repousser la porte et la fermer au nez de l'intrus ; mais il était trop tard. Le vigoureux militaire força l'entrée par un effort irrésistible. Au même instant un autre gendarme pénétrait dans la salle basse du côté du jardin. La place était décidément prise et la garnison n'avait plus qu'à se rendre à discrétion.

La Guignet ne s'effraya pas de si peu ; elle saisit son battoir et le brandit d'une manière formidable.

— Que voulez-vous, coquins ? — s'écria-t-elle ; — avez-vous bien le cœur de venir me tourmenter, le jour même où je viens de perdre mon fils ? Allons! sortez d'ici, ou je vous prouverai que vos moustaches et vos grands sabres ne me font pas peur... Aussi bien, je n'ai plus rien à ménager maintenant, et celui qui me tuerait me rendrait service... Sortez donc de chez moi bien vite, ou, je vous le jure, je vais vous traiter comme le linge sale à la lessive !

Et elle agitait toujours son terrible battoir qui tenait les gendarmes en échec.

Mais ils s'étaient assez avancés pour voir parfaitement Listrac qui, du reste, ne cherchait plus à se cacher, et ils n'avaient garde de songer à la retraite. L'un d'eux disait d'un ton conciliant :

— Voyons, mère Guignet, pas de violences ; vous nous obligeriez à de fâcheuses extrémités. Nous connaissons votre malheur, et nous ne vous demanderons pas compte trop sévèrement de vos paroles inconsidérées, mais il faut que nous remplissions notre devoir.

La mère Guignet répondit par une nouvelle bordée d'injures et de menaces.

— Morbleu ! bonne femme, — reprit l'autre gendarme plus jeune et moins patient que son compagnon, — tenez-vous tranquille. Nous n'avons pas affaire à vous personnellement ; mais, cette fois, vous ne nierez plus, comme vous l'avez nié hier, que vous logiez chez vous un étranger, et vous ne vous moquerez plus de moi... La paix donc ! ou bien vous ferez connaissance avec la prison de ville.

— En prison, moi, une honnête femme ? — s'écria la Guignet en fureur, — brigand ! je n'irai pas du moins sans l'avoir mérité !

Et elle fondit, le battoir levé, sur le pauvre diable qui, ne voulant pas se servir de ses armes, se mit à courir dans la chambre pour échapper à cette furie. Heureusement l'autre gendarme put lui saisir le bras et la réduire à l'impuissance. Elle trépignait, elle égratignait, elle mordait ses deux adversaires, et malgré leur vigueur, ils avaient peine à la contenir.

Listrac voulut interrompre cette scène ridicule. S'approchant de son hôtesse, il lui dit d'un ton ferme ;

— Comme c'est moi, sans doute, que ces messieurs cherchent, je vous prie, madame Guignet, de ne pas vous mêler de tout ceci. Voyons, demeurez en repos, c'est une honte... Excusez-là, messieurs, — poursuivit-il en s'adressant aux gendarmes, — le malheur qui vient de la frapper lui a presque ôté la raison. — Cette intervention n'eût pas l'efficacité attendue : la mère Guignet échauffée par la lutte, continuait de se débattre énergiquement. — Encore une fois, — reprit Listrac avec autorité, — soyez raisonnable. Je ne peux vous savoir aucun gré de cette résistance absurde et inutile... Dans votre intérêt, dans le mien, je vous conjure de vous calmer.

La belliqueuse commère n'osa pas persister dans sa rébellion, d'autant moins qu'elle était à bout de force et d'haleine. Aussi laissa-t-elle tomber son battoir en disant d'un air farouche :

— Vous le voulez ?... Alors, tant pis pour vous... et que le diable vous confonde tous !

Puis elle se jeta sur un siège, essoufflée et frémissante.

Les gendarmes eux-mêmes, un peu meurtris dans cette lutte acharnée, éprouvaient le besoin de respirer. Tandis que l'un d'eux proférait des imprécations contre la virago qui ne répondait plus, l'autre, vieux soldat à moustaches grises, disait à Listrac :

— Vous avez bien fait, monsieur, de mettre à la raison cette pauvre vieille folle ; à quoi ses fureurs auraient-elles servi ? Nous savions votre présence ici ; on nous a donné les renseignements les plus minutieux sur votre personne, si bien que je vous ai reconnu du premier coup d'œil... Vous êtes monsieur de Listrac, ancien lieutenant de vaisseau dans la marine de l'Etat.

— C'est vrai, — répéta Listrac.

Le gendarme tira de sa poche un papier qu'il montra à l'officier de marine : c'était un mandat d'amener délivré par l'autorité compétente.

— Il faut nous suivre, — dit-il à demi-voix.

Listrac tourna et retourna cette pièce comme s'il y eût cherché quelque vice de forme ; enfin il la rendit en disant :

— Il suffit, monsieur ; mais ne saurais-je rester dans cette maison, sous la garde de l'un de vous, jusqu'à ce soir ? Je m'engagerais sur l'honneur à ne faire aucune tentative pour tromper votre surveillance.

— C'est impossible ; j'aurais confiance dans votre parole d'honneur, mais il s'agit d'une accusation grave et, s'il faut le dire, nous avons reçu l'ordre de nous montrer fort rigoureux envers vous.

— Oui, j'ai des ennemis puissants, — répliqua Listrac avec amertume, — et ils semblent avoir pris à tâche de m'enlever toutes mes chances de salut ; mais j'ai des amis aussi, et peut-être ne m'abandonneront-ils pas... Messieurs, je suis votre prisonnier ; permettez-moi seulement de prendre quelques effets dans ma chambre.

Ses gardiens y consentirent ; l'un d'eux voulut bien l'accompagner à l'étage supérieur, tandis que l'autre devait attendre dans la salle basse. La mère Guignet s'éveilla tout à coup de sa torpeur.

— Monsieur René, — dit-elle d'un ton brusque, — est-il bien vrai que vous allez suivre de bonne volonté ces gueusards-là ! Si cela n'était pas, vous n'auriez qu'un mot à dire.

— Pauvre femme ! — dit Listrac en soupirant, — que pouvez-vous contre la loi ? — Puis, s'adressant aux gendarmes : — Soyez indulgents, messieurs ; elle n'avait plus qu'un protecteur et vous allez le lui enlever !

XIV

DIPLOMATIE.

Cependant monsieur de P*** se dirigeait d'un bon pas vers le château du Plessis. En approchant de la demeure du général de Sergey, une sorte de transformation s'opéra dans sa personne ; ses allures perdirent le caractère furtif et mystérieux qu'elles avaient eu jusque là. Il entr'ouvrit son grand surtout et laissa voir son habit noir dont la boutonnière était ornée d'un ruban versicolore. Sa démarche se ralentit, son pas devint majestueux. Il n'y avait pas jusqu'à son visage qui ne subit un changement complet ; les plis nombreux que la réflexion avait accumulés sur son front disparurent pour faire place à un air de dignité paisible. Tout en lui annonçait maintenant l'homme distingué, ayant la conscience de sa valeur et assez débarrassé des préoccupations sérieuses pour satisfaire aux exigences du monde frivole.

Il franchit la grille et vint sonner à la grande porte du château. Ce fut le vieux Julien qui ouvrit. Monsieur de P*** demanda le général de Sergey et remit sa carte au domestique.

— Le général a éprouvé hier une forte crise, — répliqua Julien, — et je ne sais s'il sera en état de recevoir ce matin ; je vais m'en assurer.

Il introduisit le visiteur dans le salon et avança un fauteuil. Comme il allait sortir, monsieur de P*** le retint d'un geste.

— Vous vous appelez Julien Lambert, — lui dit-il

à voix basse, — et vous êtes depuis longtemps au service du général?

Julien était fort surpris de se voir si bien connu; cependant il répondit simplement:

— Oui, monsieur.

— Eh bien! je désire avoir cinq minutes de conversation avec vous, au sujet de certaines circonstances qui touchent monsieur de Sergey, votre maître. Seulement, personne ne doit savoir que j'ai besoin de ces renseignements, personne sans exception, entendez-vous?... Ma carte vous dira qui je suis... Prenez donc soin de vous trouver sur mon chemin quand je sortirai, et vous n'aborderez sans qu'on vous voie... Vous m'avez bien compris? Maintenant allez m'annoncer.

Le domestique s'inclina et sortit. A peine fut-il hors du salon qu'il jeta un coup d'œil sur la carte qu'on lui avait remise; il tressaillit en lisant le nom et le titre du visiteur.

— Monsieur de P***, — murmura-t-il, — rien que cela! Et il veut me parler? De quoi diable s'agit-il? Nous verrons bien... En attendant n'oublions pas la consigne.

Monsieur de P***, assis dans le salon, attendait en feuilletant un album le retour de Julien, quand un bruit léger se fit entendre derrière lui; il se retourna et aperçut madame de Granville.

— Ma foi! — pensa-t-il, — sa police est admirablement faite... Pourvu que ce valet n'ait rien dit de ce qui le concerne!

Mais il ne laissa voir ni son étonnement ni son inquiétude, et salua profondément.

Pour cette fois, Caroline se trouvait en négligé du matin, et il semblait qu'une circonstance pressante l'eût déterminée à se départir de sa règle ordinaire. A la vérité, ce négligé plein de recherche, ne faisait que la rendre plus séduisante encore. Elle était enveloppée d'une robe de chambre en cachemire blanc; une cordelière or et soie serrait sa taille gracieuse. Sa belle chevelure était soigneusement arrangée, et un ravissant petit bonnet de dentelle était posé sur le sommet de sa tête de la façon la plus provocante. Aussi, bien qu'évidemment elle eût été prise à l'improviste et qu'elle n'eût pas attendu un personnage de la qualité de monsieur de P***, ne devait-elle pas être trop mécontente d'elle-même. Elle dit toutefois en minaudant:

— C'est mal à vous, monsieur, après être resté une saison entière sans venir nous voir, de vous présenter chez des dames à pareille heure!... Même à la campagne, c'est de votre part une excentricité qui devrait être punie, si la galanterie était encore de ce monde.

— Excusez-moi, madame, — répliqua monsieur de P*** avec son sourire incisif; — mais je n'osais espérer ce matin l'honneur de saluer madame de Granville. En venant au Tréport prendre mon bain, j'ai appris que le général avait eu récemment un accès de son mal et je n'ai pu résister au désir de m'informer de ses nouvelles. Le sans-gêne interdit avec une dame était tout naturel avec un vieux soldat.

L'amour-propre de madame de Granville ne s'offensa pas de la fine ironie qui accompagnait ces paroles.

— Le général est très-souffrant, monsieur, — et il se trouve dans l'impossibilité de recevoir des visites, mêmes celles qui lui plairaient le plus, comme la vôtre. J'étais chez lui quand on est venu vous annoncer, et, malgré le désordre où vous me voyez, j'ai voulu vous exprimer combien notre pauvre malade était heureux et fier de votre intérêt pour lui. — La conversation ainsi entamée roula sur les banalités en usage dans le monde. Cependant, au milieu de ce verbiage, monsieur de P*** crut s'apercevoir que son interlocutrice avait une confidence à lui faire et qu'elle cherchait comment aborder la question. De son côté, il se tenait sur la défensive et affectait une frivolité extrême, afin d'ôter tout soupçon qu'il pût avoir aussi un dessein secret. Comme madame de Granville tardait à s'expliquer, il se leva pour prendre

congé. Le rusé praticien n'ignorait pas sans doute que si les femmes réservent toujours pour le post-scriptum l'objet réel de leurs lettres, c'est aussi au dernier moment qu'elles laissent échapper leur pensée. Sa tactique réussit, et Caroline lui dit d'un air dégagé en se levant à son tour: — Attendez, mon bon monsieur de P***, un heureux hasard vous ayant conduit ici ce matin, vous pourrez me rendre un signalé service.

— A vos ordres, madame.

— Je voudrais invoquer votre protection contre un misérable qui dernièrement a eu la lâcheté de m'attendre la nuit dans l'avenue, quand je revenais de l'établissement des bains avec un seul domestique, et qui m'eût assassinée si je n'avais pris la fuite.

— On a tenté de vous assassiner? — s'écria monsieur de P*** avec une indignation apparente; — veuillez, madame, m'apprendre comment vous avez pu courir un si grand danger.

Et il se rassit. Caroline lui conta l'aventure à sa manière et n'hésita pas à nommer l'auteur de ce prétendu attentat. Monsieur de P*** écoutait d'un air de réflexion.

— Je me souviens maintenant, — reprit-il, — d'un tragique événement auquel se trouve mêlé ce nom de Listrac... Le général n'a-t-il pas poursuivi le meurtrier avec beaucoup d'ardeur?

— Qui pourrait l'en blâmer? Le capitaine Granget, victime de ce guet-apens, était son pupille. Les chagrins causés par cette déplorable affaire à notre pauvre ami sont pour beaucoup dans la maladie qui le mine.

— Et vous, madame, — reprit monsieur de P*** en dardant furtivement sur elle son regard pénétrant, — vous croyez aussi sans doute que ce monsieur de Listrac est coupable du crime dont on l'accuse?

Soit illusion, soit réalité, il lui semblait que madame de Granville s'était légèrement troublée à cette question. Cependant elle répondit avec une certaine vivacité:

— Le fait n'est-il pas prouvé? Quant à moi, je dois naturellement souhaiter que la justice mette au plus tôt cet homme hors d'état de me nuire.

— Eh bien! déposez une plainte devant l'autorité compétente, et l'on s'empressera de lancer un mandat.

— Le mandat existe depuis longtemps; et monsieur R***, un des habitués du Casino, auquel j'ai raconté mes dangers, a donné ordre de le mettre à exécution.

— Vous voulez alors que je fasse activer les recherches? C'est facile, et, si l'on trouve enfin monsieur de Listrac...

— Il est tout trouvé, — répliqua madame de Granville en souriant; — vous parvenez ce matin à découvrir qu'il demeurait chez une veuve Guignet, à l'entrée de la ville, et à l'heure où je vous parle, il doit être arrêté.

Monsieur de P***, malgré son pouvoir sur lui-même, ne put retenir un mouvement d'inquiétude.

— Mais alors, madame, en quoi puis-je donc vous servir?

— Écoutez, je n'entends pas grand'chose aux instructions judiciaires, et j'ignore quels ressorts l'assassin du capitaine pourra faire jouer afin d'obtenir sa liberté. Je vous prie donc d'employer votre haute influence pour qu'on ne lui accorde aucune faveur, s'il redevenait libre, j'aurais tout à craindre de lui. Ne souffrez donc pas qu'on le relâche. Voyons, mon cher monsieur de P***, — ajouta-t-elle en se penchant vers lui, — vous ferez bien cela pour moi, pour mon repos, pour ma sûreté?

Elle avait saisi une main du visiteur entre ses deux mains blanches, aux doigts effilés, et elle attachait sur lui son regard velouté, plein de séduction et de prière.

— Corruption! corruption avouée et patente! — s'écria monsieur de P*** en riant et en portant à ses lèvres une des belles mains qu'on lui tendait; — souvenez-vous de l'ancien adage, madame: « La cour rend des arrêts et non pas des services. » Ah çà! — poursuivit-il d'un ton léger, — vous haïssez donc bien monsieur de Listrac?

— Si je le hais?... Non, mais j'en ai peur.

— C'est juste ; et puis n'auriez-vous pas aussi quelque raison particulière de la croire coupable ?

— Je... je ne sais.

— Cela doit être, puisque vous ne songez pas à la plaindre. Or, le cas de ce malheureux me semble fort grave, si le crime est prouvé. La justice militaire est expéditive... une peloton de fusiliers, un officier pour les commander, et puis, joue !... feu !

Madame de Granville détourna la tête.

— Ah ! monsieur de P***, — dit-elle d'un air languissant, — pouvez-vous parler ainsi ? Je vais avoir toute la journée devant les yeux cette affreuse image... De grâce, ménagez mes pauvres nerfs.

Monsieur de P*** continuait de l'observer à la dérobée ; mais elle était impénétrable.

— Décidément, — pensa-t-il en cherchant une prise de tabac dans sa boîte d'or, — je n'obtiendrai rien d'elle. Puis s'adressant à Caroline : — Vous êtes trop charmante, — reprit-il haut, — pour que l'on puisse repousser votre requête ; rassurez-vous donc ; on mettra Listrac dans l'impossibilité d'attenter une seconde fois à vos jours.

Cette promesse ambiguë paraissait renfermer plus de choses qu'elle n'en disait ; aussi satisfit-elle madame de Granville, dont le visage s'épanouit de nouveau.

— Comme l'on calomnie monsieur de P***, — s'écriat-elle, — en assurant que son cœur est insensible et froid ! Aussi sa bonté m'encourage-t-elle à solliciter une nouvelle grâce... Oh ! rassurez-vous, — ajouta-t-elle avec un de ses mouvements onduleux et caressants de jeune chatte, — cette fois il s'agit vraiment d'une bagatelle.

— Hum ! je me défie toujours de ce que les dames appellent ainsi... Voyons donc cette bagatelle.

— Mon Dieu ! cela vous coûtera si peu ! Vous avez entendu parler sans doute de ces contrebandiers qui ont eu maille à partir dernièrement avec la douane du Plessis ? Ne pourriez-vous user de votre crédit afin d'étouffer cette affaire, et empêcher qu'on molestât davantage ces pauvres gens dont la profession est déjà si pénible, si périlleuse !

— Pauvres gens, pauvres gens, ils n'ont pas moins volé la douane.

— Bah ! ils ont repris ce qui leur appartenait ; pourquoi les préposés ne se gardaient-ils pas mieux. C'est de bonne guerre.

— Je suis fort étonné, madame, de vous entendre parler ainsi. Quel intérêt pouvez-vous prendre, vous, femme du monde, à ces coquins de contrebandiers ?

— C'est précisément parce que je suis femme du monde que je m'intéresse à eux. Voyez-vous, monsieur de P***, il y a contrebandiers et contrebandiers... Pour ces gens grossiers qui viennent la nuit et la carabine au poing, débarquer sur la côte des ballots de tabac ou d'autres vilaines choses de mauvaise odeur, je vous les abandonne, on peut les traiter comme on voudra ; mais, quant à ces pauvres diables qui introduisent en fraude, au milieu de mille ruses ingénieuses, un petit paquet de dentelles étrangères, doit-on raisonnablement les considérer comme des malfaiteurs ? Tenez, — poursuivit-elle en exhibant ses manchettes, ce qui permettait de mieux observer la rondeur et la blancheur de son bras, — regardez ceci, c'est du point d'Angleterre... Et ceci, — continua-t-elle en allongeant son cou de cygne dans la guimpe qui en dessinait harmonieusement les contours, — c'est du point de Bruxelles ; enfin, ceci encore — et elle baissait la tête pour faire admirer la dentelle qui ornait les boucles luxuriantes et parfumées de sa chevelure, — c'est de la plus riche malines... Or, comment aurions-nous ces beaux ajustements à des prix abordables, je vous le demande, si l'on serrait de trop près les malheureux qui nous les procurent ?

Monsieur de P*** était réellement fasciné par les séductions, les grâces un peu maniérées, mais enivrantes de cette enchanteresse, et il se laissait aller au charme qu'elle exerçait. Cependant son caractère et son intelli-

gence devaient rendre la réaction prompte et facile. Bientôt il se redressa, et un pli de dédain apparut aux angles de sa bouche moqueuse.

— Pour cette fois, ma belle Armide, — reprit-il d'un ton sarcastique, — vos philtres et vos incantations seront en pure perte... Cette affaire concerne le fisc ; or, le fisc est le hérisson administratif ; impossible de lui passer amicalement la main sur le dos. A mon grand regret, je me vois dans l'impuissance de vous servir comme vous le souhaitez... Il me serait plus difficile d'obtenir la remise d'une amende pour un fait de fraude que la grâce d'un condamné à la peine capitale.

— Ah ! si les journalistes, ces vilaines gens, avaient pu entendre cet aveu ! — dit madame de Granville en minaudant ; — soit donc ; puisque votre haute influence recule devant les commis, n'en parlons plus. Peut-être finirai-je par découvrir quelqu'un qui ne s'effrayera pas de votre hérisson de fisc... En attendant, tenez-moi votre promesse au sujet de l'autre affaire qui me touche de si près, et vous aurez droit à ma reconnaissance.

L'entretien se poursuivit quelques instants encore, et monsieur de P*** songeait sérieusement à se retirer, quand le vieux Julien rentra.

— Monsieur le général, — dit-il avec respect, — prie monsieur de P*** de vouloir bien passer un instant dans sa chambre.

Caroline lança un regard furibond au domestique.

— Que dites-vous là, vieux fou ? — s'écria-t-elle ; — le général est tout à fait hors d'état de recevoir une visite.

— J'obéis aux ordres de mon maître, — répliqua le valet froidement. — Monsieur de Sergey, s'étant trouvé mieux, n'a pu résister au désir de voir un moment monsieur de P***, et il l'attend.

— Je ne souffrirai pas une pareille imprudence ; si mon pauvre ami a trop présumé de ses forces, c'est à moi de m'opposer...

— Avec votre permission, madame, — interrompit monsieur de P*** en se levant résolûment, — je me rendrai à l'invitation de ce cher général ; mais rassurez-vous ; si je voyais que ma présence le fatiguât le moins du monde, je m'empresserai de me retirer aussitôt après lui avoir serré la main.

Madame de Granville sentit que toute résistance de sa part serait inutile.

— C'est une folie, — reprit-elle ; — mais puisque vous le voulez, j'y consens... Seulement je vais vous accompagner pour le cas où mon malade aurait besoin de secours.

— Mademoiselle de Sergey se trouve déjà auprès de son père, — dit Julien.

— Raison de plus, — répliqua sèchement Caroline.

Le général était dans la chambre à coucher que nous connaissons déjà, étendu sur sa chaise longue. Madame de Granville n'avait pas exagéré l'état de faiblesse du vieux soldat ; il paraissait plus jaune, plus abattu, plus souffrant que jamais. Derrière le dossier de son siège se tenait sa fille, pâle et languissante, mais belle, calme et attentive comme un ange gardien.

A la vue de Caroline, le général et Léonie éprouvèrent un sentiment commun de malaise ; néanmoins on accueillit monsieur de P*** avec un mélange de déférence et de cordialité. Après les compliments d'usage et quand on se fut assis en cercle autour du malade, monsieur de Sergey reprit d'une voix éteinte :

— Je suis d'autant plus heureux de votre visite, mon cher de P***, qu'en votre qualité de jurisconsulte éminent, vous voudrez bien m'aider, je l'espère, à remplir un devoir de conscience. Vous avez sans doute entendu parler d'une déplorable catastrophe arrivée à Dieppe il y a deux ans, dans laquelle périt mon pupille, le malheureux Granget. Convaincu jusqu'ici que cette mort était le résultat d'un guet-apens, j'ai maintenu ma plainte contre le meurtrier et je l'ai poursuivi sans pitié. Mais récemment il m'est survenu des doutes sérieux sur la culpabilité de ce jeune homme; je l'ai revu lui-même depuis peu, et l'état misérable auquel il se trouve réduit...

— Vous l'avez revu ! — s'écria madame de Granville en bondissant sur sa chaise, — et l'on ne m'en a rien dit !

Le vieillard fut tout déconcerté par cette exclamation, mais un signe imperceptible de sa fille lui rendit un peu d'assurance.

— Je ne pouvais croire, — poursuivit-il sans toutefois oser lever la tête, — qu'absorbée par vos plaisirs et vos toilettes, vous fussiez capable de prendre un intérêt sérieux à ce détail... Toujours est-il, — continua-t-il en s'adressant à monsieur de P***, — que les explications de Listrac, si elles ne m'ont pas complétement convaincu de son innocence, m'ont du moins inspiré des doutes. Les circonstances de cette affaire en changent beaucoup la nature, et l'adversaire du capitaine Granget ne méritait pas peut-être la rigueur avec laquelle on l'a traité. Aussi, cédant à des scrupules que vous comprendrez sans peine, ai-je rédigé, avec le secours de ma fille, mon secrétaire habituel, un écrit que voici, — et il remit un papier à monsieur de P***. — C'est un désistement formel de ma plainte contre monsieur de Listrac. Je vous confie cette pièce, mon ami, afin que vous la fassiez parvenir au magistrat compétent, et dans l'espoir que vous vous voudrez employer votre crédit pour arrêter les poursuites commencées.

Léonie remercia son père par un regard ardent, tandis que monsieur de P*** lisait attentivement l'écrit qu'on venait de lui remettre. Quant à madame de Granville, elle rougissait et pâlissait tour à tour.

— Fort bien, — dit-elle en frappant la terre de son petit pied chaussé d'une mule élégante, — tout le monde s'est ligué contre moi. On a préparé ce coup pour me désespérer, me rendre folle. Je reconnais bien là mademoiselle de Sergey ! Elle ne m'a jamais aimée, elle me déteste... Voilà donc la récompense d'une vie entière de dévouement, de sacrifices !... Pauvre créature abandonnée que je suis !

Et elle laissait couler abondamment ces belles larmes qui la rendaient irrésistible. Le général eut une rechute de faiblesse :

— Voyons, ma chère Caroline, reprit-il avec émotion, — soyez raisonnable; je n'avais pas l'intention de vous déplaire; mais songez que mes instants sont comptés et que je ne pouvais quitter ce monde, la conscience chargée d'une injustice. Auriez-vous, en effet, quelque motif inavoué de persécuter avec acharnement ce malheureux jeune homme ?

— Est-ce vous qui parlez ainsi, monsieur ? — s'écria la belle éplorée en se redressant avec indignation; — pouvez-vous croire à des insinuations dont je devine facilement la secrète origine ? Et si vous négligez la vengeance de votre pupille, assassiné lâchement dans votre propre maison, presque sous vos yeux, ne devriez-vous pas craindre de m'exposer aux entreprises et à la vengeance d'un misérable ?... Mais je le vois, personne ici n'eût daigné me plaindre, si cet homme n'eût tué l'autre nuit, comme il en avait le désir, et l'on veut sans doute lui donner l'occasion de prendre sa revanche !

Léonie, muette et passive jusque là, dit froidement :

— Je crois que madame de Granville est dans l'erreur en supposant à monsieur de Listrac de mauvais desseins contre sa personne. Julien assistait à cette rencontre dans l'avenue, et il affirme qu'on cherchait seulement à invoquer la loyauté, la justice, la pitié de madame de Granville.

— Julien est aussi contre moi, — s'écria Caroline; — maîtres et maîtresses, valets et servantes, tout se ligue pour opprimer une pauvre créature sans défense !

Et sa douleur éclatait en sanglots.

Monsieur de P*** paraissait tout occupé de sa lecture, mais il ne perdait pas un mot de cette conversation. Il dit enfin en repliant le papier qu'il glissa dans son portefeuille :

— Le désistement est en règle, général; mais, à mon avis, il ne suffira pas pour arrêter l'instruction. La justice est saisie; votre volonté ne saurait maintenant interrompre les poursuites. Si, à l'appui de ce désistement, vous ou quelqu'une des personnes ici présentes, vous pouviez donner des preuves matérielles de l'innocence de l'accusé, l'affaire deviendrait toute simple; mais dans l'état des choses, votre tardive rénonciation n'aurait que l'apparence d'un caprice de votre part, si vous ne disiez pas sur quel fait nouveau cette renonciation se fonde.

— Je... je n'ai connaissance d'aucun fait nouveau, — balbutia monsieur de Sergey avec embarras; — je croyais qu'il suffisait de retirer ma plainte...

— Non, général; à moins que vous ne prouviez clairement au magistrat que l'accusation n'était pas fondée, le procès doit suivre son cours. Mais peut-être mademoiselle de Sergey, qui semble partager votre opinion, aurait-elle appris depuis peu quelque circonstance favorable à l'accusé ?

Et il attachait son regard perçant sur Léonie qui devint pourpre. Cependant elle n'abandonna pas la cause du proscrit:

— Je ne sais rien de plus que mon père sur le tragique événement de Dieppe, — répondit-elle; — mais je voyais souvent autrefois monsieur de Listrac, quand il fréquentait notre maison, et c'était un homme loyal, plein d'honneur, incapable de la mauvaise action qu'on lui reproche.

— L'entendez-vous ? — dit madame de Granville avec aigreur en cessant de pleurer tout à coup; — on croirait vraiment, quoi qu'elle en dise, que mademoiselle de Sergey a reçu des confidences particulières.

Léonie ne répondit pas à cette insinuation malveillante, mais le général s'écria d'un ton de colère :

— Caroline ! encore !

Madame de Granville comprit que le rôle d'agresseur pouvait avoir des dangers; elle revint à son rôle d'opprimée qui lui réussissait beaucoup mieux :

— Ah! Sergey, — reprit-elle en sanglotant, — ne pourriez-vous donc aimer votre fille, sans montrer tant de dureté pour moi, moi votre amie la meilleure et la plus dévouée ?

Monsieur de P*** s'empressa d'interrompre cette discussion.

— Je ferai ce que vous me demandez, général, — reprit-il, — et je vous promets de transmettre sans retard à qui de droit votre acte de désistement. Mais encore une fois, je n'attends rien de bon de cette démarche, et si ce monsieur de Listrac, qu'on a vu dans le pays, venait à être incarcéré, votre rétractation serait absolument inutile.

— En ce cas-là, — s'écria madame de Granville d'un air triomphant, — je n'ai rien à craindre. Je sais, je suis sûre qu'au moment où je vous parle, ce malfaiteur se trouve déjà entre les mains de la justice.

Léonie, malgré sa timidité ordinaire, ne put se contenir:

— Avec quelle confiance vous parlez, madame ! — dit-elle d'une voix tremblante; — à votre tour, on pourrait croire que vous l'avez dénoncé, tant vous paraissez sûre de votre fait !

— Et toi aussi, ma fille ? — interrompit le général avec angoisse; — oh! pitié... pitié toutes les deux... vous voulez donc me tuer avant l'heure ?

Léonie se pencha vers lui et le combla de caresses. Monsieur de P*** s'était levé.

— Je crois, — reprit-il, — que cette conversation fatigue notre cher malade et je pars... Peut-être ces dames feraient-elles bien, de leur côté, de le laisser reposer un peu.

— En effet, — répliqua le général accablé, — je ne me sens pas bien; que ma fille, ma fille seule, reste avec moi.

— Je me retire, Sergey, — dit Caroline avec un accent mélancolique; — mon Dieu! que les temps soit changés!

Monsieur de P*** prit amicalement congé du général; au moment de sortir il se pencha vers Léonie :

— Ayez bon espoir ! — murmura-t-il.

Léonie tressaillit et releva la tête ; mais monsieur de P*** avait déjà repris son air calme, souriant, toujours un peu railleur. Il s'inclina profondément et quitta la chambre.

Comme il traversait le vestibule alors désert, il s'aperçut que madame de Granville l'avait suivi. Elle posa le doigt sur sa bouche et elle dit bas, d'un ton caressant.

— Je compte toujours, monsieur, que vous n'abandonnerez pas ma cause, que vous vous souviendrez de votre premier engagement. Ce pauvre général, on essayerait vainement de le dissimuler, baisse d'heure en heure ; il subit aujourd'hui l'influence de sa fille, une petite pensionnaire émancipée, qui s'est affolée, je ne sais comment, de monsieur de Listrac... Vous ne devez donc pas faire usage de cet acte de désistement ; il faut le déchirer, le brûler...

— Madame! — interrompit monsieur de P*** avec un élan d'indignation dont il ne fut pas maître. Mais se ravisant aussitôt : — Songez donc à ce que vous me demandez, — poursuivit-il avec un sourire ; — si je pouvais être... faible à ce point, le général aurait toujours la ressource d'envoyer une copie de cet acte aux magistrats, par une autre voie. Mais rassurez-vous; comme je l'ai dit, ce désistement pur et simple, sans preuves à l'appui, sera comme non avenu.

— A la bonne heure.... Eh bien ! monsieur, j'ai foi dans votre parole. C'est ma vie, c'est mon repos que je remets entre vos mains... Adieu donc, mon protecteur... mon ami... mon bon ami !

Elle appuya sur les derniers mots, lança le coup d'œil le plus provocateur au jurisconsulte et disparut.

— Perfide et dangereuse créature ! — disait monsieur de P*** encore un peu ému en quittant le château; — puisqu'elle a été capable de me conseiller la destruction de cette pièce confiée à mon honneur, elle a bien pu de même intercepter et supprimer les lettres qui devaient justifier mon protégé. Il est clair comme le jour maintenant que ce pauvre Listrac n'a rien dit que de vrai ; mademoiselle de Sergey et le général paraissent convaincus, ainsi que moi, de la sincérité de toutes ses assertions, Mais comment les tirer des griffes roses de cette ravissante mégère ?... Oui, elle est ravissante et si j'avais eu une pareille solliciteuse au temps où j'étais petit avocat stagiaire... au diable! à quoi vais-je donc rêver là ?

Il se trouvait en ce moment dans l'avenue du château, et marchait rapidement, sans songer au rendez-vous qu'il avait donné à Julien, quand un homme sortit tout à coup de derrière un arbre et s'approcha de lui.

— Me voici à vos ordres, monsieur, — dit le vieux domestique avec respect.

Monsieur de P***, en le reconnaissant, lui fit signe de le suivre dans un des bas côtés de l'allée.

— Vous savez sans doute, l'ami, — lui dit-il alors d'un ton froid et sévère, — que j'ai un pouvoir suffisant pour déjouer et punir toute tentative de mensonge de votre part? Je vous invite, je vous prends à présent, à vous en souvenir.

Julien répondit humblement qu'il n'aurait garde de manquer à la vérité dans tout ce qu'il plairait à monsieur de P*** de lui demander.

— C'est bien ; venons donc au fait sans retard... Pourquoi disiez-vous hier à une personne accusée de meurtre qu'elle ne pourrait se tirer d'affaire sans votre secours !

A cette question si précise, les traits de Julien changèrent d'expression ; son respect compassé, sa timidité réelle ou feinte s'évanouirent et il demanda chaleureusement :

— Quoi ! monsieur, avez-vous vu déjà monsieur de Listrac ? Est-ce donc de sa part que vous venez au château ?

— Je suis ici pour interroger et non pour répondre... Cependant, comme vous me paraissez avoir de bonnes intentions à l'égard de la personne dont vous parlez, j'avouerai que moi-même j'ai le plus vif désir de la trouver innocente.

— A la bonne heure ! Ma foi ! tout à l'heure, en vous voyant causer amicalement avec madame, qui sait si bien amadouer son monde avec ses câlineries et ses jolies manières...

— Ah ! monsieur Julien a fait des suppositions ? — répliqua monsieur de P*** dédaigneusement. — Mais voyons, mon ami, — poursuivit-il d'un ton plus doux, — pas de verbiage inutile... Je vous le répète, je porte intérêt à monsieur de Listrac, et je serais heureux de découvrir des preuves positives de son innocence ; ces preuves, pouvez-vous m'aider à les trouver ?

— Je le peux, monsieur, — répliqua Julien avec fermeté ; — le moment est venu de décharger mon cœur d'un poids qui lui pèse depuis longtemps. J'ai la certitude que monsieur de Listrac et le capitaine Granget se sont battus en duel, que le capitaine a été l'agresseur, et, s'il a existé des doutes à ce sujet, c'est aux intrigues de madame de Granville qu'il faut les attribuer.

— Parlez, mon ami, — dit monsieur de P*** qui avait peine à dissimuler sa joie ; — parlez donc, et vous n'aurez pas sujet de vous en repentir.

Ainsi encouragé, Julien exposa les circonstances de l'événement de Dieppe qui étaient à sa connaissance. Il assurait avoir trouvé un pistolet chargé à côté du mort et presque sous sa main, de telle sorte que le capitaine Granget avait dû évidemment laisser tomber cette arme en recevant le coup fatal ; mais madame de Granville, accourue au bruit, avait nié plus tard cette particularité, et Julien n'avait pas osé le rappeler. Caroline, à la vue du corps, s'était évanouie ; le domestique l'avait transportée dans le pavillon voisin. Là, il se souvenait parfaitement d'avoir vu sur la table, maintenu par un chandelier de bronze qui portait une bougie allumée, un papier écrit en gros caractères ; ce papier semblait avoir été griffonné à la hâte, car les lettres en étaient encore humides. Julien, ne pouvant donner à sa maîtresse des secours suffisants, était sorti du pavillon pour aller chercher la femme de chambre; à son retour avec la cameriste, ils avaient trouvé madame de Granville debout et le papier avait disparu.

Les révélations ne s'arrêtaient pas là. Julien affirmait encore que le lendemain de la catastrophe, il avait reçu avec la correspondance du général, un paquet assez volumineux, dont le cachet armorié et l'écriture lui étaient bien connus pour être le cachet et l'écriture du comte de Listrac. Cette lettre avait vivement excité sa curiosité, en raison des événements de la veille, et il allait la porter au général ; mais madame de Granville, qui paraissait le guetter, l'avait arrêté dans le traversait le salon ; elle s'était emparée de la correspondance, sous prétexte que monsieur de Sergey travaillait et qu'elle seule pouvait pénétrer dans son cabinet. Il avait fallu céder, car alors déjà elle était toute-puissante au logis. Un peu plus tard, quand Julien était entré dans le cabinet de son maître, il avait vu sur le bureau les autres lettres décachetées, mais celle de Listrac n'y figurait pas, d'où l'on pouvait conclure qu'elle n'avait pas été remise. Le fait paraissait d'autant plus probable, que les jours suivants le domestique de confiance avait reçu pour son maître d'autres lettres de Listrac ; mais madame de Granville s'en était toujours saisie, menaçant Julien de le chasser s'il avait l'audace d'en parler au général.

Monsieur de P*** écoutait très-attentivement ces détails.

— Fort bien, mon ami, — dit-il enfin ; — mais comment savez-vous que le système de défense de monsieur de Listrac consiste à expliquer le meurtre par un duel régulier, et comment attachez-vous une si grande importance à la suppression de ces lettres?

— Dame! monsieur, on jase un peu entre domestique, dans l'antichambre et dans la cuisine; et puis, on attrape quelques mots, deçà delà, en traversant le salon. Madame elle-même, si rusée quand elle est avertie, laisse tomber souvent des paroles inconsidérées. D'ailleurs on ne se gêne guère devant nous autres, vous savez? Dans une maison comme celle du général, il faut être continuellement en alerte pour s'y maintenir; aussi finissons-nous toujours par savoir à peu près ce qui s'y passe.

— Je comprends; eh! mais, mons Julien, c'est là de la haute politique... Maintenant, autre chose: comment n'avez-vous pas déclaré plus tôt ces circonstances?

— Lors de la catastrophe, on se contenta de nous interroger assez légèrement, et, ma foi! je n'avais garde de dire au magistrat instructeur ce dont il avait l'air de ne pas se soucier, au risque de perdre ma place. Loin de là, j'ai employé tous les moyens possibles pour plaire à madame, qui fait ici la pluie et le beau temps; j'y suis parvenu jusqu'à ce jour; car, je me suis fait pauvre homme, je n'ai pas d'économies, et si je venais à perdre mon poste chez le général...

— C'est-à-dire que mons Julien s'entend merveilleusement à crier, selon le cas, vive le roi! ou vive la ligue!... Mais à présent, Julien, je vous prie de réfléchir sérieusement à ce que je vais vous demander, car il s'agit d'un point capital: croyez-vous possible que madame de Granville n'ait pas détruit une ou plusieurs des lettres adressées par monsieur de Listrac au général et interceptées par elle?

— J'allais y venir, monsieur; elle n'en a détruit aucune, je le sais, j'en suis sûr, je les ai vues.

— Que dites-vous? — s'écria monsieur de P***;—elles les a conservées?

— Puisque je vous dis que je les vues... Madame ne se défie pas de nous; d'ailleurs, elle est si sûre de son empire qu'elle ne prend même pas la peine de se cacher. Or, elle a chez elle un coffret d'ébène, fermant à secret, qui lui sert à contenir ses papiers. Un jour, je me trouvais dans sa chambre pour mon service, pendant qu'elle était en train de fouiller sa cassette et je pus y plonger les yeux. Je reconnus, non-seulement plusieurs lettres de monsieur de Listrac, mais encore le gros paquet arrivé le lendemain de l'événement, et jusqu'à cet écrit tout barbouillé au pavillon. Ces papiers se trouvaient là avec d'autres, que l'on ne se fût pas soucié sans doute de mettre sous les yeux du général, et certainement ils s'y trouvent encore, car le coffret était à sa place il n'y a pas plus d'une heure.

Monsieur de P*** ne put, cette fois, retenir un cri de triomphe.

— Je m'en doutais... je l'avais deviné! — dit-il en se frottant les mains. Il reprit bientôt avec plus de calme:

— Ah ça! maître Julien, vous promettez, n'est-ce pas, de répéter cette déposition devant le magistrat quand vous serez interrogé suivant les formes de la justice?

— Oui, oui, monsieur, je ne retracterai rien, car tout est de la plus rigoureuse exactitude. Mais, voyez-vous, ce pauvre général s'en va bon train. Je ne craindrai plus de lui faire du mal en démasquant cette méchante femme qui a mis la grappin sur lui. Je ne veux pas rester une heure dans la maison quand mon excellent maître n'y sera plus, à moins que mademoiselle Léonie, qui est si douce et si bonne...

— Il suffit, Julien, — interrompit monsieur de P***, — je ne vous retiendrai pas davantage; votre absence prolongée pourrait donner des soupçons; or, il est de la plus haute importance que tout le monde ignore au château la nature et l'objet de notre conversation. N'en faites donc part à personne sans exception, jusqu'au jour où vous serez sommé de dire hautement ce que vous venez de me dire tout bas. Je vous charge de veiller avec un soin particulier sur la cassette d'ébène de madame de Granville; perdez-la de vue le moins possible; si l'on en distrayait quelque papier, soit pour le déchirer, soit pour le brûler, soyez attentif à en recueillir les fragments. Du reste, votre faction ne sera pas longue, car je le sens la nécessité d'agir promptement, énergiquement... Mais, voyons, maître Julien, vous qui connaissez si bien les habitudes de la maison, ne pourriez-vous m'indiquer un moyen de m'emparer sans bruit de ce coffret qui renferme l'honneur et la vie d'un honnête homme?

— Eh quoi! monsieur, êtes-vous embarrassé pour si peu? N'avez-vous pas le pouvoir d'ordonner une perquisition?

— Sans doute, sans doute; mais ce serait un éclat fâcheux que je voudrais épargner au pauvre malade. Enfin, j'aviserai... Quant à vous, retournez bien vite au château et n'oubliez pas mes recommandations. S'il survenait quelque incident nouveau digne de remarque, ne manquez pas de m'en instruire sur-le-champ.

Il indiqua comment on pourrait parvenir jusqu'à lui à toute heure, et promit à Julien une bonne récompense si celui-ci l'aidait à découvrir la vérité. Comme il se disposait à se retirer, le domestique, s'enhardissant par le sentiment de son importance, lui dit d'un ton cauteleux:

— Vous ne devez avoir aucune inquiétude à mon sujet, monsieur. Mais permettez-moi de vous mettre en garde, à votre tour, contre les œillades et les sourires de madame... Elle avait l'air de vous serrer de bien près ce matin! et véritablement, quand elle entreprend quelqu'un, un homme surtout, il est impossible de lui résister.

— Ne vous occupez pas de cela, maître Julien, — répliqua monsieur de P*** avec un mélange d'impatience et de gaieté; — vous vous émancipez, je crois! je suis un trop vieil oiseau pour me laisser prendre à pareille glu... Allons, adieu; vous ne tarderez pas à avoir de mes nouvelles.

En même temps, il s'éloigna rapidement dans la direction de la ville. Maintenant qu'il voyait les assertions de Listrac confirmées par la déposition si claire et si précise du politique Julien, il envisageait avec terreur la possibilité de l'arrestation du marin.

— Si la jolie diablesse avait dit vrai, — pensait-il, — et si ce pauvre garçon était déjà sous les verrous, nous nous trouverions dans de grands embarras; ce seraient d'interminables discussions avec les grosses épaulettes de la juridiction militaire... C'est qu'elle semblait sûre de son fait!

Il s'était engagé dans les étroits sentiers qui conduisaient, du côté de la campagne, à la maison de la Guignet, et s'avançait vers la porte du jardin, quand cette porte s'ouvrit. Listrac, suivi des deux gendarmes, dont un portait complaisamment son mince bagage, parut tout à coup.

— Bon! j'arrive à temps, — dit monsieur de P... en essuyant son front baigné de sueur.

Les agents de la force publique connaissaient sans doute le haut fonctionnaire, car en le voyant, ils s'arrêtèrent et portèrent la main à leurs chapeaux galonnés.

— Vous êtes expéditifs en besogne, messieurs, — leur dit-il. Mais vous, mon pauvre Listrac, avez-vous donc été forcé de vous rendre si vite à discrétion?

Listrac fut étonné du ton léger qu'avait pris monsieur de P***; cependant il répondit avec un sourire mélancolique:

— Ce n'est pas sans qu'on ait fait pour moi une belle résistance; mais je me suis abandonné moi-même, et vous voyez le résultat... Aussi bien ne fallait-il pas en venir là tôt ou tard?

— Hum! ce n'était pas absolument nécessaire. Voyons donc si je ne parviendrai pas à mettre l'ennemi en déroute! — Toujours souriant, il s'approcha des deux gendarmes et leur parla bas. Ils eurent l'air de présenter des objections timides; un mot sec finit par couper court à leurs scrupules. L'un d'eux exhiba le mandat d'arrestation, au bas duquel monsieur de P*** traça rapidement quelques mots au crayon. Puis il les congédia en disant: — Prévenez monsieur R***, le magistrat signataire de ce mandat, que je le verrai aujourd'hui même. Quant à vos chefs, vous leur direz que vous avez agi par mon ordre... Vous m'entendez?

Les gendarmes saluèrent militairement; celui qui portait la valise la déposa près de la porte du jardin, et tous deux se retirèrent au pas accéléré.

Listrac regardait monsieur de P***, qui paraissait jouir de sa surprise.

— Au nom de Dieu, monsieur, — demanda enfin l'officier de marine, — que signifie tout ceci?

— Cela signifie que vous êtes libre... provisoirement du moins; mais cette liberté provisoire ne tardera pas, je l'espère, à devenir définitive. En attendant, vous n'avez plus besoin de vous cacher; vous pouvez aller et venir sans crainte dans la ville; des ordres seront donnés afin que vous ne soyez plus inquiété.

— Serait-il possible? Mais si vous aviez l'autorité suffisante pour me garantir la liberté, pourquoi donc ce matin...

— Ce matin, monsieur de Listrac, je n'avais que la conviction morale de votre innocence et l'opinion favorable d'une personne que j'honore et que j'aime; ce n'était pas assez pour me déterminer à interrompre le cours régulier de la justice. Ce soir, je possède des témoignages positifs, des preuves matérielles, et je n'hésite plus à intervenir en votre faveur.

— Des témoignages, des preuves? — s'écria Listrac. Monsieur de P*** lui montra le désistement du général et lui répéta les importantes révélations de Julien. Listrac, les yeux pleins de larmes, saisit la main de son protecteur et la serra vigoureusement. — Ah! monsieur, — dit-il, — quelle reconnaissance ne vous devrai-je pas?

— Ne nous pressons pas trop de chanter victoire. Tant que nous n'aurons pas à notre disposition ces papiers que madame de Granville cache dans une cassette d'ébène, il nous sera impossible de vous réhabiliter d'une manière digne de vous. D'autre part, nous devons garder certains ménagements... Vous ne consentiriez jamais, n'est-ce pas, à compromettre par un esclandre le repos et la considération de ce pauvre général, de sa charmante fille?

— Je préférerais mille fois subir toutes les conséquences d'une injuste accusation.

— Vous voyez bien; il faut donc trouver un biais pour sortir de cette difficulté. Ce biais, nous le trouverons à force de chercher.

Ils convinrent encore de quelques mesures à prendre, puis ils se séparèrent.

. . . .

Tandis que le prisonnier délivré s'empressait d'aller rassurer son hôtesse, la veuve Guignot, qui ne s'attendait pas à ce prompt retour, monsieur de P*** disait, en rejoignant un élégant cabriolet qui l'attendait sur la route d'Eu:

— On ne pouvait faire davantage en si peu de temps; le prince sera content de moi, et je n'en suis pas trop mécontent moi-même... Ma foi! la vertu a bien ses déboires. Quand je songe que cette charmante créature... Bah! j'ai brûlé mes vaisseaux avec elle; je ne veux plus songer qu'à sa cassette!

XV

LE SAINT-CHARLES.

Il est temps maintenant de revenir à deux des personnages principaux de cette histoire, personnages que nous avons laissés dans la position la plus critique et la plus désespérée.

Comme nous l'avons dit, Terre-Neuve, en s'apercevant que le douanier Maillard ne se trouvait plus sur le plateau de la falaise, avait écarté brusquement les Cabillot qui voulaient le retenir et s'était aventuré sur la pente de la montée Verte. Ni la force irrésistible du vent, ni le grondement des lames, ni les tourbillons d'écume, rien n'avait pu l'arrêter dans l'exécution de son projet insensé. Il se laissait couler sur le dos et sur les mains le long de l'escarpement; les yeux tournés en bas, il ne songeait qu'à scruter l'effroyable chaos qui bientôt allait l'engloutir lui-même. Il avait fait le plein et entier sacrifice de sa vie; la tempête et ses fureurs ne pouvaient plus l'effrayer.

Pendant cette périlleuse descente, Terre-Neuve avait réussi à se débarrasser de sa capote et de ses souliers, emportés aussitôt par la bourrasque. Il songeait à se dépouiller encore de sa veste de matelot, mais il n'en eut pas le temps. Il croyait voir, au milieu des marbrures d'un blanc de lait qui couvraient la surface de la mer, une forme humaine que la vague balançait brutalement avant de la jeter contre le rocher, et une main qui s'agitait comme pour demander de l'aide. Cette forme était-elle bien réelle et l'imagination exaltée du jeune homme ne lui présentait-elle pas une trompeuse apparence? Il n'eut pas l'idée d'un doute. Cette créature humaine, qui allait périr, c'était Maillard, c'était son ami, c'était l'oncle de sa bien-aimée Jeanne. Au lieu de continuer à se laisser glisser sur le dos, il se leva debout et s'élança de toute sa vigueur.

Malgré son courage, il fut épouvanté du temps considérable qu'il mit à parvenir jusqu'à l'eau, et quand enfin un choc violent, une subite impression de froid l'avertirent qu'il y était arrivé, il faillit perdre connaissance. Heureusement le mouvement machinal du nageur ne tarda pas à le ramener à la surface, et il put aspirer une gorgée d'air; mais ce secours ne devait pas lui être d'une grande utilité. Presque aussitôt une lame monstrueuse le saisit, le roula plusieurs fois sur lui-même et le porta contre la falaise avec une violence irrésistible.

C'en était fait du pauvre Terre-Neuve, et il eût été immanquablement broyé, si une autre lame qui venait de rebondir contre le roc n'eût heurté la première. Quand ces deux masses opposées se rencontrèrent, un grand bruit se fit entendre, et l'eau jaillit perpendiculairement en colonne d'écume jusqu'à une hauteur prodigieuse; mais le jeune et vigoureux nageur sut éviter le choc. La vague, en reculant, l'entraîna vers la côte, et il fut, pour quelques instants du moins, à l'abri d'une nouvelle atteinte de ce genre.

Il importait pourtant de ne plus attendre là les terribles coups de mer qui se succédaient à intervalles presque réguliers, et Terre-Neuve chercha des yeux une place moins dangereuse. Nous avons déjà vu que la falaise de la montée Verte saillait assez pour former une sorte de petit promontoire. Le côté exposé au vent était battu par le ressac; mais de l'autre côté, les flots brisés par le cap paraissaient beaucoup moins agités. Par malheur, ils étaient couverts de tronçons de mâts et de tonneaux qui semblaient provenir d'un naufrage, et le choc de ces débris pouvait être aussi funeste au nageur que le ressac lui-même. Une raison péremptoire décida néanmoins Terre-Neuve à gagner cet endroit : parmi ces débris, il revit la forme humaine qu'il avait aperçue déjà, et cette fois l'erreur n'était plus possible ; grâce à la phosphorescence de la mer agitée, il avait parfaitement reconnu Maillard.

Rien ne put le retenir ; il se mit à nager avec vigueur, fondit, comme le cormoran fond sur sa proie, sur le corps du douanier et s'y cramponna convulsivement. Presque aussitôt ils furent enlevés l'un et l'autre par une nouvelle lame qui les fit tournoyer avec une rapidité effrayante. Terre-Neuve ne lâcha pas son compagnon et finit par dominer encore cette force ennemie.

Il respira de nouveau pendant quelques secondes ; mais il ignorait si Maillard, dont il élevait la tête au dessus des flots, pouvait recevoir l'influence de l'air vital. Il le tenait serré contre sa poitrine en nageant de l'autre main, et il songeait au moyen le plus prompt d'échapper aux fureurs de cette mer impitoyable. On se trouvait à quelques pas seulement de la montée Verte, mais on ne pouvait manquer d'être écrasé par les lames contre le talus, si l'on essayait de le gravir. D'ailleurs, le farouche Cabillot et ses enfants étaient sans doute encore en observation au sommet de la falaise, et il fallait tout craindre de leur inimitié. Terre-Neuve ne savait donc à quel parti s'arrêter, quand sa main rencontra par hasard une pièce de bois qui flottait entre ses deux eaux, et il y chercha machinalement un point d'appui. Ce point d'appui ne lui fit pas défaut, et le jeune nageur ne tarda pas à reconnaître que la pièce de bois était la grande vergue d'un navire d'assez fort tonnage. Chose singulière ! cette vergue n'était pas lancée contre la falaise comme les autres débris qui flottaient alentour ; au contraire, elle restait stationnaire et semblait retenue par des liens secrets. Mais le brave enfant n'avait pas le temps de chercher à s'expliquer cette circonstance ; profitant de la sécurité relative qu'elle lui procurait, il voulut s'assurer, autant que possible, de l'état de son compagnon.

Le pauvre douanier était embarrassé dans son manteau d'uniforme qui devait l'alourdir considérablement. Terre-Neuve parvint à l'en délivrer, en même temps qu'il faisait glisser le sabre et la bufflèterie le long du corps de Maillard. Alors il put voir le visage de son ami, tout pâle, sous des mèches humides de cheveux gris. Ce visage éprouvait des contractions sensibles, et la bouche entr'ouverte semblait respirer faiblement ; d'autre part, les jambes du douanier s'agitaient par intervalles, comme s'il eût fait lui-même quelques efforts pour se soutenir au-dessus des flots ; mais ces contractions n'étaient-elles pas l'effet d'une convulsion dernière, ces mouvements n'étaient-ils pas dus à l'agitation de l'eau ? Selon toute apparence, le nageur ne disputait déjà plus à la mer qu'un cadavre.

Comme Terre-Neuve, toujours cramponné à la vergue, jetait autour de lui des regards d'angoisse, une montagne d'eau vint le porter tout à coup à une grande hauteur et lui permit de voir la mer du côté du large. Ce ne fut qu'un éclair, car aussitôt les naufragés furent précipités de nouveau dans une de ces vallées profondes que creuse la houle, mais le jeune marin avait eu le temps de distinguer, à vingt pas de lui, une masse noire, ballottée par les flots. Il reconnut le navire en détresse que l'on avait aperçu des falaises. La position de ce bâtiment paraissait avoir empiré encore ; il n'avait aucun feu allumé ; sur son pont ras et dégarni d'agrès, ne se montrait aucune forme humaine ; on l'eût cru abandonné.

Ce fut pourtant vers ce navire déjà naufragé, menacé d'une destruction immédiate, qui se tournèrent toutes les espérances de Terre-Neuve ; le marin résolut d'aller y chercher un refuge. Si précaire que fût ce refuge, on gagnerait ainsi quelques instants, et il suffisait d'une minute pour qu'un miracle pût s'accomplir. Mais com-

ment parvenir jusqu'au bâtiment ? S'il eût été seul, le hardi nageur eût franchi sans peine l'étroit espace qui l'en séparait ; mais comment transporter jusque-là un homme mourant, inanimé du moins, et par conséquent incapable de s'aider lui-même ? Tout à coup Terre-Neuve fut frappé d'une idée.

Cette vergue sur laquelle il s'appuyait devait être amarrée à un corps fixe, puisqu'elle flottait toujours à la même distance du rivage, sans être lancée contre le rocher comme les autres débris. Or, ne se pouvait-il pas qu'elle tînt encore par un cordage à la coque du bâtiment ? Cette supposition se trouva juste. Quand les marins de l'équipage avaient coupé leurs mâts, ils n'avaient pas remarqué, en effet, que la vergue, en s'abîmant dans la mer, était encore attachée au vaisseau par un de ces mille cordages qui lient les agrès aux œuvres mortes, et Terre-Neuve ne tarda pas à s'assurer du fait.

Cette certitude lui rendit toute son énergie.

— Courage ! père Maillard, — dit-il à haute voix ; — nous nous sauverons avec l'aide de Dieu.

Terre-Neuve ne reçut aucune réponse ; mais il ne se mit pas moins à l'œuvre pour gagner le navire. Plaçant le douanier sur ses épaules, il l'y maintenait d'une main, tandis que de l'autre, il s'affalait le long de la vergue, au risque d'en être arraché par les courants furieux. Il atteignit ainsi l'extrémité de la pièce de bois, et alors il n'eut plus d'autre point d'appui qu'une corde qui mollissait et se roidissait tour à tour. Heureusement, à mesure qu'il s'éloignait du rivage, les vagues devenaient plus espacées, plus régulières. Toutefois, il ne se passait pas une minute sans qu'il fût complètement submergé ; et si Terre-Neuve s'en inquiétait pas pour son compte personnel, il était vivement alarmé pour son compagnon, dont ces rudes secousses pouvaient éteindre le dernier souffle de vie.

Enfin il sentit au calme relatif qui régnait autour de lui, que quelque chose devait faire obstacle à la turbulence des flots ; en effet, il se trouvait tout près du navire en détresse. Ce bâtiment, le cap tourné vers le large, tanguait continuellement et disparaissait parfois en entier sous les vagues qui parcouraient son pont de la proue à la poupe ; mais bientôt il reparaissait tout diapré d'écume, vomissant l'eau par ses dalots et faisant entendre des gémissements sinistres. De près comme de loin, on ne voyait à son bord aucun homme de l'équipage ; mais il se pouvait que les matelots, après avoir épuisé tous les moyens humains pour le sauver, se fussent à couvert dans l'intérieur en attendant leur sort.

Terre-Neuve fut pris d'un nouveau découragement ; quels secours pouvait-il attendre de ce ponton inerte, dont les planches allaient se disjoindre sous les chocs répétés de la mer ? D'ailleurs, comment monter à bord ? Ses forces étaient épuisées ; ses membres se tordaient dans des crampes douloureuses ; à demi-suffoqué par ses plongeons réitérés, il éprouvait déjà ce vertige de l'homme qui se noie. Il se laissa pourtant le plus haut qu'il put avec son précieux fardeau, et poussa par deux fois le cri perçant au moyen duquel les marins s'appellent dans la tempête.

Personne ne répondit ; sans doute, si le navire était encore occupé, ces cris humains devaient être couverts par le fracas incessant des vents et des flots ; peut-être aussi les matelots superstitieux les prenaient-ils pour ces appels des âmes de naufragés qui, dit-on, se font entendre ainsi par les nuits d'orage, pour annoncer aux vivants une catastrophe prochaine. Le pauvre Terre-Neuve était à bout ; il sentait ses mains se relâcher, la corde glissait lentement entre ses doigts crispés ; il allait retomber avec le douanier dans l'abîme béant prêt à les engloutir.

Il fit un dernier effort, et profitant d'un court espace entre deux rafales, il s'écria de nouveau avec désespoir :

— Ohé! du navire.

Cette fois, une tête parut au-dessus du plat-bord, et l'on demanda :

— Qui nous hèle?

Terre-Neuve, afin de s'assurer et d'assurer à son compagnon un accueil empressé, crut devoir prendre un titre qu'il n'avait pas.

— Pilote, — répondit-il.

— Pilote? — répéta-t-on avec un accent de tristesse; — il est bien temps!... N'importe; où êtes-vous donc, vous qui parlez?

— Sous votre grande voûte, un peu à bâbord... Hâtez-vous, car nous n'en pouvons plus. — Ce rapide entretien avait été interrompu plusieurs fois par le choc des lames qui s'abattaient sur le navire. Cependant, après un moment d'attente, Terre-Neuve entendit du bruit au-dessus de sa tête, et une corde tomba à l'eau à ses côtés. Il la saisit et s'empressa de l'attacher autour du corps de Maillard. — Hisse! — cria-t-il. Et le douanier fut enlevé par des bras vigoureux. Quant à Terre-Neuve, saisissant le cordage qui lui avait rendu déjà de si grands services, il atteignit le pont sans difficulté. Là, il trouva douze ou quinze marins, transis de froid et mouillés jusqu'aux os, qui entouraient le douanier. Ils semblèrent si étonnés qu'ils ne songeaient pas à détacher Maillard du palan qui avait servi à le hisser à bord. Au coup Terre-Neuve apparaître au milieu d'eux, ils tournèrent leur attention vers lui. — Eh bien! quoi? — dit-il en se secouant comme eût pu faire en pareil cas un de ses homonymes à quatre pattes, — n'avez-vous jamais vu d'hommes qui ont bu de l'eau salée plus que de mesure? Celui-ci est un brave gabelou qui seul a osé m'accompagner pour vous porter secours. Nous sommes venus à la nage de la côte voisine, car aucune barque ne pourrait tenir contre cette mer enragée, et le pauvre diable a été roulé par les lames d'une rude manière. C'est pour vous qu'il s'est exposé à de pareils dangers, et vous ne pouvez lui refuser vos soins... si toutefois, — ajouta-t-il avec un accent d'inquiétude, — des soins peuvent encore lui être nécessaires, car il ne bouge plus!

Terre-Neuve avait donné, par une sorte d'instinct, l'explication la plus naturelle de son arrivée et celle qui pouvait intéresser le plus les marins au sort du malheureux douanier. Cependant, l'un d'eux dit d'un ton bourru :

— A quoi diable ça pourra-t-il servir de faire revenir ce noyé? Dans cinq minutes, peut-être nous serons tous comme lui.

— N'importe, — dit le personnage qui avait déjà parlé à Terre-Neuve, et qui était le capitaine du navire, — portez ce gabelou dans ma cabine... Et vous, pilote, voyez à nous tirer d'ici au plus vite!

Les matelots ne se pressaient pas d'obéir, car la crise actuelle semblait avoir un peu relâché les liens de la discipline, comme il arrive souvent en pareil cas, sur les vaisseaux marchands. D'ailleurs, les lames qui continuaient de balayer le pont rendaient fort périlleuse l'exécution de cet ordre; on pouvait être emporté pardessus bord ou écrasé contre le navire, et, pour éviter de tels accidents, il fallait se tenir fortement à ce qui restait des mâts et des agrès.

Ces considérations n'arrêtèrent pas l'intrépide Terre-Neuve. Il avait détaché Maillard; comme personne ne faisait mine de l'aider, il le prit seul dans ses bras et courut précipitamment vers la cabine. Sa témérité demeura impunie; il put atteindre sans malencontre l'étroit réduit qui se trouvait à l'extrémité du pont.

Cette cabine, réservée à l'usage du capitaine, contenait un lit et quelques meubles assez confortables. Une petite lampe, suspendue au plafond dans une cage de verre, y répandait une faible clarté; c'était le seul feu que ce terrible ouragan eût épargné dans tout le navire. Un mousse d'une quinzaine d'années, ne pouvant plus être d'aucun secours à la manœuvre, était assis dans un coin et semblait en proie aux plus vives terreurs.

Terre-Neuve ne remarqua pas d'abord cet habitant de la cabine; il se hâta de placer Maillard sur le lit, dans une position convenable, afin que le douanier pût rendre l'eau qu'il avait avalée, et il se mit à lui frictionner les membres et la poitrine. Il s'aperçut à peine que quelqu'un était venu l'aider dans cette besogne d'humanité; le mousse, voyant de quoi il s'agissait, semblait avoir fait trêve à ses frayeurs. Ils ne se parlaient pas, mais ils combinaient leurs efforts dans le but de ranimer ce corps immobile.

— De l'eau-de-vie! — dit enfin Terre-Neuve.

Le mousse alla prendre dans un coffre une bouteille de cognac, la propre bouteille du capitaine. Louis se servit de la liqueur alcoolique pour bassiner les tempes du noyé. Bientôt un peu de rougeur se manifesta sur le visage de Maillard, et un souffle léger s'échappa de sa bouche.

— Il n'est pas mort, — dit enfin le mousse.

— Oui, oui, mais n'aurait-il pas quelque chose de brisé? Il vient de faire un terrible saut... ce serait miracle s'il n'existait aucune avarie dans ses agrès ou dans sa coque!

En même temps, il tâta minutieusement le douanier pour s'assurer s'il n'avait en effet aucune fracture.

— Allons, pilote, allons! — criait-on du dehors, — en finirez-vous?

Terre-Neuve ne semblait pas entendre.

— Le capitaine vous appelle, — dit le mousse timidement, — et si vous êtes le pilote qui doit nous sauver du naufrage... oh! sauvez-nous, monsieur; moi, je me charge de veiller sur le malade.

— Rien de cassé, — reprit Terre-Neuve avec une inexprimable joie, — du moins en apparence. Il faut que Maillard soit de fer pour avoir résisté à cette épouvantable secousse, ou bien que des circonstances encore inconnues... Véritablement il commence à revenir à lui.

La voix du dehors se fit entendre de nouveau,

— Mille tonnerres, pilote! — s'écriait-on avec colère, — vous moquez-vous de nous?

— Allez, allez vite, — reprit le mousse; — le capitaine se fâche et sans doute le danger augmente. Je soignerai le malade, puisque je ne saurais être utile à la manœuvre en ce moment. Quant à vous, ne perdez pas de temps, afin de nous sauver du naufrage, si la chose est possible.

— Soit donc, puisque ce bon père Maillard commence à sentir le gouvernail; fais le quart auprès de lui, mon garçon, et viens de temps en temps m'apporter des nouvelles sur le pont.

— Oui, oui, je vous le promets; mais hâtez-vous, ou nous allons tous périr.

— Quoi! petiot, si jeune, — dit Terre-Neuve avec un peu de mépris, — as-tu déjà si grand peur de la mort?

— Dame! écoutez, monsieur le pilote, nous revenons d'un long voyage, et j'espérais embrasser ma mère qui m'attend au port... Si je meurs, elle mourra de chagrin, la pauvre femme!

— Je comprends; eh bien! moi aussi j'ai une mère qui m'attend, et puis je ne veux pas avoir arraché Maillard à ces chiennes de lames pour le leur laisser reprendre... Je ferai de mon mieux, quoique la situation ne soit pas couleur de rose... Toi, songe à venir me donner des nouvelles de mon ami toutes les cinq minutes, pendant que je serai à la manœuvre; autrement, vois-tu, j'aurai des distractions, la besogne ira de travers et nous finirons mal... Est-ce entendu?

Le mousse promit de se conformer à ces instructions; alors Terre-Neuve serra la main au douanier, qui ne pouvait le reconnaître encore, donna une vigoureuse accolade à la bouteille d'eau-de-vie avant de s'en séparer, et courut sur le pont au moment même où le capitaine, furieux, venait le chercher lui-même.

Louis, en prenant la qualité de pilote, n'avait songé,

comme nous l'avons dit, qu'à s'assurer un accueil favorable à bord ; maintenant il n'osait plus s'en dédire, de peur d'attirer sur lui et sur son compagnon la colère de l'équipage Malgré sa jeunesse, il était marin expérimenté, connaissait bien la côte, et il se sentait parfaitement en état de piloter le navire. D'ailleurs, cette entreprise avait en soi quelque chose de hardi et de généreux qui devait le tenter violemment. Aussi, après réflexion, ne prononça-t-il pas une parole pour contredire la fable qu'il avait faite à son arrivée ; et, tout en observant avec une extrême attention la situation du bâtiment, il demanda distraitement au capitaine les renseignements d'usage.

La réponse fut brève et sommaire comme l'exigeaient les circonstances. Le navire était un beau brick, d'environ deux cents tonneaux, appelé le *Saint-Charles*, de Dunkerque. Il revenait du Brésil, où il avait pris une cargaison de bois d'ébénisterie et d'autres denrées coloniales ; il retournait à Dunkerque, son port d'armement, quand il avait été surpris dans la Manche par le mauvais temps et porté sur les côtes de Normandie. Il avait dû jeter une partie de sa cargaison à la mer, couper ses mâts, mouiller toutes ses ancres ; malgré cela, il avait dérivé rapidement vers les falaises. Cependant une de ses ancres avait de nouveau mordu le fond depuis quelques instants, et elle maintenait seule le pauvre *Saint-Charles* à cinquante brasses environ des rochers.

Terre-Neuve écouta ces explications en silence, et s'assura par lui-même de l'état des choses. Le câble qui tenait encore se tendait comme une corde à violon, et, à chaque instant, il recevait de si rudes secousses qu'il semblait devoir se rompre, ce qui eût entraîné la perte immédiate du navire. Du côté de la mer, des montagnes d'eau, noires et irritées, surmontées d'une crête brillante, continuaient de se ruer les unes sur les autres avec fureur. Du côté de la terre, les tourbillons d'écume semblaient toujours vouloir franchir le mur des falaises, malgré sa prodigieuse élévation. C'était toujours le même fracas assourdissant, la même formidable bataille entre les éléments déchaînés.

Néanmoins l'œil expérimenté du jeune marin ne tarda pas à reconnaître certains changements d'une haute importance. Les vagues, contrariées dans leur marche, se heurtaient fréquemment, tournaient sur elles-mêmes au lieu de se suivre à des distances égales, et surtout elles ne se mouvaient plus suivant la direction du vent.

— La sainte Vierge a pitié de nous ! — dit Terre-Neuve avec un élan de joie ; — le vent a tourné et la marée commence à descendre.

Le capitaine, homme jeune encore, à physionomie ouverte et intelligente, parut d'abord douter du fait ; mais il ne tarda pas à en reconnaître l'exactitude.

— Vous avez raison, pilote, — reprit-il, — le vent a varié de plusieurs points ; mais à quoi cela nous servira-t-il dans le déplorable état où nous sommes réduits ?... Voyons, quel est votre avis et que devons-nous faire ?

Terre-Neuve se taisait, comme s'il eût combiné son plan. Tous les hommes de l'équipage s'étaient groupés autour du pilote et du capitaine pour apprendre ce qu'on avait à espérer ou à craindre dans le commun péril. Louis dit enfin :

— La marée va nous devenir favorable ; il faut nous hâter de lever l'ancre et de gagner le large.

— C'est facile à proposer, -- reprit le capitaine d'un ton triste ; — quant à réussir, c'est une autre affaire.

— Il faut au moins essayer, — répliqua Terre-Neuve ; — dans deux heures l'endroit où nous sommes maintenant sera aussi sec que la main, mais, avant ces deux heures, votre navire aura été complètement démoli ; c'est miracle déjà qu'il ait résisté si longtemps.

— Mais comment gouvernerons-nous sans agrès et sans voiles ?

— Vous avez sans doute des mâts de rechange, et nous installerons une voile de fortune. Par un vent pa-

reil, il ne faut pas beaucoup de toile pour maintenir un navire ; une perche et les chemises des matelots y suffiraient au besoin... Allons ! prenez confiance en moi et tout ira bien. Je ne me soucie pas plus que vous de laisser ici ma peau ; ces parages me sont familiers, et une fois au large, nous trouverons certainement du secours... Courage donc ! mes amis, — poursuivit-il en s'adressant à l'équipage ; — si vous voulez m'aider de bon cœur, nous nous tirerons de cette mauvaise passe.

Ces paroles, prononcées d'un ton d'enthousiasme, produisirent un excellent effet sur les matelots. Cependant ils attendirent les instructions de leur chef habituel, qui répondit après quelques secondes d'hésitation :

— Obéissez au pilote. Que les uns parent à installer le mât de fortune, tandis que les autres vireront au cabestan... Tout le monde à l'ouvrage ! — L'équipage, électrisé par l'espoir du salut, se mit en mouvement. Au découragement qui semblait régner à bord tout à l'heure, avait succédé une fiévreuse activité, et chaque marin s'empressait d'exécuter les ordres qu'il avait reçus. Terre-Neuve lui-même, plus habitué à obéir qu'à commander, se disposait à payer de sa personne, quand le capitaine l'arrêta. — Vous êtes bien jeune, pilote, — lui dit-il à voix basse, — pour remplir une tâche aussi grave que de diriger un navire par cet effroyable temps ; mais vous avez l'air d'un garçon résolu, et je m'en rapporterai à vous... Convenez-en, vous n'avez pas voulu dire toute la vérité devant l'équipage, et il existe d'autres dangers que ceux dont vous avez parlé ?

— Vous avez raison, capitaine ; vous, du moins, je ne dois pas vous tromper. Il y a des brisans entre nous et la haute mer, et je ne comprends pas que le *Saint-Charles* ait pu passer par-dessus sans les heurter. Je soupçonne même que l'ancre qui tient bon s'est enchevêtrée dans une roche crevassée, sur laquelle j'ai joué bien des fois pendant mon enfance.

— Mais s'il en est ainsi, — dit le capitaine effrayé, — nous risquons de toucher quand nous serons « à court, » et quand nous voudrons dégager notre ancre !

— Aussi vais-je me tenir près de l'écubier, et, à la première apparence de danger, je couperai le câble... Faites-moi donner une hache.

— Comment franchirons-nous la ligne de brisans ?

— Il y a un passage entre les écueils non loin d'ici, et j'espère le trouver, malgré l'obscurité. Le passage n'est pas bien large, je l'avoue, à peine deux fois la longueur du navire ; mais la marée nous favorise, le vent n'est pas absolument contraire, et d'ailleurs, nous n'avons pas d'autres chances de salut... Le *Saint-Charles* obéit-il bien à son gouvernail ?

— C'est un excellent bâtiment, et il l'a bien prouvé cette nuit ; la main d'un enfant le ferait virer de bord.

— A merveille. Eh bien ! capitaine, mettez-vous vous même à la barre, et faites qu'il se comporte bien quand le moment sera venu.

Le capitaine lui serra la main.

— Je compte sur vous, comptez sur moi, mon brave jeune homme, — lui dit-il d'une voix émue, — et écoutez : quoique nous ayons dû jeter par-dessus bord une partie de notre cargaison pour nous alléger, il nous reste assez, chez les armateurs et à moi, pour récompenser convenablement, en dehors de son droit de pilotage, celui qui nous aura tirés de ce péril.

Puis ils se séparèrent pour veiller à l'importante manœuvre qui se préparait.

Pendant cette conversation, l'équipage n'était pas resté inactif. Les matelots disposaient les barres du cabestan, afin de touer le navire sur son ancre ; d'autres attachaient au tronçon brisé du grand mât une pièce de bois munie d'une vergue et d'une voile, pour former un mât provisoire. Tous travaillaient avec ardeur, et leurs cris se mêlaient au sifflement des vents, au mugissement des flots.

Terre-Neuve ne s'épargnait pas lui-même, quand il

sentit qu'on le tirait doucement par ses vêtements; il se retourna et aperçut le mousse de la cabine.

— Eh bien ? — demanda-t-il avec anxiété.

— Cela va de mieux en mieux; le douanier a tout à fait repris connaissance; seulement il dit des paroles auxquelles je ne comprends rien.

— Quoi donc ! aurait-il la fièvre ?

— Je ne sais; mais...

En ce moment on appela le pilote; Terre-Neuve dit précipitamment au mousse :

— Veille toujours sur lui.

Et il courut où son devoir le réclamait, tandis que le jeune homme allait rejoindre Maillard.

Bientôt on entendait les pas cadencés de l'équipage qui procédait à la pénible opération de virer au cabestan. Déjà le mât de fortune était mis en place, et la voile attachée de manière à pouvoir être déployée en un instant. Le capitaine se tenait lui-même à la barre; Terre-Neuve, debout à l'avant, une hache à la main, observait avec un intérêt suprême la partie de la mer vers laquelle se dirigeait lentement le Saint-Charles, à mesure que le câble se raccourcissait.

Il ne tarda pas à remarquer, au milieu de la formidable perturbation des flots, un espace d'une blancheur de neige, où l'eau semblait bouillonner. Au centre, saillait, par intervalles, comme un noyau noir qui disparaissait aussitôt sous la nappe d'écume et d'où partaient mille cercles parallèles : c'était l'écueil dont Louis Guignet avait annoncé l'existence. Il se trouvait précisément sur la route du navire; le câble formait une ligne droite avec lui et l'avant du Saint-Charles. Ainsi toutes les prévisions du jeune marin se réalisaient : l'ancre en effet, était engagée dans les crevasses de l'écueil.

— Attention ! — cria Terre-Neuve. Les matelots n'avaient pas besoin de cet avis; ils étaient tous attentifs, le cou tendu, la poitrine haletante, et l'on n'entendait d'autre bruit que les piétinements de ceux qui continuaient à travailler au cabestan. Terre-Neuve, de son côté, ne perdait pas l'écueil de vue; connaissant l'importance de chaque pouce de terrain que l'on gagnait vers la haute mer, il laissa porter sur la roche, de manière à faire croire que le Saint-Charles allait la heurter. Enfin, quand on en fut seulement à quelques brasses, le pilote poussa un cri pour avertir les matelots du cabestan, et aussitôt sa hache s'abattit sur le câble, au ras de la chaîne qui retenait l'ancre. L'effet de ce coup fut magique; le navire, captif tout à l'heure, se mit à bondir comme un cheval fougueux qui a rompu son lien. Cependant, en vertu de la vitesse acquise, il se dirigeait encore droit sur le rocher, quand Terre-Neuve commanda d'une voix tonnante : — Bâbord la barre... bâbord la barre, vous dis-je... et déployez la voile.

Le capitaine, qui était au gouvernail, s'empressa d'exécuter la première partie de ce commandement : le navire, docile et léger, s'écarta de l'écueil et s'engagea dans un espace où la mer semblait libre. Mais l'autre partie de l'ordre ne s'accomplit pas aussi heureusement. Le mât et sa voile, installés avec précipitation, ne satisfirent pas assez rapidement aux exigences de la manœuvre. Une violente rafale, qui tomba sur le navire en ce moment critique, agita la toile avec un bruit lugubre; le mât plia comme une branche de saule et le Saint-Charles se coucha sur le côté.

Il y eut une minute de terreur et de confusion. Mais la voix du capitaine et celle de Terre-Neuve s'élevèrent en même temps des deux extrémités du pont, et encouragèrent les matelots à faire leur devoir. La toile, grâce aux efforts de l'équipage, ne tarda pas à se remplir et à recevoir l'orientation désirée; le navire se releva, et, redevenu docile au gouvernail, il fraya sa route avec une aisance apparente à travers les vagues.

Les marins se réjouissaient déjà de ce succès; mais leurs inquiétudes ne tardèrent pas à renaître.

— Des brisants ! des brisants ! — cria-t-on de toutes parts.

— Parbleu ! ne les vois-je pas ? — dit Terre-Neuve d'un ton jovial; — nous voguons au milieu de ces maudits rouquets tombés de la falaise et bons tout au plus à servir de nids aux pholades ou à produire des varechs... Heureusement, ils sont comme les traîtres; on n'a plus besoin de les craindre quand on les connaît.

En même temps, il se remit à commander la manœuvre d'un ton ferme et résolu; sa voix claire dominait le fracas de la tempête. Toujours attentif à l'avant du vaisseau, il devinait par une sorte d'instinct la direction à prendre dans les ténèbres. Le Saint-Charles dut changer plusieurs fois de bordée pour gagner la haute mer; mais en dépit de son piteux état, il y parvint enfin. Une demi-heure ne s'était pas écoulée que Terre-Neuve quitta son poste pour remettre au chef habituel du vaisseau l'autorité dont il venait de faire un si heureux usage.

Le capitaine l'embrassa, les larmes aux yeux :

— Merci, mon brave garçon, — lui dit-il; — regardez-moi désormais comme votre ami. Vous nous avez rendement tiré d'affaire, et je vous promets un certificat tel que jamais pilote de la côte n'en aura montré de pareil.

— Le certificat n'est pas de refus, capitaine, et il servira dans l'occasion; mais, on peut en convenir maintenant, je ne suis pas plus pilote que le premier venu.

— Vous voulez rire; qui êtes-vous donc ? et d'où venez-vous ?

— Ce que je suis ? un marin; j'espère que vous n'en doutez plus... D'où je viens ? regardez cette falaise trois fois plus haute que le grand mât d'une frégate; c'est de là que mon compagnon et moi nous sommes tombés.

— Si vous voulez dire que vous êtes tombé du ciel pour nous secourir, je serais tout disposé à le croire... Mais nous reviendrons sur tout cela dans un autre moment... En attendant, comme vous devez être épuisé de fatigue, mon brave garçon, entrez dans ma cabine; le mousse vous y fournira ce dont vous aurez besoin.

— Merci, à mon tour, capitaine; j'accepte surtout pour mon pauvre compagnon que j'aime comme un père...

— Et vous lui avez montré le dévouement d'un fils... Allez donc; si vos services redeviennent nécessaires, on vous appellera... Un mot encore pourtant; dans quel port croyez-vous que nous puissions nous réfugier ?

— Je ne sais trop, monsieur; vous voyez vous-même qu'avec ce vent furieux et ce lambeau de voile nous ne pouvons essayer d'entrer au Tréport, d'autant moins que le bassin n'aura plus d'eau tout à l'heure. Il nous faudra donc aller chercher un refuge aussi loin que Dieppe, et encore à la marée de demain.

Le capitaine, que le soin de son navire réclamait, lui fit un signe amical, et rejoignit l'équipage, tandis que Terre-Neuve s'empressait de courir à la cabine.

Il trouva Maillard très-faible et très-abattu, mais calme et avec toute sa connaissance. Le mousse lui avait fourni du linge sec; il était établi aussi commodément que possible, eu égard à la situation du navire. En le voyant, Terre-Neuve ne put se défendre d'un profond attendrissement; il se pencha pour l'embrasser, et lui dit avec naïveté :

— Père Maillard, bon père Maillard, c'est donc bien vrai que vous êtes encore en vie ?

— Grâce à toi, Louis, — répliqua le douanier en souriant, — grâce surtout à Celui qui soulève la mer et fait gronder le vent, mais ne souffre pas que le moindre moucheron meure sans sa permission expresse. Il a opéré un nouveau miracle cette nuit, et tu as été l'instrument dont il s'est servi pour montrer son pouvoir.

— Oui, oui, vous avez raison, père Maillard, c'est un vrai miracle... une si effroyable chute ! Êtes-vous bien sûr pourtant de n'avoir rien de cassé dans le corps ? C'est à ne pas y croire !

— J'éprouve un malaise général et une certaine difficulté à respirer; mais sauf une forte contusion à l'épaule,
je ne sens aucune souffrance bien grave. J'ignore ce qui
s'est passé pendant ce terrible saut périlleux, car au
tiers de la descente, je n'avais déjà plus conscience de
moi-même; j'imagine néanmoins que le gros manteau
mouillé dont j'étais couvert et qui voltigeait autour de
moi comme un parachute, aura contribué à me protéger;
peut-être aussi, en arrivant en bas, aurais-je été reçu
par une de ces lames énormes qui se dressent contre la
falaise; mais, encore une fois je ne me souviens de rien,
et j'ai seulement repris un peu mes esprits quand tu
m'as soutenu dans tes bras au milieu des flots. Je ne
t'avais pas reconnu et, pour tout dire, mes idées n'étaient
pas encore bien nettes; mais j'ai compris que tu faisais
des efforts prodigieux pour me sauver.

— Bah! père Maillard, entre nous, il ne faut pas parler de ça.

— Ce n'est pas, à ce qu'il paraît, le seul beau trait que
tu aies accompli cette nuit, mon garçon, — poursuivit
le douanier; — tu en as sauvé, dit-on, bien d'autres que
moi en pilotant ce malheureux navire.

— Bon! ce trembleur de moussaillon vous aura conté
une histoire aussi longue qu'un câble, père Maillard. Ce
que j'ai fait, le moindre de ces polissons du voisinage qui
viennent, pieds nus, pêcher des crevettes et des crabes
dans les rochers à marée basse, eût pu le faire comme
moi!

— Ne dites pas cela, monsieur le pilote, — reprit le
mousse avec chaleur; — le capitaine et l'équipage assu-
rent que sans vous, nous étions perdus. Pour ma part,
je vous devrai de revoir notre cher Dunkerque et ma
pauvre mère, à qui j'apporte trente écus gagnés dans
ma campagne... Et si jamais vous venez à Dunkerque,
au faubourg de Jean Bart, elle vous remerciera bien, la
bonne femme, de lui avoir rendu son fils!

Terre-Neuve fut ému de cette naïve reconnaissance;
cependant il répondit d'un ton léger:

— Allons, allons, tu es un petit enjôleur... Va-t-en
voir sur le pont si j'y suis; sans doute l'on travaille aux
pompes et il y aura de la besogne pour toi. On a beau
dire, nous ne sommes pas tout à fait en sûreté, et nous
aurons besoin de jouer des bras d'ici à la marée du matin.

Le mousse obéit, et Terre-Neuve resta seul avec Maillard.

— Louis, — reprit le douanier d'un ton affectueux
après un moment de silence; — tu me dois la suite d'une
explication qui a été assez vilainement interrompue sur
la falaise... Je ne peux plus y tenir; les quelques paroles
que tu as prononcées m'ont donné des soupçons étranges. Je te prie donc de me dire franchement quels sont tes
rapports avec ces misérables Cabillot, et comment tu
pouvais savoir...

— Pas à présent, père Maillard, — répliqua Terre-Neuve
dans un mortel embarras; — vous êtes fatigué... et puis
il y a de l'ouvrage à bord...

— Le doute est plus douloureux pour moi que le sentiment de nos dangers présents. Rassure-moi sur certaines mauvaises idées qui me sont venues à ton sujet,
et peut-être ensuite goûterai-je un peu de repos.

— C'est que je ne peux pas vous rassurer du tout, —
reprit Terre-Neuve en pleurant; — tenez, père Maillard,
je n'aurai jamais le courage de vous dire cela... Je suis
un vaurien, un gueusard, un coquin fini; quand vous
saurez la vérité, vous ne voudrez plus me voir, vous
me chasserez, vous m'empêcherez de parler à Jeanne,
ma chère Jeanne que j'aime tant... Non, je ne peux vous
le dire, je ne vous le dirai pas. J'aime mieux que vous
me commandiez d'aller piquer une tête dans la mer et
d'y rester cette fois, et j'y resterai... oui, j'y resterai;
j'aime mieux cela... Terre-Neuve montrait tant de douleur que Maillard en fut touché. Le douanier, employant
tour à tour la douceur et la sévérité, le pressa de ques-

tions, le tourna de mille manières, si bien que le jeune
pêcheur finit par avouer la part active qu'il avait prise
dans les opérations de fraude des Cabillot. L'honnête
figure du sous-brigadier exprima d'abord une surprise
douloureuse, puis une vive indignation. Cependant
Maillard interrogea tranquillement son interlocuteur sur
les circonstances qui lui semblaient obscures, puis il
demeura pensif, silencieux, le visage caché dans ses
mains. Terre-Neuve demanda enfin d'une voix étouffée:

— Je n'ose croire, monsieur Maillard, que vous me par-
donniez dès à présent; mais peut-être plus tard, quand
vous aurez la preuve de mon repentir...

Maillard retira ses mains et laissa voir de grosses larmes qui coulaient sur ses joues basanées.

— Enfant, — dit-il d'une voix très-altérée, — tu m'as
brisé le cœur. Ton action est mauvaise; néanmoins, si
tout autre que toi l'eût commise, j'aurais pu plaindre le
jeune fou qui, pour un misérable profit, s'exposait chaque nuit à de si grands dangers. Mais que toi, mon ami,
mon fils, le fiancé de Jeanne, tu m'aies trompé à ce point,
que tu m'aies joué, trahi, quand je te montrais tant de
confiance et d'abandon, cela me navre, cela me fait
regretter que tu ne m'aies pas laissé dans la mer où tes
camarades m'avaient jeté. On est inexcusable, à mon
âge, de croire à une physionomie franche et loyale; aussi
pour m'avoir abusé à ce point, moi qui ai tant de raisons
de voir les hommes sous un jour défavorable, il faut
que, malgré ton dévouement de cette nuit, tu sois déjà
profondément corrompu, expert en dissimulation et en
hypocrisie; il faut que tu sois un méchant!

Terre-Neuve s'attendait bien à des plaintes et à des
reproches; mais cette douleur contenue le frappa plus
que de sanglantes injures.

— Un méchant, père Maillard? — s'écria-t-il. — Croyez-
vous, en effet, que je sois un méchant? Est-ce ainsi que
vous jugez d'innocentes espiègleries dont vous deviez,
me disait-on, rire la première quand elles viendraient à
votre connaissance? Jusqu'à ces derniers temps, personne
ne m'avait donné à penser que la fraude était chose si
coupable; ma mère elle-même, quand je lui apportais
quelques écus gagnés au prix de tant de fatigues et de
dangers, me félicitait de mon zèle, de mon courage...
Hier seulement un honnête homme s'est rencontré sur
mon chemin et m'a fait entrevoir la gravité de mes fautes; aussi étais-je fermement résolu à changer de conduite... Allons! père Maillard, vous ne croyez pas, vous
ne pouvez pas croire que je sois un méchant?

— Votre bonne foi, malheureux jeune homme, prouve
combien vous êtes déjà perverti... Que parliez-vous
d'espiègleries? Était-ce donc une espiègleries que de vous
exposer la nuit dernière à recevoir une balle sortie de ma
carabine, de m'exposer, moi, à passer pour votre complice? Était-ce une espiègleries que de faire cause commune avec des gens qui ont voulu m'assassiner, que de
demander à la contrebande l'humble accueil exigé pour
votre établissement avec ma nièce? Allez, vous n'avez
plus le sentiment de l'honneur, et vous ne méritez pas
l'estime des honnêtes gens!

La consternation, le remords, le désespoir de Terre-
Neuve étaient à leur comble. Il voulut prendre la main
de Maillard qui la retira vivement, et il lui dit en sanglotant:

— Ne soyez pas si dur à mon égard, monsieur Maillard; on m'avait tourné la tête. J'ai pu être léger, coupable, mais si j'ai des torts je les réparerai, je vous le
promets; j'ai commencé déjà... Je vous en conjure,
laissez-moi l'espoir que vous pourrez me pardonner un
jour... Je vous le demande au nom de Dieu, au nom de
cette femme que vous avez perdue et à laquelle vous
pensez toujours, au nom de notre chère et bien-aimée
Jeanne!

— Ne prononcez pas ces noms, n'éveillez pas ces souvenirs, — interrompit Maillard avec énergie; — ces noms
dans votre bouche produisent l'effet d'un blasphème...

Tenez, je ne sais encore quelle détermination je prendrai, mais le mal que vous m'avez fait ne se guérira jamais.

Terre-Neuve se tut devant cette douleur opiniâtre, qui ne tenait compte ni des excuses ni des protestations, et un silence pénible régna dans la cabine.

Cependant le bruit et l'agitation ne cessaient pas au dehors ; la tempête ne diminuait pas de violence ; le navire roulait pesamment au milieu des lames et éprouvait à chaque instant d'horribles secousses. Tout à coup il sembla qu'un événement nouveau fût venu jeter le désordre dans l'équipage. Des cris d'effroi s'élevèrent sur le pont et couvrirent même les mugissements de la mer. Terre-Neuve et son compagnon, absorbés par leurs pensées, ne remarquaient pas cette circonstance quand le mousse parut.

— Ah ! monsieur le pilote, — s'écria-t-il avec terreur, — il ne vous servira de rien d'avoir évité les écueils ! Nous n'allons pas moins périr cette fois... Ma pauvre mère, je ne te reverrai plus !

— Qu'y a-t-il donc encore ? - demanda Terre-Neuve machinalement.

— Le navire a tant fatigué qu'une large voie d'eau s'est ouverte et les pompes ne peuvent la franchir... L'eau nous gagne de minute en minute, et, comme nos embarcations ont été emportées, notre mort est certaine.

— Une voie d'eau ? — répéta Terre-Neuve déjà plus attentif ; — ne saurait-on la boucher ?

— La cale est encombrée de marchandises dont on ne pourrait la débarrasser à temps ; d'ailleurs, la voie d'eau se trouve à l'extérieur, et le seul moyen de l'aveugler serait de plonger dans la mer ; or, qui oserait, par ce coup de vent, tenter une pareille entreprise ? Le capitaine promet monts et merveilles ; les meilleurs nageurs de l'équipage ne veulent pas l'écouter !

Terre-Neuve se leva et dit au mousse d'une voix brève :

— Reste ici et veille sur ton malade.

En même temps il se dirigea vers la porte de la cabine.

— Bon Dieu ! que voulez-vous faire ? — demanda le mousse.

— Où vas-tu, Louis ? — s'écria le douanier subitement ranimé.

Terre-Neuve s'arrêta.

— Monsieur Maillard, — dit-il avec un mélange de douceur et de tristesse, — quand je serai mort, vous me pardonnerez ; vous m'aimerez, j'en suis sûr, et puis vous parlerez de moi quelquefois à mademoiselle Jeanne.

Et il sortit précipitamment.

Le douanier le rappela ; Terre-Neuve ne revint pas.

— Cours après lui, mousse, — reprit Maillard avec agitation ; — dis-lui que je lui défends... C'est une folie, une extravagance ; il oublie donc ses amis, sa pauvre mère ? Dieu n'a-t-il pas fait assez de prodiges en sa faveur cette nuit ?

Le mousse resta immobile.

— Eh ! monsieur, — balbutia-t-il, — vous ne voyez donc pas qu'il essaye encore de nous sauver ?

— Son projet est insensé ; il va périr à la peine... Eh bien ! j'irai moi-même... Je ne souffrirai pas... — Maillard voulut se débarrasser ; ses forces trahirent son courage et il retomba sur sa couche. Cependant il appelait encore d'une voix faible : — Reviens, reviens, Terre-Neuve, je te pardonne... Tu épouseras Jeanne... je te promets...

De nouveaux cris, qui s'élevèrent sur le pont, lui coupèrent la parole. — Ah ! le malheureux enfant est perdu, — murmura le garde-côte avec désespoir, — et c'est moi qui en suis cause !

XVI

LA PLAGE DU TRÉPORT.

La perquisition opérée par les préposés de la douane chez Cabillot, n'avait produit aucun résultat ; le vieux contrebandier était trop fin pour garder dans sa maison des objets de provenance suspecte. Vainement donc on avait bouleversé son magasin ; on n'y avait trouvé aucune trace de ces magnifiques dentelles, enlevé avec tant de bonheur et de hardiesse à la douane du Plessis. D'autre part, grâce aux avis imprudents du brigadier Martin, il n'avait pas eu de peine à expliquer l'échange de ses vieux avirons contre les avirons neufs de la barque anglaise, et, bien que cette circonstance eût semblé peut-être un peu louche, on avait pas voulu se montrer trop rigoureux à cet égard, quand une autre charge ne pesait sur lui. Enfin, il s'était tiré blanc comme neige de cette affaire, et l'administration locale avait décidément tourné ses soupçons d'un autre côté.

Cependant, le soir du même jour, un peu après le coucher du soleil, Cabillot se promenait d'un air sombre et rêveur sur la plage du Tréport. Sa barque de pêche était amarrée à l'un des vieux canons plantés en terre au bord des bassins, et l'équipage, composé, suivant l'ordinaire, de ses deux fils et de ses deux neveux, faisait ses dispositions pour sortir du port à la marée suivante. Les uns mettaient en ordre les filets, les autres les voiles ; mais la besogne marchait mollement, car l'heure du départ était encore éloignée, et rien ne pressait. Aussi, quand le patron s'éloignait un peu, ne se gênait-on pas pour se reposer en jasant tout bas ou en fumant, tandis que Léonard allait s'asseoir tristement sur le beaupré.

Cabillot avait fort bien remarqué cette paresse inaccoutumée des jeunes marins ; mais dans les circonstances actuelles, il ne voulait pas les réprimander hors le cas de nécessité absolue. Il veillait seulement à ce qu'aucune conversation ne s'établît entre eux et les autres pêcheurs ; or, on avait retiré l'échelle qui mettait le flambart en communication avec le quai, et les barques voisines étaient désertes. Cabillot, rassuré, continua donc de se promener en long et en large, sans s'inquiéter beaucoup de ses matelots.

Comme nous l'avons dit, il était fort troublé lui-même, et son esprit n'avait pas sa lucidité ordinaire. Bien que tous ses plans eussent réussi depuis quelques jours, il ne pouvait se défendre d'une secrète angoisse, en se rappelant le crime abominable commis la veille, de complicité avec sa famille. Il n'éprouvait pas de remords, mais cette crainte vague, incessante, qui s'empare des criminels à leur début et leur fait voir partout des révélateurs ou des espions. En ce moment même où il venait d'échapper à un danger, il errait çà et là, l'œil attentif et l'oreille au guet, tremblant qu'une circonstance frivole et inattendue ne vînt trahir son affreux secret.

Il finit par s'éloigner de la barque, sans y songer, et s'avança vers la plage où se pressaient de nombreux promeneurs. La brise était forte encore, mais la tempête avait cessé ; et n'eût été une grosse houle qui grondait au large, rien ne rappelait plus les désastres de la nuit précédente. Tout le monde élégant des baigneurs se trouvait réuni sur le rivage, on se hâtait de respirer les fraîches et vivifiantes émanations de la mer, qui allaient devenir glaciales un peu plus tard. Des femmes en toilette de fantaisie erraient sur le sable fin de la grève ; des enfants jouaient avec les galets et les coquillages ; des fumeurs se trahissaient dans les vapeurs brunes du crépuscule à l'étincelle de leurs cigares. On causait, on riait. A l'extrémité de la promenade, une grande lumière annonçait l'établissement des bains où toute cette foule, avide de plaisir, allait bientôt se réfugier; déjà l'on entendait par intervalles les sons du piano qui se confondaient avec le murmure de plus en plus distinct et plus rapproché du flux.

Cabillot n'eut garde de se mêler à cette société choisie, dont ses haillons goudronnés eussent excité le dégoût. Il vint s'adosser au rempart gazonné de la batterie qui protège l'entrée du port, et regarda machinalement le tableau animé que présentait la plage.

Bientôt il remarqua non loin de lui un personnage simplement vêtu, mais de tournure distinguée, qui semblait aussi se tenir à l'écart. L'inconnu, de son côté, observait Cabillot et s'approchait insensiblement comme pour l'aborder. Dans la situation d'esprit où se trouvait le patron, tout était motif de défiance, et il éprouvait un extrême malaise à voir cette manœuvre suspecte; cependant il ne bougea pas. Tout à coup une voix bien connue lui dit avec précaution:

— C'est vous que je cherche, patron Cabillot.

Le mystérieux rôdeur était René de Listrac.

Cabillot fut aussi surpris qu'effrayé en reconnaissant son ancien passager.

— Vous? vous, monsieur? ma foi! je ne m'attendais guère...

— Convenez, mon cher, — reprit Listrac avec ironie, — que les gendarmes que vous m'avez envoyés ce matin ont bien mal fait leur devoir!

— Moi vous envoyer des gendarmes, à quoi pensez-vous donc? Je vous préviens pourtant que le brigadier était tout à l'heure sur la jetée, et si vous ne tenez pas à le rencontrer sur votre chemin...

— Vous prenez trop de soin, l'ami; les malfaiteurs seuls doivent craindre la justice... Mais ce n'est pas de cela qu'il s'agit. J'ai voulu vous voir pour vous demander des explications sérieuses au sujet de la disparition de ce malheureux Terre-Neuve. Vous êtes parvenu à tromper ma mère, vous ne m'abuserez pas de même... J'en suis sûr, vous êtes pour quelque chose dans cet affreux événement... L'autre soir, quand Louis a quitté la maison, il a dû aller vous joindre pour exécuter le coup de main dirigé contre la douane; depuis ce temps, il n'a pas reparu, et l'on a retrouvé une partie de ses vêtements au pied des falaises... Qu'avez-vous fait de lui? Je veux le savoir et je le saurai.

Une sueur froide coulait sur le front de Cabillot. Le patron répondit pourtant avec sa rudesse ordinaire:

— Ah ça! tout le monde s'est donc ligué pour me rompre la tête à propos de ce méchant marsouin de Terre-Neuve? N'aurai-je qu'à m'occuper de lui? Je ne l'ai pas vu, j'ignore ce qu'il est devenu...

— Cela ne prendra pas avec moi, patron; vous n'oserez pas nier, peut-être, que vos gens et vous, vous soyez les auteurs du vol de la douane?

— Eh bien! on peut en convenir avec vous, qui êtes un homme discret et qui êtes presque des nôtres; mais, parole d'honneur la plus sacrée, Terre-Neuve ne s'est mêlé de rien!

Et pour donner plus de créance à son affirmation, Cabillot raconta brièvement les faits, mais sans parler, comme on devait croire, des événements de la montée Verte. Listrac réfléchit pendant quelques instants:

— Il est possible que vous disiez vrai, — reprit-il enfin, — mais vous ne dites pas tout. Vous avez dû certainement voir Terre-Neuve sur la côte. Lorsqu'il me quitta, il paraissait fort agité, et il m'avoua qu'il allait prendre part à une expédition périlleuse. Savez-vous ce que j'imagine? Quand vous vous retiriez avec votre ballot de dentelles, vous aurez rencontré le sous-brigadier Maillard qui, brave comme il est, n'a pas hésité à vous attaquer. Terre-Neuve est accouru pour le défendre, et dans votre exaspération vous les avez jetés l'un et l'au-

tre à la mer... Dites, Cabillot, — poursuivit-il d'une voix sourde et profonde, — n'est-ce pas cela?

Le patron frémissait en voyant Listrac si près de la vérité. Néanmoins, sa présence d'esprit ordinaire ne faillit pas.

— Et vous pensez, monsieur, — dit-il avec une tranquillité affectée, — qu'après avoir exécuté notre coup, nous serions venus passer à la montée Verte où tout le monde assure qu'était arrivé l'accident? C'eût été vouloir chercher les douaniers et surtout cet enragé de Maillard. N'était-il pas plus sage de gagner sans retard l'intérieur du pays, où nous n'avions plus rien à craindre des gabelous?... Voyons, réfléchissez un peu, eussions-nous été assez simples pour commettre une pareille gaucherie? — L'argument était spécieux et Listrac ne savait comment le réfuter. Cabillot sentit son avantage: — Tenez, monsieur, — poursuivit-il avec bonhomie, — pourquoi ne pas adopter l'opinion commune, qui est la meilleure? Terre-Neuve était un brave garçon, toujours prêt à secourir des marins en péril, et son habileté de nageur le rendait plus hardi qu'un autre. Il aura su qu'un navire était en perdition à la montée Verte, et il se sera empressé de s'y rendre. Là, il aura trouvé Maillard, qui n'était pas poltron non plus; à eux deux ils auront voulu venir en aide aux naufragés, et ils auront péri à la peine. Ce n'est pas plus difficile que cela... et que sert-il d'aller chercher midi à quatorze heures?

Véritablement la version de Cabillot paraissait la plus probable. Toutefois elle n'expliquait pas certaines circonstances connues de Listrac, et celui-ci ne se montrait pas convaincu.

— Patron, — reprit-il avec sévérité, — je désire voir clair dans tout ceci, et si la moindre charge s'élève contre vous, je n'hésiterai pas à révéler ce que je sais sur votre compte.

— Comment! monsieur, vous que je considérais comme un homme d'honneur; vous qui nous avez donné votre parole de ne jamais nous trahir, vous auriez l'idée...

— Je vous ai donné ma parole de vous garder le secret pour vos actes de contrebande; mais je craindrais trop de devenir votre complice en vous gardant le secret pour des vols et des assassinats... Enfin, j'attendrai encore; à mon avis, il est impossible qu'il n'arrive pas bientôt quelque éclaircissement sur cette inconcevable catastrophe. On a retrouvé une partie des vêtements de Maillard et de Terre-Neuve; si ces malheureux ont péri, en effet, leurs corps ne peuvent manquer de se retrouver aussi, et cette découverte fournira sans doute quelques indications précieuses. D'autre part, j'ai des raisons de penser que le navire affalé à la montée Verte a fort bien pu se sauver; je viens d'examiner les débris rejetés par la mer : ce sont des agrès, des caisses de marchandises, mais je n'ai pas vu une seule pièce de bois prouvant que la coque a été brisée. Or, si le navire est parvenu à se réfugier dans un port du voisinage, comme je le présume, son équipage aura peut-être connaissance de l'événement qui a dû se passer non loin de lui... Aussi, je vous le répète, je vais attendre des lumières nouvelles; jusque-là, je ne vous perdrai pas de vue, et, si vous êtes coupable, je ne vous épargnerai pas, je vous le jure.

Le patron était atterré. Ces observations, il les avait faites déjà lui-même, et, à vrai dire, elles étaient la cause de cette sombre inquiétude qui le bourrelait. Il répliqua humblement:

— Que la vérité soit connue, je ne demande pas mieux. J'espère pourtant, monsieur, que vous ne voudrez pas accuser de pauvres gens sans preuves... Attendez encore; vous ne pouvez nous refuser cela à nous, qui vous avons rendu de si grands services! — Listrac répondit par un signe ambigu à cette requête et s'éloigna lentement. — Il ne faut pas laisser à ce gaillard-là le loisir de s'occuper de nos affaires, — dit Cabillot demeuré seul, — et pour cela il faut trouver moyen de l'occuper des siennes... Justement, — ajouta-t-il en fixant son regard sur une uniforme bleu galonné de rouge qui apparaissait dans la brume du soir, — voici le grippe-jésus qui m'arrive à point nommé.

Il se glissa vers le gendarme qui veillait au bon ordre dans la foule, et lui parla bas en désignant Listrac. Le gendarme, un de ceux qui s'étaient présentés chez la Guignet le matin, accueillit assez mal ces ouvertures.

— Allons ! mêlez-vous de ce qui vous regarde, vieux loup de mer, — lui dit-il avec humeur ; — allez-vous donc faire la police, à présent ? Vous n'êtes pourtant pas payé pour cela.

— Mais, encore une fois, c'est un personnage dangereux...

— Je le connais mieux que vous ; laissez-moi tranquille.

Et le gendarme lui tourna le dos.

Cabillot se mordit les lèvres.

— Suffit ! — murmura-t-il ; — on voit bien qu'il s'agit d'un homme riche ; le grippe-jésus eût sauté sur un pauvre diable comme un coq sur un grain de mil. Mais nous allons voir s'il sera toujours aussi bon enfant... Je vais prévenir la grande dame, c'est bien plus pratique. Elle ne doit pas être loin, car c'est bien sa voiture qui est arrêtée là-bas près du pavillon des Princes.

En effet, le patron ne tarda pas à reconnaître au milieu des promeneurs madame de Granville, qui s'avançait radieuse et triomphante. Elle était drapée dans ce burnous de cachemire blanc que nous connaissons déjà ; mais par-dessous ce vêtement, elle ne cherchait pas à cacher une éblouissante toilette préparée pour le bal qui allait avoir lieu dans les salons du Casino, selon l'habitude de chaque soir. Elle se trouvait seule de femme au centre d'un groupe d'hommes différents d'âges et de fortunes, mais tous élégants et d'une distinction suprême, qui lui formaient un cortège d'honneur. Elle parlait à voix haute, et chaque mot tombé de sa bouche moqueuse semblait être une perle que ses courtisans s'empressaient de recueillir ; des rires respectueux, des félicitations enthousiastes saluaient chacune de ses épigrammes. Elle marchait ainsi, fière et majestueuse comme une reine, et plus d'une honnête femme, qui la regardait de loin, se prenait à envier tout bas ce luxe, cette gaieté et ces triomphes, sans songer à quel prix ils étaient achetés.

Cabillot, aiguillonné par ses passions haineuses se dirigeait résolûment vers Caroline ; mais bientôt son pas se ralentit, et il s'arrêta tout à coup. Quoique peu timide par état et par caractère, le vieux fraudeur éprouvait un mortel embarras pour aborder, lui si grossier et si sordide, cette brillante coquette et son cortège d'admirateurs. Il se plaça donc sur le chemin de madame de Granville, afin de lui adresser au moins au passage ; mais, pour la première fois de sa vie, il sentait sa langue embarrassée, et il n'eût pu prononcer une parole intelligible. Heureusement la langue lui devint inutile.

La fière Caroline jeta un regard distrait au patron ; mais sans doute elle n'était pas disposée à reconnaître en ce moment son infime agent qui exhalait une odeur de pipe et de goudron, et elle allait passer outre, sans même lui accorder une marque d'attention, quand Cabillot désigna, par une pantomime énergique, un promeneur à quelques pas d'elle.

C'était Listrac qui, absorbé par ses réflexions, semblait s'être oublié au milieu de la foule ; il marchait tout pensif vers madame de Granville, les yeux baissés et sans la voir.

Caroline fronça les sourcils, comme si la hardiesse de Cabillot l'eût offensée ; mais à peine eut-elle envisagé le promeneur, qu'elle poussa un faible cri et demeura immobile.

Listrac, à son tour, releva la tête ; en apercevant en face de lui madame de Granville, il salua, sourit avec amertume, et continua son chemin du même pas lent et mesuré.

Tous les élégants qui escortaient Caroline avaient fait

halte comme elle au cri qu'elle avait poussé, et semblaient attendre l'explication de sa frayeur. Mais elle était incapable de parler ; pâle et haletante, elle suivait des yeux Listrac. Il était déjà loin quand elle put baibutier, en le montrant du doigt :

— C'est lui... saisissez-le ! C'est lui, vous dis-je ! Il va s'échapper !

Ses compagnons ne pouvaient la comprendre, et ils ne bougèrent pas.

— Qu'y a-t-il donc, charmante ? — demanda l'un d'eux en collant à son œil un lorgnon d'écaille.

— Quelqu'un vous aurait-il insultée ? — demanda un autre.

— Je vais bien l'attraper, moi ! — s'écria Cabillot, qui recouvra enfin sa présence d'esprit.

Mais au bout de trois pas, il se heurta rudement contre un personnage qui lui barrait la route ; c'était le gendarme de tout à l'heure.

— Prenez donc garde ! vieux rat de cale, — dit le militaire avec humeur ; — allez-vous insulter l'autorité, à présent ? Si vous y revenez, je vous conduirai quelque part où le soleil ne grillera plus votre face de parchemin.

Cabillot soupçonna que le gendarme ne se trouvait pas là tout à fait par hasard, et il s'éloigna rapidement sans oser répliquer ; mais Listrac avait disparu. Bientôt le patron sentit l'inutilité de ses efforts et cessa de courir.

— A quoi bon, — dit-il, — imbécile que je suis ! N'est-il pas clair que mon ancien passager s'entend maintenant avec la justice, et qu'il serait capable... Allons ! ce que je prévoyais depuis longtemps est arrivé ; mais toutes mes précautions sont prises, et avant de tourner les talons, je veux qu'il en cuise à plus d'un... Mille queues du diable ! on saura si j'ai froid aux yeux !... Il changea de direction et gagna sa demeure de la basse ville. La ménagère idiote était déjà couchée ; une obscurité complète régnait dans la maison. Toutefois Cabillot ne paraissait pas avoir besoin de lumière pour trouver ce qu'il venait chercher. Il pénétra dans la seconde pièce qui lui servait de magasin, ouvrit à tâtons un énorme bahut muni d'une double serrure, et empila dans un morceau de toile à voile des objets lourds et sonores qu'il en tira. Il fit de ces objets un paquet volumineux qu'il eut peine à charger sur ses épaules robustes. Au moment de sortir, il hésita, et son regard essaya de percer les ténèbres environnantes. — Il y a encore ici bien des choses qui vaudraient la peine d'être emportées, — murmura-t-il ; — mais ce n'est peut-être qu'une fausse alerte, et s'il y avait moyen de revenir... D'un autre côté, la Suzette va demeurer seule et sans ressources... Bah ! elle ira ramasser des moules et des bigorneaux, et puis les gens du pays sont charitables ! — A la suite de cette observation philosophique, il quitta tranquillement la maison, dont il ferma la porte derrière lui, et retourna vers le quai avec son fardeau. Quand il atteignit le port, la nuit était déjà fort noire, les premières lames de la marée pénétraient dans les bassins. Cabillot s'approcha de l'endroit où se trouvait sa barque et héla l'équipage ; aussitôt une échelle fut dressée contre le quai et il put descendre dans le flambart. En arrivant sur le pont, il paraissait épuisé de fatigue, et il laissa tomber sa charge qui rendit un son métallique. — Ah çà ! fainéants, n'est-vous pas plus avancés que cela ? — dit-il bientôt en remarquant les manœuvres encore en désordre ; — comment, la marée monte et rien n'est prêt ! Allons ! du cœur à la besogne, mille tonnerres ! ou je vais jouer avec un bout de corde. — Les jeunes gens s'agitèrent pour obéir. Tout à coup Cabillot s'écria d'un ton formidable : — Vous n'êtes pas tous ici... Il manque quelqu'un... Où est Léonard ? Qu'est devenu ce maudit pleurnicheur de Léonard ? — Personne ne répondit. — Je vous demande, — reprit Cabillot en jurant et en frappant du pied, — ce que vous avez fait de ce chien de Léonard. Il était là tout à l'heure.

— Père, ne nous battez pas, — répliqua Jean, le fils aîné, avec consternation ; — ce n'est pas notre faute... J'avais l'œil sur le petiot, comme vous me l'aviez commandé ; mais pendant que je parais la voile d'arrière et que Léonard était tranquillement assis sur le beaupré...

— En finiras-tu, butor ?

— C'est donc pour vous dire que tout à l'heure la diligence de Dieppe est arrivée là-bas sur la place et que les voyageurs sont descendus. Alors un jeune gars, qui avait la tournure d'un marin, est descendu avec les autres et il avait l'air de regarder en aval et en amont, comme s'il ne savait à qui parler. Enfin il s'est approché de nous et il nous a dit comme ça : « Vous autres, » qu'il a dit, « ne pourriez-vous pas m'indiquer où demeure la veuve Guignet, la mère à Louis Guignet, que l'on appelle Terre-Neuve ? » Nous étions tout interloqués ; mais Léonard, qui avait l'air de dormir, s'est levé d'un bond et a demandé : « L'ami, » qu'il a demandé, « est-ce que vous viendriez apporter à la mère Guignet des nouvelles de son fils ? — Ça serait possible tout de même, » a répliqué le jeune gars. Alors Léonard est devenu comme un fou. Il a sauté sur le flambart à Bluteau, il est monté sur le quai et il a rejoint le petit marin qui l'attendait. J'ai rappelé Léonard ; je lui ai dit que j'allais lui casser les reins s'il ne revenait pas, que vous seriez furieux contre lui, mais il n'a pas écouté et il est parti avec l'autre.

— Comment ! vous ne l'avez pas suivi, vous ne l'avez pas ramené de force ?

— Il a fallu le temps de disposer l'échelle et, quand je suis parvenu sur la chaussée, mes deux gaillards s'étaient déjà donné de l'air.

— Pourquoi n'as-tu pas couru après eux ?

— Écoutez donc, père ; vous aviez expressément défendu de quitter le bord, et comme il tournait des coups de garcette...

Cabillot lâcha un effroyable blasphème.

— Vous ne faites que des sottises, — gronda-t-il ; — il faut que je voie par moi-même, ou nous sommes perdus.

Il se hâta de pousser dans un compartiment du bateau le paquet précieux qu'il venait d'apporter et referma le panneau avec grand soin, malgré la gravité des circonstances. Au moment de mettre le pied sur l'échelle, il dit d'un ton bref :

— Vous allez détacher les amarres et vous tenir prêts à filer au large aussitôt que l'eau sera suffisamment haute. Je vous défends de bouger, de causer entre vous jusqu'à mon retour. Si quelqu'un voulait monter à bord vous le recevrez à coups d'aviron et de barre d'anspect... Vous m'avez entendu ? malheur à celui qui commettrait la moindre imprudence ! Il y va de notre vie à tous.

Et il partit, laissant les jeunes gens épouvantés de la sévérité de cette consigne qui annonçait des périls imminents.

Cabillot parcourut à grands pas les quais, la jetée, la plage et la plupart des bas quartiers de la ville, mais il n'aperçut ni son fils, ni le jeune marin avec lequel Léonard s'était éloigné. Pensant qu'ils se trouvaient déjà chez la mère Guignet, il y courut au risque de ce qui pourrait arriver. Mais la maison était noire et silencieuse ; personne ne répondit au patron quand il frappa, et une voisine obligeante lui apprit que la veuve était sortie. Cabillot attendit pourtant quelques minutes, espérant voir arriver Léonard et le marin inconnu ; son attente fut vaine.

— Il serait imprudent de froidir ici davantage, murmura-t-il enfin ; — je gagerais qu'on est en train déjà de tramer des manigances contre nous... Partons, car il est temps... Infâme gredin de Léonard ! Si je le tenais en pleine mer... — Il revenait en courant vers le port quand il se trouva face à face avec le brigadier Martin que les grands événements de la journée avaient ramené à la ville. — C'est, de par le diable ! un bon vent qui vous pousse dans mes eaux en ce moment, — dit-il avec un accent singulier de haine et de raillerie ; — je vais, brigadier, vous récompenser du service que vous m'avez rendu ce matin en me prévenant des sottes accusations portées contre moi, et vous ferez de mes révélations l'usage que vous voudrez... Sachez donc ce que sont devenues les dentelles enlevées à la douane : une partie se trouve chez le ladre égoïste de Couturier, qui a dans son arrière-boutique une armoire cachée par la boiserie ; l'autre est déjà entre les mains de l'orgueilleuse dame de Granville, au château du Plessis ; une troisième, enfin, doit être chez Jeanne Rupert, la nièce au grand Maillard... Vous n'aimiez pas Maillard, père Martin, et vous aviez bien raison, car il faisait la contrebande ou tout au moins il la laissait faire à sa nièce... Je ne vous en dis pas d'avantage ; cherchez soigneusement chez les personnes que je vous indique et vous trouverez sans aucun doute. La dame du château que s'entend avec les fraudeurs, et puis la nièce à Maillard, peut-être Maillard lui-même... On verra bien maintenant si c'était par jalousie que je parlais contre le sous-brigadier ! Allons ! voilà une affaire qui me fera plus d'honneur que ce débarquement des Anglais auquel personne n'a voulu croire ; je vais conter la chose à mes chefs.

Et il se dirigea vers la douane de la ville.

De son côté, Cabillot arrivait à son bateau qui commençait à flotter ; il s'élança sur le pont avec une vigueur extraordinaire.

— Au large, enfants ! gagnons le large bien vite, — dit-il d'une voix basse, mais énergique ; — il ne s'agit pas de clampiner, mais peu leste de sa nature, il le perdit bientôt de vue. — Je ne sais si le vieux coquin a voulu se moquer de moi, — pensa-t-il, — mais ceci mérite considération... La dame du château peut s'entendre avec les fraudeurs, et puis la nièce à Maillard, peut-être Maillard lui-même... On verra bien maintenant si c'était par jalousie que je parlais contre le sous-brigadier ! Allons ! voilà une affaire qui me fera plus d'honneur que ce débarquement des Anglais auquel personne n'a voulu croire ; je vais conter la chose à mes chefs.

Et il se dirigea vers la douane de la ville.

De son côté, Cabillot arrivait à son bateau qui commençait à flotter ; il s'élança sur le pont avec une vigueur extraordinaire.

— Au large, enfants ! gagnons le large bien vite, — dit-il d'une voix basse, mais énergique ; — il ne s'agit pas de clampiner, il faut que dans dix minutes nous soyons loin. Si l'on nous hèle, ne répondez pas, ne vous occupez que de la manœuvre... Pousse !

— Mais, patron, — demanda l'un de ses neveux, — n'allons-nous pas attendre Léonard ?

Un coup de poing renversa le questionneur.

— Voilà pour toi, — dit Cabillot, — et j'en promets autant à celui qui prononcera le nom de ce failli chien... Pousse, te dis-je !

Personne n'osa souffler, et le bateau glissa vers le goulet du port.

Revenons maintenant à madame de Granville. La frayeur, l'humiliation, la colère l'avaient clouée à sa place, et elle répondait par monosyllabes aux questions de ceux qui l'entouraient. Ce fut seulement quand Listrac eut éloigné, poursuivi par Cabillot, qu'elle se remit un peu.

— Cet homme est mon plus mortel ennemi, — dit-elle distinctement ; — messieurs, ne me quittez pas... s'il allait revenir !

— Mais de qui donc parlez-vous ! Je n'ai vu personne.

— Ni moi.

— Ni moi.

— Messieurs, — reprit Caroline avec agitation, — il faut que je parle à l'instant à monsieur R*** ; quelqu'un de vous l'aurait-il vu au Casino ?

Monsieur R*** était le premier magistrat de la ville

d'Eu, et Caroline, on s'en souvient, lui avait déjà demandé secours et protection.

— Je viens d'apercevoir monsieur R*** devant le salon de lecture,—dit un des assistants, grand et beau jeune homme à moustache retroussée.

— Eh bien ! monsieur de Beausset, donnez-moi votre bras, — reprit Caroline avec vivacité, — et veuillez me conduire à monsieur R*** ; quant à vous, messieurs, nous nous reverrons au bal.

Elle salua distraitement, prit le bras du grand jeune homme qui paraissait très-fier de cette préférence, et l'entraîna.

Elle trouva en effet monsieur R*** assis en face de la mer et causant avec un personnage en grande redingote et en large chapeau. Ce personnage, à la vue de Caroline, se retourna vivement et s'éloigna comme par discrétion. Quant à madame de Granville, elle congédia son cavalier sans beaucoup de cérémonie, et s'asseyant sur le siège demeuré vide, elle se mit à parler bas au magistrat.

Mais cette fois monsieur R*** l'écoutait avec une froideur marquée.

— Si je ne me trompe, madame, — dit-il enfin avec un accent de raillerie, — vous avez tort de vous plaindre ; ce monsieur de Listrac ne vous a ni insultée, ni menacée ; il ne s'est porté envers vous à aucune violence. Vous reconnaissez même qu'il vous a saluée avec politesse ; que lui reprochez-vous donc ?

— Il m'a saluée pour me braver, et si je n'avais pas été si bien accompagnée, j'aurai eu tout à craindre de ce misérable. D'ailleurs oubliez-vous, monsieur, qu'il est déjà convaincu d'assassinat et que votre devoir vous oblige...

— Avec votre permission, madame, — interrompit le magistrat sèchement, — je n'ai pas besoin qu'on me rappelle mon devoir... En ce qui concerne monsieur de Listrac, la justice est saisie ; il n'appartient à personne de s'immiscer dans ses opérations.

Caroline fut froissée de ce langage officiel qui remplaçait pour elle le langage de la galanterie. Elle se leva brusquement :

— C'est assez, monsieur,—reprit-elle en retenant avec peine des larmes de honte ;— sans doute vous commencez à vous lasser de vos complaisances pour moi, et la morgue des gens de robe... Heureusement il me sera facile de trouver des protecteurs et des amis, plus soigneux que monsieur R*** de mon repos et de ma sûreté ; je compte m'adresser à eux désormais... Adieu, monsieur ; mille grâces.

Elle s'inclina légèrement et entra dans le salon du Casino, où le murmure admirateur des femmes, l'empressement des hommes autour d'elle, ne tardèrent pas sans doute à effacer l'impression pénible que lui avait laissée ce court entretien.

Dès qu'elle fut partie, le personnage qui s'était subitement éclipsé à son approche rejoignit monsieur R***, le sourire sur les lèvres ; c'était monsieur de P***. Les deux fonctionnaires reprirent la conversation interrompue, en se promenant sur la plage au bruit de la mer.

Ils cherchaient ensemble le moyen d'éluder une difficulté, et ce moyen ne se trouvait pas. Un peu découragés, ils allaient se séparer, quand le commissaire de la marine s'approcha de monsieur R*** et lui annonça qu'il avait à l'entretenir d'une affaire de service.

Le commissaire venait d'apprendre de l'officier de la douane les aveux faits par Cabillot au brigadier Martin, et comme ils intéressaient autant le pouvoir judiciaire que l'administration des douanes, il s'était hâté d'en référer à monsieur R***.

Monsieur de P*** était d'un rang trop élevé pour descendre à de pareils détails, et il voulait se retirer ; l'autre magistrat le retint.

— Un moment, monsieur, -- lui dit-il en souriant ; — il s'agit de personnes de votre connaissance.

Et il lui apprit l'accusation portée contre madame de Granville. Monsieur de P*** se frappa le front :

- *Eurêka* ! j'ai trouvé ce que je cherchais ! — s'écriat-il d'un ton joyeux.— Je sais maintenant comment nous pourrons éviter un scandale préjudiciable à la maison du pauvre vieux général de Sergey... Écoutez-moi, messieurs.

Et il leur communiqua son plan.

XVII

LA ROBE DE DENTELLE.

A la chute du jour, la veuve Guignet s'était acheminée vers le village du Plessis où demeuraient madame Rupert et sa fille Jeanne. Bien qu'elle n'eût jamais, comme nous l'avons dit, éprouvé une très-vive sympathie pour la sœur et la nièce du douanier, elle les recherchait en ce moment par une sorte d'instinct, car elle les savait aussi malheureuses, aussi désespérées qu'elle-même.

Elle retrouva les deux femmes seules dans leur petite maison couverte en chaume. Ce n'était pas que les, comme chez elle, les consolateurs et les consolatrices eussent manqué pendant la journée précédente, et l'on pouvait voir encore les sièges rangés en cercle autour du foyer ; mais tout le monde s'était retiré, et il semblait que les affligées ne dussent plus être dérangées jusqu'au lendemain.

Une chandelle éclairait cet intérieur simple et modeste, mais d'une exquise propreté ; la mère et la fille travaillaient à un ouvrage de couture, dont la fraîcheur et la richesse contrastaient avec la pauvreté du logis. Jeanne à demi-vêtue, était assise sur son lit, les joues empourprées de fièvre, les yeux hagards ; elle s'escrimait en silence de l'aiguille et des ciseaux avec une activité convulsive. Sa mère occupait une chaise de paille en face d'elle, mais elle ne mettait pas la même ardeur à la besogne ; son regard inquiet se tournait plus fréquemment vers Jeanne elle-même que vers la gaze blanche étalée sur ses genoux. Il avait fallu un motif bien pressant pour déterminer ces deux pauvres créatures à reprendre leurs travaux quand elles étaient sous le coup d'une terrible catastrophe.

Lorsque la Guignet ouvrit la porte, madame Rupert se leva d'un air effrayé et fit quelques pas au-devant d'elle ; mais en reconnaissant la mère de Terre-Neuve elle se rassura et dit d'un air attendri ;

— Est-ce vous, madame Guignet ? Je ne me serais pas souciée qu'une autre que vous pût nous voir ce que nous faisons, ma fille et moi, mais entrez... entrez, vous êtes toujours la bienvenue !

La visiteuse répondit avec une simplicité farouche :

— Les autres m'assommaient, là-bas chez moi ; leurs larmes de commande, leurs consolations données du bout des lèvres m'agaçaient les nerfs... Ici du moins on pleure franchement, parce qu'on en a grand sujet, et c'est pour cela que je suis venue. — Elle s'assit sur un escabeau. — Madame Rupert,—demanda-t-elle après un moment de silence,— avez-vous des nouvelles ?

— Aucune ; et vous ?

— Aucune. — Elles se turent encore ; la Rupert avait repris sa place. Jeanne faisait manœuvrer son aiguille avec une sorte de fureur. L'attention de la veuve Guignet finit par se fixer sur l'ouvrage de la mère et de la fille.

— Que diable faites-vous là ?—reprit-elle brusquement ? —une robe de mousseline blanche garnie de dentelles ? Ah ça ! iriez-vous à la noce, par hasard ?

— A la noce !—répéta la Rupert dont les larmes à ce mot coulèrent en abondance. Elle reprit bientôt en se penchant mystérieusement vers la veuve : — Cette robe est destinée à Notre-Dame-du-Tréport; Jeanne l'a vouée à la Vierge pour obtenir que ceux que nous pleurons puissent nous revenir.

— Revenir! — s'écria la Guignet, dont la voix rude s'altéra elle-même; — croyez-vous donc qu'ils reviendront jamais? — Elle poursuivit d'un ton différent: — Ils ne reviendront plus, et vous en serez pour votre robe... Est-ce que Notre-Dame peut renvoyer parmi les vivants ceux qui sont noyés au fond de la mer? Gardez ces jolies fanfreluches, je vous le conseille. Vous avez là de fort belle mousseline d'où l'on pourra tirer plus d'une coiffe pour les dimanches, et quant aux dentelles... Miséricorde! où donc avez-vous eu ces riches dentelles?

— Je crois que ma fille les tient de la douane, — répliqua madame Rupert avec embarras; — mais chut!— ajouta-t-elle plus bas, — tout ce que vous pourriez dire, je l'ai dit à la pauvre Jeanne, et inutilement. Le médecin a défendu de la contredire, car la tête voyez-vous...

Elle fit signe que la raison de sa fille était égarée.

— Serait-il possible? — demanda la Guignet.

— Il n'est que trop vrai; les secousses de cette affreuse journée ont troublé son esprit. Maintenant elle est calme, mais obsédée par une idée fixe, et il serait dangereux de la contrarier. Comme je vous l'ai dit, le médecin est venu ce soir, envoyé par la bonne demoiselle du château; il espère que l'égarement sera momentané, mais il recommande expressément de céder à toutes les fantaisies de cette malheureuse enfant, quelles qu'elles soient; et voilà pourquoi je m'occupe de cet ouvrage, quand je voudrais m'occuper de toute autre chose!

Les larmes et les sanglots lui coupèrent la parole.

La veuve Guignet observa Jeanne ne paraissait rien entendre et continuait de tailler et de coudre. Voulant peut-être s'assurer du degré de folie de la pauvre fille, elle lui dit avec une affabilité un peu gauche:

— Eh! mignonne, crois-tu vraiment que si tu donnes cette robe à Notre-Dame-du-Tréport, la bonne Vierge te fera retrouver ton oncle Maillard?

Cette fois Jeanne parut avoir compris cette question qui se rapportait parfaitement à sa manie.

— J'en suis sûre, — répliqua-t-elle.

— Et mon garçon Louis aussi?

— Oui, oui, mon oncle Maillard et notre cher Louis... La sainte Vierge nous les rendra l'un et l'autre.

— Bah! pareille chose n'est jamais arrivée.

— Elle est arrivée cent fois au contraire. Voyez tous les ex-voto suspendus dans l'église de l'abbaye; ils rappellent le souvenir des marins que la Vierge a tirés des plus grands périls, qu'elle a ramenés au pays pour le bonheur de leurs femmes ou de leurs sœurs... Écoutez, mère, et vous aussi, madame Guignet, — continuat-elle d'un air confidentiel; — ne vous désolez pas; rien n'est encore perdu. J'irai pieds nus en pèlerinage à la chapelle de Saint-Laurent, qui est, vous le savez, là-bas sur la montagne, en face de la ville d'Eu; puis, je reviendrai à l'abbaye pour revêtir la sainte Vierge de sa robe. Quand j'aurai accompli mon vœu et quand je me retournerai... mon oncle et Louis seront devant moi, au pied de l'autel!

Ces mots étaient prononcés avec un enthousiasme extraordinaire, avec une conviction entraînante.

— Vous voyez bien! — dit madame Rupert; — mon Dieu! pourvu que son égarement ne dure pas!

La mère Guignet ne paraissait pas aussi sûre que la folie seule eût inspiré la fiancée de son fils. Elle demeura pensive pendant un moment.

— Voisines, — reprit-elle tout à coup, — ne pourraisje vous aider un peu à coudre ces rubans et ces dentelles? Essayons! si cela ne fait pas de bien, cela ne fera toujours pas de mal.

Et elle se mit au travail comme les autres.

Une partie de la soirée s'écoula ainsi. La Rupert et la Guignet échangeaient quelques rares paroles; quant à Jeanne, elle était retombée dans son mutisme obstiné.

L'ouvrage avançait, quand on frappa vivement à la porte. Les deux femmes s'interrompirent et se regardèrent comme pour se demander qui pouvaient venir si tard. Mais avant qu'elles eussent songé à prendre une décision, la porte s'ouvrit; Léonard Cabillot et le jeune marin de Dieppe entrèrent dans la maison.

L'inconnu se tenait timidement dans l'ombre, son bonnet à la main; mais Léonard qui, grâce à la contrainte qu'il exerçait sur lui son terrible père, se montrait habituellement froid et réservé, éprouvait en ce moment une violente agitation. Il était pâle, hors d'haleine; ses yeux brillaient d'un éclat inaccoutumée. A la vue de la veuve Guignet et de la Rupert, il s'écria:

— Je savais bien, moi, que nous les trouverions toutes ici!... Eh bien! mes chères dames, réjouissez-vous; j'apporte d'heureuses nouvelles... Terre-Neuve et le grand Maillard ne sont pas morts; ils ont été sauvés par le Saint-Charles, ce brick qui a failli périr lui-même à la montée Verte. Ils sont maintenant à Dieppe en sûreté, quoique un peu malades l'un et l'autre; mais vous les reverrez bientôt et voici le mousse du Saint-Charles, un brave garçon, qui vient de leur part afin de vous rassurer.

Certes, ces bonnes nouvelles auraient pu être transmises avec plus de ménagements aux pauvres affligées; mais celui qui parlait paraissait si heureux et si fier d'en être porteur, qu'on devait lui pardonner son imprudente précipitation.

Jeanne était demeurée impassible; quand aux deux mères, les paroles de Léonard avait produit sur elles des effets différents. Madame Rupert était tombée presque évanouie sur un siège, tandis que la Guignet, d'abord stupéfaite, s'élançait d'un bond vers Léonard, le saisissait au collet et le secouant avec une vigueur irrésistible, disait d'une voix rauque:

— N'es-tu pas le fils de cet abominable vieux coquin de Cabillot! Ton scélérat de père ne t'a-t-il pas chargé de propager ce mensonge pour appuyer quelqu'une de ses secrètes infamies? Si je le croyais, tu ne sortirais pas vivant de mes mains, vois-tu! Je te briserais les os... je te tordrais le cou... je...

— Mais vous m'étranglez tout de bon! — s'écria Léonard en se débattant; — lâchez-moi, mère Guignet; lâchez-moi donc, morbleu!... Je ne vous ai rien dit que de vrai. Si vous doutez, vous pouvez questionner le mousse du Saint-Charles; il vous contera la chose dans le plus grand détail.

Il se dégagea par un effort vigoureux. Alors la Guignet marcha vers le mousse, l'enveloppa d'un regard avide et lui dit:

— Tu es jeune, tu as une bonne figure, tu ne saurais vouloir me tromper... Je gagerais, petiot, que tu as encore ta mère?

— Certainement que j'ai ma mère, et une bonne mère encore! — répliqua le marin, dont le visage s'épanouit; — à preuve que je vais la voir à Dunkerque et que je serai bien heureux!

— Réponds-moi donc comme tu répondrais à ta mère... Réfléchis bien et ne mens pas... Est-il vrai que mon fils, Louis Guignet, existe encore?

— Sans doute, madame, et le capitaine m'envoie pour vous apprendre que monsieur Louis et le douanier Maillard sont encore vivants... Monsieur Louis est un bien honnête jeune homme, allez! Il nous a sauvés deux fois, d'abord en pilotant le Saint-Charles au milieu des rochers de cette côte, ensuite en plongeant en pleine mer pour aveugler une voie d'eau qui s'était déclarée sous la quille du navire; aussi le capitaine et l'équipage se feraient-ils couper en morceaux pour lui; et moi donc, je l'aime... je l'aime comme un frère!

En même temps, il se mit à raconter les circonstances que nous connaissons déjà et les compléta par le récit des événements postérieurs. Pour être bref, nous dirons que Terre-Neuve avait réussi complétement dans son entreprise de boucher la voie d'eau. Grâce à son dévouement, le *Saint-Charles* était parvenu à entrer dans le port de Dieppe où l'on s'occupait maintenant de le radouber. Quant à Terre-Neuve et à Maillard, encore malades des suites de ces rudes secousses, ils restaient à Dieppe, où le capitaine les faisait soigner. Ils comptaient revenir prochainement au Tréport; en attendant, ils avaient envoyé le mousse pour rassurer leurs familles, dont ils devinaient les mortelles angoisses.

Toutefois, le mousse ne parlait pas de la manière dont l'un et l'autre étaient tombés à la mer, soit qu'il ne sût rien à ce sujet, soit qu'il eût reçu l'ordre exprès de n'y faire aucune allusion. Il semblait croire réellement qu'ils étaient venus au *Saint-Charles* dans l'unique intention de porter secours aux naufragés; et cette croyance, feinte ou véritable, avait été particulièrement agréable à Léonard Cabillot, qui envisageait avec terreur les suites d'une révélation complète.

On comprendra sans peine l'impression profonde que ce récit détaillé dut produire sur les deux femmes. Madame Rupert levait les yeux au ciel, se frappait la poitrine en remerciant Dieu. La veuve riait aux éclats, pleurait et paraissait tout à fait folle de joie.

— Eh bien! mère Guignet, quand je vous disais! — s'écria Léonard; — n'est-ce pas que votre petit Terre-Neuve s'est joliment conduit et qu'il eût été dommage...

— Tu es toi-même un bon drôle et je te demande pardon pour les tiens et pour toi de mes sottes idées... Quant à toi, mon mignon, — ajouta la Guignet en prenant sans façon le mousse dans ses bras et en l'enlevant comme un enfant, — nous ne nous quitterons pas ainsi... Sans doute, tu n'as pas de gîte au Tréport; tu vas donc venir avec moi, je te régalerai bien; tu auras une omelette de douze œufs, du lard et du cidre à discrétion; tu coucheras dans le lit de Terre-Neuve, et pendant la nuit nous parlerons de lui; tu me raconteras tout, car je veux tout savoir... Oh! tu vas venir, ou tonnerre! je te fourre dans mon tablier et je t'emporte, que tu le veuilles ou non.

Elle l'eût fait comme elle le disait, et le mousse moitié riant, moitié effrayé, avait peine à se dégager.

Cependant madame Rupert s'était approchée de sa fille qui seule ne partageait pas la joie commune et qui poursuivait imperturbablement son travail de couture.

— Jeanne, mon enfant, comprends-tu? — s'écria-t-elle en pleurant; — ton oncle Maillard et Louis sont sauvés; ce marin les a vus aujourd'hui même, il vient de leur part. La sainte Vierge a déjà exaucé ton vœu... tu m'entends bien, n'est-ce pas? Maillard et Louis sont à Dieppe.

La jeune fille se taisait toujours et ne levait même pas les yeux.

— Si c'est là mademoiselle Jeanne Rupert, — dit le mousse du *Saint-Charles* en s'approchant respectueusement, — je suis chargé de lui dire de la part de monsieur Louis, qu'au milieu des plus grands dangers, il n'a cessé de penser à elle et qu'il a une extrême impatience de la revoir.

Ce message affectueux qui, en tout autre moment, eût fait bondir le cœur de la pauvre Jeanne, la laissa froide et indifférente. Elle semblait exclusivement occupée de donner un tour gracieux à une ruche de dentelle, et murmurait en examinant son ouvrage avec complaisance:

— A merveille! la sainte Vierge n'aura rien à me refuser... aussi bien ne fais-je pas partie de sa confrérie? Quand je me retournerai, ils seront l'un et l'autre au pied de l'autel.

Madame Rupert soupira; les assistants se préparaient à lui donner des consolations, mais la porte s'ouvrit de nouveau, et l'on dit impérieusement:

— Au nom de la loi, que personne ne bouge! nous venons opérer une perquisition pour nous assurer qu'il ne se trouve rien ici de sujet aux droits.

Le brigadier Martin entra, suivi d'un autre douanier, tandis qu'un troisième se tenait en faction près de la porte.

Les assistants étaient déjà sous le coup d'émotions trop fortes pour que cette occupation quasi militaire du logis de Maillard les impressionnât bien vivement. La Rupert, habituée à considérer le brigadier comme un ami, courut à lui avec précipitation:

— Ah! monsieur Martin, monsieur Martin, — s'écriat-elle, — quelle soirée! Vous savez que mon pauvre frère est retrouvé, qu'il est vivant, qu'il va revenir? Mais ma fille, ma malheureuse fille...

— Que dites-vous? — demanda le brigadier abasourdi; — on a des nouvelles de Maillard? — Aussitôt la Rupert se mit à raconter avec volubilité les faits parvenus depuis peu d'instants à sa connaissance; elle invoqua le témoignage du mousse, de Léonard, de la mère Guignet, qui s'empressèrent à leur tour d'apporter leur tribut de renseignements. Martin et ses hommes écoutèrent ces détails avec beaucoup d'attention; mais la réaction ne tarda pas à s'opérer dans l'esprit du gros brigadier. — Comme ça, — reprit-il en pinçant les lèvres, — ce Maillard va nous revenir et faire ses embarras plus que jamais! A cause des services qu'il aura rendus à ces naufragés, on lui donnera de l'avancement on le nommera brigadier comme moi peut-être... Tout cela est fort bien, mais je ne connais que mon devoir. J'ai reçu des ordres et je dois les exécuter. Je vais donc vérifier s'il ne se trouve pas dans cette maison des marchandises de contrebande.

— De la contrebande chez nous? — s'écria la Rupert; — ah! monsieur Martin, pourriez-vous croire...

Elle s'arrêta, frappée d'une idée et se glissa entre le brigadier et sa fille.

— N'essayez pas de le nier, — reprit Martin; — s'il faut l'avouer, vous avez été dénoncée. Véritablement, je n'aurais jamais attendu pareille chose de vous, madame Rupert, et de mon sous-brigadier en qui j'avais si grande confiance... Comme on est trompé!

— Monsieur Martin, je vous assure...

— Encore une fois, n'essayez pas de nier... voici justement Léonard Cabillot qui, si je ne me trompe, pourra confirmer la chose, car je le tiens de son père.

— De mon père! — dit Léonard troublé, — vous l'avez donc vu? et c'est lui qui prétend... Non, non; mon père se trompe; je vous assure, moi, que jamais le grand Maillard et sa famille n'ont trempé dans ces affaires de fraude.

— Eh! qu'en sais-tu? réponds pour toi-même, vaurien... Mais tout cela est du verbiage inutile; nous allons bien voir! Vous ne vous plaindrez pas de moi, madame Rupert; j'ai été bon enfant aujourd'hui pour votre fille et pour vous, quand je vous voyais affligées; mais il n'y a pas à plaisanter avec la consigne. Aussi je pense que personne n'est disposé à résister à la loi?

Les assistants restèrent immobiles.

— Ma foi! — dit la Guignet en éclatant de rire, — j'aurais cru que l'eau de la mer deviendrait du cidre avant que la famille Maillard se mêlât de contrebande, on apprend à tout âge.

Déjà le brigadier, aiguillonné par la jalousie que lui inspirait la belle conduite de Maillard, promenait autour de lui ce regard inquisiteur particulier aux gens de sa profession. Son attention se porta d'abord sur la robe précieuse dont Jeanne poursuivait impassiblement la confection, et que sa blancheur éclatante rendait fort remarquable.

— Qu'est cela? — demanda-t-il en s'approchant brusquement, — voilà de superbes dentelles étrangères; de qui les tenez-vous, madame Rupert?

— Ces dentelles... attendez, je vais vous expliquer... ce que vous voyez là, monsieur Martin, c'est une robe pour la Notre-Dame-de-l'Abbaye; Jeanne a fait un vœu.

— Fort bien; mais d'où viennent ces dentelles? à qui les avez-vous achetées?

— Je ne les ai pas achetées, — balbutia la pauvre femme qui perdait la tête; — ma fille les avait... je crois qu'elle les tenait de son oncle Maillard...

— De Maillard? voilà ce que je voulais savoir, — répliqua le brigadier; — souvenez-vous bien de cette circonstance, vous autres, — ajouta-t-il en s'adressant à ses hommes.

Madame Rupert comprit sa faute.

— Mais non, je me trompe, — reprit-elle; — Maillard l'ignorait au contraire... Jeanne seule pourrait expliquer comment elle s'est procuré ces belles choses; mais dans l'état d'esprit où elle se trouve...

— Eh bien! si vous ignorez d'où elles proviennent, — dit le gros brigadier qui avait examiné rapidement la robe inachevée, — je peux vous le dire, moi... Je reconnais parfaitement ces dentelles pour avoir fait partie des marchandises de fraude soustraites à la douane. Je n'en peux pas douter, — poursuivit-il en montrant le carton sur lequel les légers tissus étaient enroulés; — voici la marque de fabrique que nous avons trouvée sur les autres, et voici encore les chiffres que j'ai tracés moi-même au crayon pour déterminer l'aunage de la pièce de malines, quand nous avons dressé un rapide inventaire du ballot.

Ces preuves étaient claires, précises, et les dénégations devenaient impossibles.

— Eh bien! je l'avoue, — dit la pauvre mère en pleurant, — j'ai des raisons de penser que Jeanne a pris hier dans votre chambre ce paquet de dentelles, à mon insu et sans y voir de mal. Vous savez, mon bon monsieur Martin, combien les jeunes filles sont étourdies; ça ne sait rien de rien. Jeanne aura voulu avoir de quoi faire une robe à la sainte Vierge, et il n'y a pas grand mal à cela, n'est-ce pas? Peut-être aussi sa malheureuse folie lui avait-elle déjà troublé la cervelle...

— Tout cela ne me regarde pas, — répliqua Martin brutalement; — que ces marchandises aient été fraudées ou volées, ou peut-être l'un et l'autre, ce n'est pas mon affaire. Je consignerai le cas dans mon procès verbal, puis vous vous expliquerez avec mes supérieurs... En attendant, je vais saisir robe et dentelle; vous aurez à les réclamer à la douane, s'il a lieu.

Après avoir prononcé cette formule sacramentelle, il se dirigeait vers le lit pour s'emparer de la robe d'ex-voto; mais Jeanne, qui pourtant n'avait paru donner aucune attention à l'entretien, rejeta vivement son ouvrage de côté; elle étendit les bras pour le protéger contre le douanier, et dit avec énergie:

— N'approche pas... impie !... sacrilège! Ne craignez-vous pas que Dieu vous foudroie, si vous portez la main sur cette robe destinée à sa sainte Mère?

— Bah! ça ne prendra pas, ma belle enfant, — répliqua Martin d'un ton goguenard; — le curé pourra passer à la douane, s'il a des réclamations à présenter... Quant à moi, je vous l'ai dit, je ne connais que mon devoir.

— Malheureux ! — s'écria madame Rupert éperdue, — vous voulez donc la tuer? Le médecin a défendu...

— Arrière, scélérat, profanateur ! — reprit la jeune fille, dont les yeux s'enflammèrent; — je ne vous laisserai pas accomplir ce sacrilège. L'existence de deux personnes dépend de l'accomplissement de mon vœu; si je ne m'acquittais pas de ma promesse envers Notre-Dame-de-l'Abbaye, ni mon oncle, ni mon fiancé Louis ne reviendraient jamais!

— C'est ce qu'il faudra voir; mais finissons-en avec ces simagrées... voulez-vous, oui ou non, me livrer ces marchandises de fraude?

— Non, non, mille fois non.

— Alors, tant pis, je les aurai malgré vous.

Il se mettait en devoir d'employer la force, mais il fut rejeté par une main vigoureuse jusqu'à l'autre extrémité de la chambre.

— Dites donc, grosse caque de harengs, — reprit la mère Guignet, qui s'était hâtée d'intervenir, — n'avez-

vous pas honte de vous conduire ainsi? Eh bien! quand elle aurait fait un petit bout de contrebande, cette enfant, où serait le mal? Allons! ne vous avisez pas de la tarabuster davantage et montrez-nous les talons, ou je vais m'en mêler tout de bon!

Léonard et le mousse du *Saint-Charles* se montrèrent également disposés à défendre la fiancée de Terre-Neuve, et malgré les supplications de madame Rupert, qui demandait la paix à mains jointes, un conflit paraissait inévitable. Heureusement le brigadier fut intimidé par l'attitude menaçante des assistants; peut-être aussi avait-il quelques remords de la violence de ses procédés dans la maison d'un camarade. Il se drapa donc dans sa dignité et reprit d'un ton majestueux:

— Si un homme avait osé porter la main sur moi comme cette maudite vieille, il aurait vu de quel bois je me chauffe... Mais il n'y a rien à gagner avec des femmes. Je ne persisterai donc pas dans la saisie; je ne me donnerai même pas la peine de pousser la perquisition plus loin; à quoi cela servirait-il? Nous avons déjà trouvé dix fois plus de fraude qu'il n'en faut pour justifier un bon procès verbal. Seulement madame Rupert et sa fille se souviendront que je les constitue gardiennes de ces dentelles, et qu'elles auront à les représenter à la première sommation. Pour le moment, je me contenterai d'emporter ce carton comme pièce à l'appui.

Et il s'empara triomphalement du carton qui avait servi à enrouler la pièce de malines.

— Oui, prenez cela, — dit la mère Guignet en se moquant, — puisqu'il faut absolument que vous preniez quelque chose, et laissez-nous tranquilles.

— Personne ici, — poursuivit le brigadier fièrement, — n'aura lieu de se féliciter du mauvais accueil qu'on m'a fait... Que votre fameux Maillard revienne maintenant! il aura son compte, je vous le garantis.

Et il sortit avec ses douaniers, qui paraissaient un peu confus de la conduite de leur chef.

Quand ils furent dehors, madame Rupert s'abandonna sans réserve à sa douleur:

— Quelle réception ils préparent à mon pauvre frère qui vient déjà d'affronter tant de dangers!—disait-elle; — le cher homme, si chatouilleux sur ses devoirs, en mourra de chagrin; sans compter que ma malheureuse enfant... Oh! mon Dieu! pouvais-je croire qu'à l'heure même où l'on m'annoncerait le salut de Maillard et de ce cher Louis, j'éprouverais de si cruels chagrins!

— Allons! madame Rupert, tout s'arrangera, — reprit la Guignet d'un ton gaillard; — maintenant que je sais nos hommes vivants, le reste ne m'inquiète guère. Mais il est temps de partir et de vous laisser reposer... Moussaillon, c'est entendu, je t'enlève, et je vais t'amener chez moi où tu ne mourras ni de faim ni de soif.

— Et moi, je vais rejoindre mon père, car nous devons quitter le port à la marée haute, — répliqua Léonard qui parut s'éveiller en sursaut; — je suis en retard, et sans doute les coups de corde vont pleuvoir sur mes épaules... Mais bah! je m'en moque à présent.

— Partons donc, — dit la veuve, — et vous, madame Rupert, ne vous désolez pas. Je vais consulter sur cette affaire un excellent monsieur qui porte beaucoup d'intérêt à mon fils, et j'ai dans l'idée qu'il pourra nous donner un bon conseil.

On prit congé de la mère et de la fille. Celle-ci ne s'inquiéta pas du départ des visiteurs; seulement, comme ils franchissaient le seuil de la porte, elle se souleva sur son lit et dit avec un accent d'inexprimable joie:

— La robe est finie... Demain j'accomplirai mon pèlerinage, et je *les* trouverai l'un et l'autre au pied de l'autel de la sainte Vierge!

XVIII

LA CASSETTE D'ÉBÈNE.

Le lendemain dans la matinée, à l'heure à peu près où venait de finir le déjeuner de la famille, monsieur de P*** arrivait à pied au château du Plessis. Il trouva sous le péristyle le vieux Julien qui semblait l'attendre.

— Eh bien ? — demanda brièvement monsieur de P***.

— Rien de nouveau, — répliqua Julien à voix basse.

— Et la cassette ?

— Je ne l'ai pas perdue de vue.

— Madame de Granville ne l'a pas ouverte ?

— Ce n'était pas, je crois, l'envie qui lui en manquait. La nuit dernière, à son retour du bal, elle était inquiète, rêveuse, comme si elle se fût doutée de la vérité.

— En effet, une moins rusée qu'elle aurait pu concevoir des soupçons ; et vous dites qu'elle s'est occupée de la cassette ?

— Oui ; elle semblait vouloir y chercher quelque chose ; elle en a demandé la clef à sa femme de chambre, mais cette clef s'est trouvée perdue, égarée, et madame, après s'être impatientée un moment, a fini par n'y plus songer.

— Fort bien ; mais vous, j'imagine, vous savez où est la clef ?

— Derrière un meuble... où elle a l'air d'être tombée par hasard.

Monsieur de P*** sourit.

— De mieux en mieux, — reprit-il ; — ma foi ! Julien, si je vous avais connu au temps où j'étais juge d'instruction, j'aurais fait quelque chose de vous... Maintenant, écoutez-moi.

Il lui parla un moment à l'oreille ; Julien s'inclina.

— Monsieur peut être assuré que j'exécuterai fidèlement ses ordres, — répliqua-t-il.

— J'y compte ; d'ailleurs, je reste ici en permanence... allez m'annoncer au général.

— C'est inutile ; le général m'a commandé de vous introduire sur-le-champ, si vous vous présentiez. Les dames se trouvent en ce moment auprès de lui.

— Eh bien ! je ne redoute nullement leur présence. Marchez devant moi, maître Julien.

Et ils se dirigèrent vers l'appartement du général ; comme ils traversaient le salon qui précédait la chambre à coucher de monsieur de Sergey, ils entendirent une voix cassée qui s'élevait d'un ton de la plus violente colère. Craignant d'entrer dans un moment inopportun, monsieur de P*** fit signe à Julien de s'arrêter.

— Pour cette fois, madame, — disait le général, — je saurai mettre un terme à vos folles prodigalités, je ne payerai pas. Dix mille francs de chiffons et de dentelles ! y pensez-vous ? Et où voulez-vous que je prenne cette somme ? Mes revenus, ceux de ma fille, le traitement de mon grade, sont toujours mangés six mois mois d'avance ; ma fortune ne peut suffire à votre toilette effrénée. Je prétends m'opposer désormais à ce gaspillage. Que votre marchand contrebandier s'arrange ; rendez-lui ses fournitures, si vous voulez ; pour moi, je ne saurais acquitter ces dépenses extravagantes.

Il semblait que Caroline fût atterrée par cette résistance à laquelle le faible vieillard ne l'avait pas habituée, et elle balbutiait des paroles inintelligibles. En revanche, Léonie disait de sa douce voix :

— Je vous en conjure, mon père, ne vous échauffez pas ainsi ; la moindre impatience vous est mauvaise... Plutôt que de vous voir vous mettre en colère, je vous prierais de prendre sur mes économies personnelles...

— Paix, paix ! ma chère enfant, — répliqua monsieur de Sergey avec émotion ; — je t'ai déjà beaucoup trop sacrifiée à cette femme égoïste et sans cœur... Mes yeux s'ouvrent enfin, et je m'aperçois trop tard que j'ai mal placé ma confiance et mon affection.

— Ah ! Sergey, — s'écria Caroline, — pouvez-vous être injuste à ce point envers moi ? Devriez-vous, pour de misérables chiffons, me parler avec cette aigreur !

La discussion continuait dans la pièce voisine, mais Julien regarda monsieur de P*** en souriant :

— Ce n'est pas la peine de reculer pour si peu, — dit-il à voix basse ; — de pareilles scènes se renouvellent chaque fois que madame doit régler avec ses fournisseurs... Elle gruge ce pauvre homme, elle le ruine, et il est grand temps que cela finisse !

— Nous voyons le revers de la médaille pour ces brillantes coquettes de salon, — répliqua monsieur de P*** en haussant les épaules ; — mais entrons bien vite, car il ne me plaît pas d'écouter aux portes.

. . . .

La présence de monsieur de P*** parut être agréable à tous les assistants, d'abord parce que son arrivée interrompait une contestation pénible, ensuite parce que chacun d'eux comptait sur ses conseils et son secours. Le haut fonctionnaire, par son attitude, ne découragea pas ces espérances opposées ; après s'être présenté d'un air d'aisance gracieuse, il se montra empressé et affectueux avec le général, galant avec madame de Granville, bienveillant, presque paternel avec Léonie. Cependant, il ne se pressait pas d'aborder le sujet que l'on attendait peut-être, et il semblait se faire un jeu de l'impatience de ses auditeurs. Enfin il dit froidement, après avoir savouré une prise de tabac :

— A propos, général, j'ai rempli votre commission ; j'ai transmis, à qui de droit, votre acte de désistement, et, contre mon attente, cette pièce a produit merveille.

— Voilà donc pourquoi, — interrompit Caroline en lançant à monsieur de P*** un regard de reproche, — ce monsieur de Listrac ose déjà se montrer en public ! Voilà pourquoi, hier encore, il est venu me braver effrontément sur la plage ?

Mais personne ne releva cette observation.

— Merci, mon cher de P***, — répliqua le général avec empressement ; — je n'attendais pas moins de votre obligeance, de votre crédit. Ma foi ! vous soulagez ma conscience d'un grand poids... Ainsi donc, ce malheureux jeune homme est maintenant hors d'affaire !

— Hors d'affaire !... comme vous y allez ! Nous ne procédons pas d'une manière si leste en justice. Pour que monsieur de Listrac fût complètement hors d'affaire, comme vous dites, il faudrait que l'on eût des preuves matérielles, positives, du duel...

— Ces preuves, — interrompit étourdiment Caroline, — elles n'existent pas... on ne les trouvera pas.

— Elles existent, au contraire, madame, et l'on est sûr de les trouver bientôt.

Caroline regarda fixement monsieur de P*** ; il était calme et souriant comme à l'ordinaire.

En ce moment on entendit une légère rumeur dans la maison, et le visiteur, en dépit de lui-même, laissa échapper un mouvement de satisfaction. Bientôt le domestique parut tout effaré.

— Eh bien ! mon vieux Julien, qu'y a-t-il donc ! — demanda le général.

— Il y a, monsieur, qu'un commissaire de police, assisté de quatre à cinq douaniers, est en bas dans la cour ; il demande, au nom de la loi, à visiter le château pour rechercher des marchandises de fraude.

Cette nouvelle excita de la stupeur et de l'indignation à la foule parmi les assistants.

— Une perquisition chez moi ? — s'écria le général ; — c'est trop d'insolence ! Me prend-on pour un contrebandier ?... Julien, passe-moi ma canne ; je vais aller moi-même recevoir messieurs les commis.

— Mon père, je vous conjure...

— Y songez-vous, général ? — dit monsieur de P*** ; — vous compromettre avec ces gens-là ! La présence du magistrat qui les accompagne est une preuve qu'ils ont la loi pour eux.

— C'est se moquer ; il ne leur est pas permis de venir chercher leur contrebande jusque chez les particuliers.

— Oui ; mais il ne s'agit pas seulement de contrebande, il s'agit des marchandises volées l'autre nuit à la douane du Plessis, et cela change la thèse. J'ai entendu dire hier au soir quelques mots de cette affaire où se trouvent compromises plusieurs grandes dames du pays ; on est à la piste de dentelles qui, sans doute, déjà ornent des épaules aristocratiques...

— En effet, · reprit Julien, — on parle de ces dentelles ; les douaniers se croient sûrs d'en trouver une portion chez madame, et c'est seulement dans l'appartement de madame qu'il demandent à opérer une perquisition.

— Chez moi ? — s'écria Caroline en se levant impétueusement ; — je ne le permettrai pas... Général, monsieur de P***, vous ne souffrirez pas, j'espère, que l'on m'insulte ainsi ?

— Réfléchissez donc, madame, — dit monsieur de P*** en souriant ; — on se passera de ma permission comme de la vôtre. La prétendue prière est un ordre mitigé... Ce qu'il y a de mieux à faire, en pareil cas, est de se résigner aux impolitesses de la légalité.

— Puisque vous êtes de cet avis, soit donc ! — dit le général avec insouciance ; — mais j'y songe, madame, poursuivit-il d'un ton d'ironie, — ces dentelles que l'on recherche ne seraient-elles pas celles dont on vous réclame le payement ? Cela trancherait complètement la difficulté ; car si l'on saisissait ces belles fanfreluches, vous n'auriez plus à les payer.

— Je comprends, monsieur ; votre économie s'accommodera facilement de l'outrage que l'on me fait ! Oh ! s'il s'agissait de votre fille...

— Ma fille n'achèterait rien à des fraudeurs.

— Il faut bien acheter à des fraudeurs quand, grâce à votre lésinerie, les autres marchands... Mais c'est assez. Monsieur de P***, — reprit Caroline d'un ton suppliant, — c'est à vous que je m'adresse, puisque seul ici vous avez la volonté de me protéger. Usez donc de votre autorité, renvoyez ces gens au plus vite.

— Souvenez-vous, madame, de ce que je vous ai dit sur le *hérisson administratif* ; je ne puis rien en matière de douane... Toutefois, le hasard m'ayant conduit ici dans cette circonstance, je vais m'assurer par moi-même que les pouvoirs de ces messieurs sont en règle, puis je veillerai à ce qu'on agisse avec les ménagements et les égards dus à la maison du général de Sergey.

— Oui, oui, faites cela, — dit Caroline éperdue ; — je me fie à vous... Tenez, tenez, les voici qui montent déjà !

En effet, on entendait des pas lourds sur l'escalier qui conduisait au premier étage. Monsieur de P*** se leva.

— Mon cher général, et vous, mademoiselle, — dit-il tranquillement, — ne vous alarmez pas. Une perquisition de douane n'a rien de déshonorant et ne présente pas le caractère d'une descente de justice... Mais ces messieurs s'impatientent sans doute ; il faut que j'aille bien vite contrôler leurs opérations.

— Je vous suis, monsieur, — reprit Caroline ; — ils seraient capables de tout bouleverser chez moi.

— A vos ordres ; du reste, ils iront vite en besogne, j'espère.

Il adressa encore un signe rassurant au général et à sa fille, offrit le bras à Caroline et sortit avec elle.

En se rendant à son appartement, madame de Granville montrait une inquiétude extrême.

— Monsieur de P***, — dit-elle, — je ne dois pas vous cacher que ces malheureuses dentelles de fraude se trouvent chez moi, du moins en grande partie.

— Je l'avais deviné, madame, et ceci nous oblige à certains ménagements envers les agents de l'autorité.

— Des ménagements ! Comment n'en aurais-je pas ? Me croyez-vous donc de force à lutter seule contre ce monde-là ? Cependant, vous pouvez me rendre encore un service. Il me répugne de voir ces gens fouiller brutalement dans mes meubles et jusque dans mes objets de toilette ; il n'est pas de femme qui ne fût révoltée de cette outrageante inquisition. Obtenez donc que l'on ne touche à rien dans mon appartement, et je m'engage à livrer sur-le-champ les dentelles que je tiens de ces maudits fraudeurs.

— Je transmettrai votre proposition à ces messieurs, — répliqua froidement au haut fonctionnaire.

On entra dans un charmant boudoir qui précédait la chambre à coucher de madame de Granville. Le commissaire de police, en écharpe, et quatre douaniers en uniforme sous les ordres du brigadier Martin, s'y trouvaient déjà ; mais ils restaient debout et semblaient attendre, pour commencer la perquisition, l'arrivée de quelqu'un des maîtres du logis. Près de l'entrée se tenaient la femme de chambre de Caroline et le vieux Julien qui observait toutes choses avec un intérêt particulier.

En apercevant les nouveaux venus, tout ce monde salua respectueusement. Monsieur de P*** jeta un coup d'œil sur le mandat qu'on lui présentait, puis il fit connaître au commissaire l'offre de madame de Granville. Le magistrat montra quelque embarras.

— Si monsieur de P*** l'exige... — balbutia-t-il.

— Je n'exige rien, monsieur.

Et cette parole fut accompagnée d'un regard significatif.

— En ce cas, — répliqua le commissaire avec plus d'assurance, — je ne saurais prendre d'engagement positif avant de connaître la valeur et l'espèce des objets dont on désire opérer la restitution.

— Mon Dieu ! messieurs, — dit Caroline avec un empressement fiévreux ; — je ne songe à retenir aucune des dentelles qui m'exposerait à des recherches si humiliantes, je vous assure. Je les ai depuis hier seulement ; le temps m'a manqué pour les déplier, et elles sont encore dans leur boîte..... Venez, je vais vous les rendre — Et elle entra précipitamment dans sa chambre. Monsieur de P***, le commissaire et le brigadier Martin la suivirent seuls dans cette pièce luxueuse d'où s'exhalait comme un parfum de jolie femme ; les autres demeurèrent dans le boudoir. Martin paraissait ébloui par la somptuosité, l'élégance raffinée des meubles et des tentures. Monsieur de P*** lui-même promena un regard lent et curieux autour de lui, mais ce regard ne tarda pas à se diriger vers une grande cassette d'ébène, incrustée d'or, qui se trouvait sur une console et ne s'en détacha plus. Caroline était allée chercher dans un cabinet de toilette un carton qu'elle ouvrit. — Tenez, messieurs, c'est tout, — dit-elle ; — c'est tout, je vous le jure. — Martin examina les dentelles ; il les reconnut aussitôt pour avoir fait partie des marchandises soustraites récemment à la douane. — Eh bien ! messieurs, emportez-les ; hâtez-vous de les emporter, personne ne s'y oppose... Et maintenant, — poursuivit madame de Granville avec anxiété, — puis-je espérer que ces dames vous enfin vous retirer ?

Le commissaire échangea encore un regard avec monsieur de P***.

— A mon grand regret, madame, — reprit-il, — nous ne pouvons condescendre à votre désir. Des marchandises que nous cherchons, une portion vient de se trouver ici ; pourquoi l'autre portion ne s'y trouverait-elle pas de même ? Il nous est défendu de vous croire sur parole, et les perquisitions doivent continuer dans votre appartement.

— Mais c'est odieux, abominable, cela ! — s'écria madame de Granville. — Suis-je donc la seule dans ce pays à qui ces maudits fraudeurs aient vendu des dentelles étrangères ?... Monsieur de P***, — poursuivit-elle d'un ton suppliant, — j'ai donné tout ce que j'avais, je vous l'affirme ; protégez-moi contre ces vexations ridicules, contre ces abus d'autorité.—Monsieur de P*** fit un signe d'impuissance. —Eh bien donc, que l'iniquité s'accomplisse jusqu'au bout ! — dit Caroline en lançant au loin un trousseau de clefs.

Et elle tomba sur un siége et se mit à mordiller son mouchoir avec colère.

Chaque placard, chaque tiroir fut ouvert à son tour ; mais madame de Granville, malgré son exaspération, ne tarda pas à s'apercevoir que ces investigations n'étaient pas très-sévères ; on se contentait de jeter un coup d'œil pour la forme dans les meubles à son usage. Cette remarque sembla la rassurer, et déjà elle se calmait visiblement, quand le commissaire dit, en désignant la cassette d'ébène :

— Il ne reste plus que ce coffret à visiter, mais nous n'en trouvons pas la clef ; madame voudrait-elle nous indiquer...

— Ce coffret contient seulement des papiers, des correspondances de famille... N'y touchez pas ! je vous défends d'y toucher.

— Il pourrait aussi contenir des objets de contrebande.

— Douteriez-vous de ma parole, monsieur ? et oseriez-vous chercher à dérober mes secrets de famille ?... D'ailleurs la clef est perdue, et l'on ne saurait ouvrir cette cassette sans forcer la serrure.

— Eh bien ! on la forcera, — dit le commissaire, dont l'insistance de Caroline semblait augmenter la défiance ; — nous ne serons pas embarrassés pour si peu !

En ce moment, Julien passa la tête par la porte entre-bâillée :

— Il serait dommage, — dit-il, — de briser ce charmant petit meuble ; avec la permission de madame, je sais où peut être la clef ; elle est tombée, je crois, derrière la console... Je vais la retrouver à l'instant.

Et il se mit en devoir de chercher, sans tenir compte du geste menaçant que lui adressait sa maîtresse. La recherche ne fut ni longue ni difficile ; bientôt Julien se redressa, tenant à la main la clef égarée. Caroline voulut s'en emparer, mais déjà le domestique l'avait remise à monsieur de P***, qui dit froidement :

— Puisque cette cassette contient des papiers précieux, je désire, en ma qualité de magistrat d'un ordre supérieur, procéder seul à son ouverture. Madame de Granville, je l'espère, ne s'oppose pas à cet arrangement ?

Caroline ne put répondre ; elle était pâle, glacée, et elle observait, avec une angoisse inexprimable, chaque mouvement de monsieur de P***.

Celui-ci, avec une lenteur calculée peut-être, fit jouer le ressort de la serrure. Le coffret s'ouvrit enfin, et, comme on l'avait annoncé, il était rempli de papiers. Néanmoins, des objets de contrebande pouvaient se trouver dessous, et monsieur de P*** dut y porter la main pour s'en assurer. Des lettres, anciennes déjà, s'éparpillèrent sur la table.

Caroline se redressa et resta le bras tendu sans prononcer une parole ; monsieur de P*** conservait son air calme et souriant. Tout à coup un sentiment de joie passa comme un éclair sur sa figure mobile. Il tira de la cassette plusieurs pièces qu'il examina rapidement.

— Monsieur ! — s'écria Caroline d'une voix étranglée.

— Laissez, — répliqua monsieur de P*** en reprenant sa sérénité habituelle ; — ces lettres se trouvent par erreur sans doute au milieu des vôtres ; je les rendrai à leur légitime propriétaire. — Madame de Granville poussa un cri plein de reproche, de terreur et de menace, et tomba évanouie. Monsieur de P*** referma soigneusement le coffret, puis sonna la femme de chambre, — Secourez votre maîtresse, — lui dit-il, — et quand elle reprendra connaissance, vous lui remettrez cette clef... Quant à vous, messieurs,— poursuivit-il,— votre tâche est finie ; vous voyez que ce coffret ne contenait pas de contrebande; vous pouvez donc vous retirer.

Peu d'instants après, monsieur de P*** rentrait triomphant dans l'appartement du général.

— Victoire !—dit-il avec gaieté,—le siége est enfin levé, et l'ennemi est en pleine retraite... Les fastes du château du Plessis devront conserver la mémoire de ce glorieux événement !

— De grâce, mon cher de P***, cessez de plaisanter,— dit le général avec émotion; — j'ai deviné déjà que votre présence ici ce matin avait un but caché... Ne me faites pas languir : qu'avez-vous découvert ?

— Je dois convenir que vous avez deviné juste, mon vieil ami ; cependant je craindrais de vous apprendre ainsi brusquement, et en présence de mademoiselle de Sergey...

— Je suis préparé à tout ; quant à ma fille, la pauvre enfant n'est-elle pas initiée depuis longtemps au secret de mes faiblesses ?

— En ce cas, je ne tarderai pas davantage à vous annoncer... Général, vous aviez bien raison de retirer votre plainte contre cet officier de marine, monsieur de Listrac. Il était innocent du crime dont on l'accusait. Le duel avait eu lieu dans les formes régulières ; j'en ai les preuves les plus convaincantes.

— Ces preuves où sont-elles ? —

— Les voici.

Et monsieur de P*** remit au général les papiers trouvés, au milieu d'une volumineuse correspondance, dans la cassette d'ébène. Ils se composaient de la déclaration signée du capitaine Granget, par laquelle Granget reconnaissait l'existence du duel entre lui et Listrac, de la déclaration correspondante de Listrac, et enfin de plusieurs lettres qui portaient l'adresse du général, mais ne lui étaient jamais parvenues.

Le vieux soldat parcourut rapidement ces diverses pièces, dont il ne pouvait méconnaître l'authenticité. Penchée sur le dossier du fauteuil, sa fille les lisait en même temps que lui. Bientôt elle éclata en sanglots.

— Oh ! je le savais bien, moi, — s'écria-t-elle, — qu'il était incapable de cette infamie !

Le général paraissait à peine moins ému.

— P***, mon ami, je vous en conjure, — dit-il d'une voix étouffée,— ne me cachez rien...Où avez-vous trouvé ces papiers ?

— Ne le soupçonnez-vous pas ? Allons ! vous êtes un homme, et je vous dirai bravement la chose : ils s'étaient égarés, par hasard sans doute, dans la cassette de madame de Granville.

Sergey se couvrit le visage de ses deux mains crispées.

— L'odieuse, la perfide créature ! — balbutia-t-il ; — ai-je été assez aveugle, assez insensé !... Quel rôle ridicule elle m'a fait jouer ! Cette honte était-elle donc réservée à mes derniers jours ? — Sa fille le prit dans ses bras et le couvrit de baisers. — Léonie, chère enfant ! — poursuivit-il en lui rendant ses caresses,— peux-tu m'aimer et m'estimer encore ? Me pardonneras-tu de t'avoir donné pour compagne cette femme éhontée ?... Et vous, mon cher de P***, vous dont l'esprit est si droit, vous si supérieur aux faiblesses du vulgaire, qu'allez-vous penser de moi ?

— Votre fille vous pardonnera sans peine, général ; pour moi, je sais assez par expérience ce qu'il y a de fascination dans cette jolie figure de là-haut pour comprendre et excuser vos erreurs.

— Et lui, ce malheureux jeune homme que j'ai poursuivi avec tant d'acharnement, que j'ai réduit au désespoir, pourra-t-il oublier jamais...

— Oh ! il oubliera, je m'en porte aussi garant, — répliqua monsieur de P*** avec son fin sourire. — Et, tenez, il n'est pas loin d'ici, il va sans doute vous en donner lui-même l'assurance.

Il passa dans l'antichambre, où Julien était aux aguets et parla bas au vieux domestique. Cinq minutes après, on entendit un pas précipité, et monsieur de Listrac entra pâle et effaré. Le général lui tendit une de ses mains tandis que de l'autre il lui présentait les papiers trouvés chez madame de Granville.

— Général, — balbutia René, qui les reconnut d'un coup d'œil, — vous savez donc.. Mademoiselle de Sergey sait aussi...

— Nous savons que vous n'avez jamais cessé d'être un homme d'honneur, et que l'on vous calomniait indignement!. Pardonnez-moi mes persécutions, monsieur de Listrac ; mon estime et mon affection vous sont acquises jusqu'à mon dernier jour... qui ne se fera peut-être pas longtemps attendre !

— N'ayez pas de ces tristes idées, mon vieil ami, — reprit monsieur de P*** ; — mais puisque vous êtes en veine de réparation, pourquoi ne songez-vous pas à celle qui sera la plus sérieuse et la plus efficace? Véritablement, à moins de vous attacher monsieur de Listrac par les liens les plus étroits, vous qui l'avez tant maltraité, la calomnie pourrait plus tard...

— Je vous comprends, mon cher de P*** ; aussi bien il est temps de trouver à ma bien-aimée Léonie un protecteur à défaut de celui qui va lui manquer... Si donc, monsieur de Listrac est encore dans les sentiments qu'il m'a exprimés plusieurs fois avant le funeste événement de Dieppe...

— Ah ! général, pouvez-vous en douter ! — s'écria Listrac hors de lui.

— Et toi, ma fille ? — Léonie détourna la tête en rougissant. — Embrassez votre femme, Listrac, — reprit le général, — et rendez-la heureuse... Elle est douce et bonne; elle vous a défendue seule, quand le monde entier vous accusait. Puisse-t-elle effacer tous les torts de son père... du vôtre maintenant ! — Et il lui tendit les bras à son tour. Tous les personnages de cette scène étaient vivement émus; monsieur de P*** lui-même, quoique un peu endurci contre de pareilles impressions, fut obligé de recourir à sa tabatière. Après un moment de silence, monsieur de Sergey reprit : — Mes amis, j'ai une faveur à vous demander : c'est que le plus profond secret couvre ces derniers événements et la part honteuse qu'on m'y a fait prendre. En vous adressant cette prière, je n'ai pas en vue, croyez-le bien, d'indignes ménagements pour cette misérable femme; quant à elle, mon parti est pris, je ne la reverrai jamais... Mais vous comprendrez aisément ces scrupules d'un vieillard dont la carrière a toujours été honorable... et qui sur la fin de ses jours... oh ! vous respecterez mon vœu, n'est-ce pas ?

— Je vous le promets au nom de tous, général, — répliqua monsieur de P*** ; — ce secret ne sortira pas du cercle étroit dans lequel il se trouve maintenant enfermé. Je vais évoquer l'affaire et en prendre seul la haute direction, afin de l'étouffer au plus vite. Aux yeux du public, les événements accomplis ce matin ne seront autre chose qu'une simple contravention de douane. D'ailleurs, le mariage de monsieur de Listrac avec mademoiselle de Sergey va couper court à bien des suppositions malveillantes, et je sais qu'un personnage puissant voudra contribuer pour sa part à la réhabilitation de notre malheureux ami... Ayez donc l'esprit en repos.

— Ah ! monsieur de P***, — dit le général avec chaleur, — que de reconnaissance nous vous devons ! C'est vous, je le vois bien, qui avez tout conduit; vous seul pouviez arriver ainsi, sans bruit et sans secousse, à cette éclatante manifestation de la vérité !

— Oui, oui, — s'écria Léonie, — j'avais deviné du premier moment que monsieur de P*** était pour nous, et son intervention m'avait donné les meilleures espérances.

— Ma foi ! j'en conviens, — répliqua le haut fonctionnaire avec complaisance, — cette maudite intrigue était fort embrouillée... Mais vous ne me devez pas de remerciments ; j'obéissais à une volonté auguste, et vous reconnaîtrez bientôt... Mais, — s'interrompit-il en voyant entrer Julien une lettre à la main, — voici du nouveau, je crois.

Julien remit la lettre au général qui s'empressa de l'ouvrir.

— Hem ! — dit monsieur de P*** en clignant des yeux, — je gagerais que ceci vient de notre belle fraudeuse. Sergey lut avidement et resta un moment comme accablé. Enfin il se redressa :

— Vous allez, — dit-il à Julien avec effort, — préparer la chaise de poste ; madame de Granville... veut partir aujourd'hui même.

— Bon ! — murmura monsieur de P***, — ne craignez rien... Elle ne se fera pas conduire aux Carmélites.

Mais, s'apercevant que le général ne pouvait surmonter un reste de faiblesse, il s'assit à son côté et lui donna des encouragements affectueux.

Cependant Julien s'était approché de Léonie et lui avait parlé bas. Mademoiselle de Sergey montra beaucoup d'agitation :

— Monsieur de Listrac, — dit-elle, — vous pourriez peut-être en ce moment être utile à de bonnes gens qui se sont courageusement employés pour vous...

Et elle lui répéta la nouvelle qu'elle venait de recevoir.

— Il suffit, mademoiselle, — répliqua Listrac, — mon hôtesse m'avait prévenue, la nuit dernière de la possibilité de cette criante injustice. Mon crédit est bien mince, mais puisque vous le désirez, je tenterai quelques efforts... Vous me permettrez de revenir bientôt, n'est-ce pas ?

Léonie sourit et lui tendit la main.

De son côté, monsieur de P*** venait de se lever.

— Allons ! puisque vous y tenez, général, — reprit-il, — je vais la voir et m'acquitter de votre commission. Je lui annoncerai que vous payez ses dettes et qu'une pension convenable... Enfin je risque mes yeux, car elle doit être furieuse contre moi, et non sans raison !

Comme il allait entrer dans la chambre de Caroline, il trouva l'appartement rempli d'une fumée suffocante.

— Qu'est-ce donc encore ? — demanda-t-il à l'inévitable Julien qui semblait se multiplier sur ses pas.

— Elle est en train de brûler le contenu de sa cassette d'ébène, et elle a failli mettre le feu à la maison.

— Il est bien temps ! — murmura monsieur de P***.

XIX

LE VŒU.

Pendant que ces choses se passaient au château du Plessis, des groupes assez nombreux, composés surtout de femmes et d'enfants, se portaient vers une route ombragée qui longeait la rivière de Bresle. Ce chemin conduisait à une montagne voisine, au sommet de laquelle s'élevait une chapelle rustique. Les spectateurs semblaient être dans l'attente, et c'était particulièrement vers cette chapelle que se tournaient leurs regards.

Enfin la porte du petit temple s'ouvrit dans l'éloignement, et plusieurs personnes, dont une femme vêtue de blanc, en sortirent ; puis on les vit descendre lentement le sentier qui serpentait sur la pente verte mais nue de la montagne.

— C'est elle, c'est bien elle ! — s'écria-t-on de toutes parts ; — la voilà qui revient.

— Eh ! les voisines, de quoi s'agit-il donc ? — demanda une grosse paysanne de Mers qui passait par hasard, montée sur son âne.

— Quoi ! vous ne savez pas, la Francine ? — répliqua une pêcheuse en jupon rouge ; — c'est Jeanne Rupert, la nièce au grand Maillard ; elle fait un pèlerinage à Saint-Laurent pour obtenir que le saint lui rende son oncle qu'on croit noyé.

— Et maintenant, — ajouta une marchande de poisson,

—elle va monter à l'église du Tréport et habiller la Notre-Dame-de-l'Abbaye avec une robe neuve, afin que Notre-Dame lui rende aussi le petit Guignet, son fiancé, dont on n'a pas de nouvelles depuis deux jours.

— Sans compter, — poursuivit une troisième commère, — que la chère enfant a bien quelque chose à demander pour elle ; on assure que le chagrin lui a complètement tourné la tête.

— Hum ! — répliqua la Francine, en prenant une attitude pensive sur sa tranquille monture, — c'est demander beaucoup pour une méchante robe !.. Saint-Laurent est un grand saint et je n'ai pas de mal à en dire. Quant à la Notre-Dame-de-l'Abbaye, elle ne manque pas de pouvoir ; mais je ne sais pas si elle tiendrait beaucoup à une robe neuve, car elle n'est pas coquette... Ah ! si Jeanne lui avait offert une lampe d'argent, ou bien cent livres de cire, ou bien...

— Bah ! on offre ce qu'on peut, la Francine, — reprit la pêcheuse ; — moi, quand mes deux fils sont partis pour Yarmouth, j'ai donné à la Vierge un petit flambart de bois que m'avait fait pour un écu le vieux Cliquot, l'ancien charpentier. La Vierge s'en est contentée sans doute, car mes deux drôles sont revenus bien portants et avec une bonne part de pêche... Mais, chut ! — poursuivit-elle, — voici la pauvre petite et il ne faut pas la décourager.

En effet, la pèlerine avait atteint la grande route ; on la voyait s'avancer au milieu des alternatives d'ombre et de lumière que formait le soleil dans les arbres du chemin, et bientôt elle se trouva tout près des interlocutrices.

Jeanne, comme nous l'avons dit, était entièrement vêtue de blanc ; mais ses vêtements n'avaient plus cette élégance, cet arrangement plein de coquetterie que l'on remarquait dans son joli costume de cauchoise. Un simple bonnet de linon remplaçait la haute coiffe normande ; elle avait les jambes nues ; ses petits pieds étaient ensanglantés par les cailloux de la route. Elle était fort pâle et marchait la tête baissée, tenant à la main son chapelet. A côté d'elle, sa mère, les yeux baignés de larmes, la soutenait par moments et lui glissait à l'oreille quelques mots affectueux. Deux ou trois voisines et amies suivaient la pèlerine en marmottant des prières.

Les curieux accueillirent Jeanne avec des démonstrations de piété et de compassion. Ils se rangèrent respectueusement pour la laisser passer ; les hommes et les enfants se découvrirent ; les femmes s'inclinèrent et firent le signe de la croix. Puis tous se mirent à la suite de la pèlerine, et le cortége, qui grossissait continuellement, se dirigea vers le Tréport.

Bientôt l'on vit cette foule bariolée, Jeanne en tête, monter la rampe ardue et l'escalier tortueux qui conduisent à la vieille église de l'Abbaye, au sommet de la falaise. La jeune fille, très-reconnaissable à ses vêtements, s'élevait comme une poétique apparition le long de ces murailles grises, traînant derrière elle cette immense file d'assistants. Les quais, les chemins, le port étaient couverts de monde. Des pêcheurs grimpaient au haut des mâts de leurs barques pour mieux voir. Mais acteurs et spectateurs étaient également silencieux, également recueillis ; les marins et leurs familles, éprouvés eux-mêmes par des angoisses et des pertes cruelles, croyaient trop à l'efficacité d'une cérémonie de ce genre pour y voir le moindre sujet de raillerie.

Sous le porche sculpté de l'église, Jeanne et sa mère rencontrèrent la veuve Guignet qui les attendait avec la robe destinée à l'image de la Vierge. La bonne femme avait un air radieux.

— Réjouis-toi, petiote, — dit-elle avec empressement, — tu peux compter...

— Chut ! pas un mot de plus, madame Guignet, ou je ne réponds de rien, — interrompit un personnage vêtu en bourgeois campagnard, qui observait avec un vif intérêt chaque mouvement de la pauvre fille. C'était le médecin du Plessis, chargé par Léonie de donner des soins à la nièce du douanier. — Souvenez-vous de mes instructions, — poursuivit-il à voix basse en s'adressant aux deux mères ; — la moindre imprudence peut faire tout manquer, rendre le mal incurable peut-être. Loin de contrarier la manie de cette malheureuse enfant, il nous faut la flatter de tout notre pouvoir ; c'est la seule chance de guérison immédiate que nous ayons.

Elles obéirent l'une et l'autre, et se contentèrent d'échanger à voix basse quelques mots qui appelèrent un sourire fugitif sur les traits fatigués de madame Rupert. Puis celle-ci prit des mains de la veuve Guignet la robe de l'ex-voto, et elles pénétrèrent dans l'église, où Jeanne les avait précédées.

Jeanne, comme la veille, ne semblait rien voir ni rien entendre ; elle ne reconnaissait personne, sauf sa mère. Soumise à l'influence d'une idée fixe, elle marchait vers son but avec l'insensibilité de la somnambule, qui poursuit un songe à travers les obstacles et les dangers.

Beaucoup de personnes se trouvaient déjà dans l'église, et elle se remplit rapidement dès que la pèlerine y fut entrée. Autour de l'autel de la Vierge se tenaient des jeunes filles habillées de blanc, et ayant chacune à la main un petit drapeau blanc et bleu ; elles appartenaient à la congrégation de Notre-Dame, dont Jeanne Rupert faisait partie. Les compagnes de la pauvre affligée avaient voulu l'assister dans l'accomplissement de son vœu ; l'une d'elles portait la bannière de la confrérie, dont deux charmantes petites filles soutenaient les cordons. Tous les cierges étaient allumés ; l'encens fumait et montait en bouffées odorantes vers les beaux culs-de-lampes qui décoraient la voûte de la vieille basilique. Sur l'autel était déposée la statue que l'on allait orner de la robe votive, et un prêtre en surplis se disposait à bénir l'offrande de Jeanne. Une musique douce et mélodieuse s'élevait par intervalles dans l'immensité de la nef ; les jeunes filles de la congrégation chantaient des cantiques en l'honneur de leur patronne.

Jeanne ne parut point étonnée de cet appareil qui réalisait son rêve. Après avoir pris dévotement de l'eau bénite au grand bénitier de pierre, elle s'approcha de l'autel, sans paraître distinguer aucune des jeunes filles, ses compagnes et ses amies, qui l'entouraient, et vint s'agenouiller devant l'image de la Vierge. Bientôt elle se leva, présenta la robe votive au prêtre, qui la bénit selon l'usage, et elle se mit en devoir de revêtir la statue des ornements consacrés.

Si simple que fût cette cérémonie, elle impressionnait vivement les assistants, et, quand elle tira vers sa fin, on entendit dans la foule un léger frémissement suivi aussitôt d'un profond silence. Jeanne s'émut ; ses jambes nues fléchissaient sous elle et l'on voyait ses doigts trembler ; elle semblait être en proie, maintenant, à une fiévreuse impatience. Sa tâche terminée, tant bien que mal, elle se prosterna une dernière fois devant la statue, puis elle se recueillit.

Un cri perçant retentit au milieu du silence de l'assemblée, et fut répété par tous les échos de l'église.

Au bas des degrés de l'autel, à côté de sa mère et de la veuve Guignet, Jeanne vit deux hommes agenouillés, lui souriant et lui tendant les bras ; c'étaient Maillard et Terre-Neuve, l'un en uniforme de douanier, l'autre en costume de marin. L'hallucination de la pauvre fille continuait de se réaliser. Comme elle l'avait imaginé dans sa folie, elle retrouvait au pied de l'autel de la Vierge ceux qu'elle croyait ensevelis dans l'Océan.

— Mon oncle Maillard, mon cher Louis, est-ce bien vous ? — s'écria-t-elle ; — merci, Notre-Dame, vous me les rendez !

Elle chancela et tomba évanouie entre les bras de ses amis qui s'étaient élancés pour la soutenir.

Une confusion inexprimable régna pendant quelques instants autour d'elle. Les uns, voyant une intervention surnaturelle dans cet événement, criaient miracle ; tandis que d'autres, plus sceptiques ou mieux instruits de la vérité, souriaient avec dédain. On s'empressa de porter secours à Jeanne, et le médecin, que nous avons vu déjà sous le porche de l'église, lui prodigua des soins intelligents.

— Ah! monsieur le docteur, — dit la pauvre Rupert en lui montrant sa fille renversée et sans mouvement, — est-ce donc là ce que vous m'aviez promis?

— Ayez bon courage, madame Rupert, — répliqua le médecin avec assurance, — j'ai pleinement réussi, je l'espère. Jeanne a reconnu son oncle et son fiancé, bien que, depuis deux jours, elle n'ait reconnu personne. Ne vous alarmez donc pas, c'est la crise finale, et je crois encore que cette crise tournera bien. — En effet, l'évanouissement de Jeanne ne fut pas de longue durée; la jeune fille rouvrit les yeux, et d'abord elle les promena d'un air égaré sur l'autel, sur la statue de la Vierge, sur l'imposant appareil qui l'environnait, comme si, au sortir d'un profond sommeil, elle eût cherché à rassembler ses souvenirs. Mais bientôt son regard se tourna vers Maillard et Terre-Neuve, qui épiait avec anxiété ses moindres mouvements. Elle les reconnut de nouveau, et, ne pouvant leur parler encore, elle leur adressa un faible sourire. — Quand je vous disais! — s'écria le docteur tout joyeux; — je réponds d'elle maintenant.

La cérémonie était terminée, et la foule s'écoulait avec lenteur. La Francine qui, poussée par la curiosité, avait laissé son âne à la garde d'un polisson pendant qu'elle se rendait à l'église, murmurait en descendant vers le port:

— Ma foi! la Notre-Dame de l'Abbaye a bien fait les choses, quoique sans doute saint Laurent l'ait aidée un peu... Trois miracles pour une robe de dentelles! Quand j'aurai désormais un cierge à offrir, je saurai à qui m'adresser... Mais j'avais bien raison de dire que la Notre-Dame de l'Abbaye n'est pas coquette; elle a exaucé toutes les prières de Jeanne, et Jeanne lui a pourtant mis sa robe de travers!

Le lecteur devine sans peine ce qui s'était passé, et il a compris certainement que, s'il y avait un miracle dans les derniers événements, ce miracle ne consistait pas dans l'apparition subite de Maillard et de Terre-Neuve au pied de l'autel de la Vierge. En réalité, l'un et l'autre, à peu près remis de leurs terribles secousses et impatients de revoir leur famille, étaient arrivés au Tréport le matin. Mais, prévenus par la mère Guignet du funeste état d'esprit où la nouvelle de leur mort avait jeté la malheureuse Jeanne, ils s'étaient prêtés avec soumission à toutes les exigences du docteur, et, cachés dans l'église, ils avaient attendu le moment favorable pour se montrer.

Nous laissons à penser la joie sans bornes qu'éprouvaient Maillard et Louis Guignet d'abord, puis les deux mères qui avaient passé par de si cruelles angoisses avant d'arriver à la félicité présente. Maillard était calme pourtant; il s'efforçait de raconter à sa nièce et à sa sœur comment il se trouvait là, mais on l'interrompait sans cesse, et son récit était à recommencer. Terre-Neuve, au contraire, montrait l'exaltation d'un fou; il riait, il sautait, il courait de sa mère à Jeanne en prononçant des paroles sans suite. De son côté, Jeanne ne se trouvait pas encore dans son assiette ordinaire; ses perceptions n'avaient pas recouvré leur netteté, et elle ne semblait pas comprendre ce qu'on lui disait; mais elle voyait son oncle, elle voyait son fiancé, et un sourire de béatitude s'épanouissait sur ses lèvres. Autour de ces personnages principaux s'agitaient d'abord le docteur, qui paraissait s'applaudir du succès de sa cure, puis Léonard Cabillot qui pleurait de joie en embrassant Terre-Neuve, puis le mousse du *Saint-Charles*. Tous formaient des groupes animés qui, pour des motifs divers et à des degrés différents, ressentaient une satisfaction commune.

Enfin ces gens heureux finirent par s'apercevoir que l'église n'était pas le lieu le plus convenable pour se livrer à leurs transports, et l'on se mit en devoir de se re-

tirer. Jeanne, plus forte et déjà toute rose, s'appuyait sur son oncle et sur sa mère; Terre-Neuve marchait à côté de la veuve qui le mangeait de caresses. Les autres suivaient en causant avec vivacité; mais quand on atteignit le porche de l'église, la scène changea.

Là se trouvaient quatre douaniers en armes, sous le commandement du brigadier Martin. Ils conservaient un air rogue et menaçant au milieu de l'allégresse générale, et dès que Maillard parut, ils lui barrèrent le passage.

— Sous-brigadier Maillard, — dit Martin avec dureté, — vous allez nous suivre à la douane.

— Comme vous dites cela, brigadier! — répliqua Maillard avec sa bonhomie habituelle; — je suis au Tréport depuis quelques instants seulement, et j'allais, en effet, me rendre à la douane afin d'expliquer à mes chefs la cause de mon absence; mais je ne croyais pas m'y rendre en si nombreuse compagnie... Est-ce que, par hasard, je serais considéré comme déserteur?

— Non pas que je sache; mais il y a un rapport contre vous, et l'on vous accuse de contrebande et de vol.

— De contrebande... de vol? — répéta Maillard stupéfait, — moi, le plus ancien et le mieux noté des sous-brigadiers de la côte! Vous voulez rire, monsieur Martin.

— Apprenez, monsieur, que je ne ris jamais quand il faut exécuter une consigne. J'ai été trop bon pour vous, monsieur, en supportant vos familiarités, mais je saurai tenir mon rang... Voyons! allez-vous nous suivre?

— Je n'ai jamais résisté à un ordre de mes supérieurs, — répliqua Maillard avec simplicité, — et je ne commencerai pas aujourd'hui. Mais vraiment, brigadier, plus j'y songe, plus il me semble que cette abominable accusation n'est pas sérieuse... Vous m'en avez toujours voulu, malgré mes efforts pour vous contenter; cependant, me supposer coupable de fraude et de vol...

— Osez-vous bien nier une chose aussi claire, une chose prouvée? — s'écria Martin. — Si vous étiez innocent, comme vous le prétendez, d'où donc viendrait la pièce de malines que j'ai vue hier au soir chez vous? Ceux qui doutent de la vérité de cette déclaration n'ont qu'à entrer dans l'église et à examiner la robe de dentelle que Jeanne, votre nièce, vient de donner à la sainte Vierge... ces dentelles proviennent des marchandises volées à la douane.

Maillard, en apprenant sur quoi se basait l'accusation portée contre lui, demeura consterné.

Ceci, comme nous l'avons dit, se passait sous le porche même de l'église, auquel aboutissait d'une part l'escalier raide et difficile qui descendait au port, d'autre part une rue caillouteuse conduisant à la haute ville. Dans cet étroit espace, on avait peine à se mouvoir, et cependant les curieux commençaient à refluer par tous les côtés à la fois. La nouvelle que Maillard était arrêté comme fonctionnaire infidèle et prévaricateur s'était propagée rapidement dans la foule, et les spectateurs revenaient sur leurs pas avec une avide curiosité.

Au milieu du bruit, qui allait croissant, s'éleva, claire et distincte, la voix de Terre-Neuve:

— Il est inutile de tourmenter monsieur Maillard pour ce misérable coupon de dentelles, — s'écria-t-il; — c'est moi, moi seul, qui l'ai pris à la douane, le jour que j'y entrai sur invitation, brigadier Martin. Je voulais faire un cadeau à Jeanne, ma fiancée, et je n'avais pas assez calculé l'importance...

— Non! non! — s'écria Jeanne à son tour; — monsieur Martin, n'accusez personne que moi de cette mauvaise action; ni mon oncle, ni Louis n'en étaient capables... En voyant ces belles choses dans votre chambre, ma tête s'est perdue, ma maudite coquetterie m'a poussée au mal. J'espérais effacer ma faute en offrant à la Vierge le produit de ce vol... Mais Dieu me punit au moment où je comptais le plus sur sa miséricorde!

Martin qui, nous l'avons dit déjà, était plus inintelligent encore que méchant et jaloux, ouvrait de grands yeux effarés.

— Bon ! — reprit-il, — voici encore une affaire où je ne comprends rien. Je cherche un délinquant et j'en trouve trois... Mais je crois qu'on veut m'emberlificoter, et je ne me payerai pas de cette monnaie. La dentelle a été trouvée chez Maillard, c'est Maillard qui est porté dans le rapport, c'est Maillard qui doit me suivre.

Et il posa la main sur le collet du sous-brigadier ; le brave homme rougit de cet outrage et fit un mouvement en arrière. Cependant il répondit avec douceur :

— Je vous ai dit, Martin, que je n'avais jamais résisté à l'ordre de mes chefs... Je suis prêt.

Il vint se placer de lui-même au milieu de ses quatre camarades qui avaient mission de l'arrêter. En voyant Maillard prisonnier, les assistants réclamèrent avec énergie ; mais aucun ne protesta aussi bruyamment que Léonard Cabillot.

— C'est une infamie ! — s'écria-t-il ; — je ne le souffrirai pas ; s'il le faut, je dirai la vérité... Et pourquoi ne la dirais-je pas ? — poursuivit-il en s'exaltant jusqu'au délire ; — les autres sont partis, mon père a emporté son argent, et il aura passé en Angleterre, d'où sans doute il ne reviendra jamais ; il m'a laissé seul ici avec la pauvre Suzette, et je n'expose plus que moi en avouant tout... Eh bien donc, je ne m'en cache plus ; la nuit de la tempête, monsieur Maillard...

Quelqu'un le tira par ses vêtements.

— Chut ! Léonard, es-tu fou ! « lui dit Terre-Neuve à voix basse ; — tu te perdrais inutilement.

— Taisez-vous, mon garçon, — dit Maillard à son tour en lui adressant un signe furtif. — Je me suis souvenu que la nuit dont vous parlez, une main inconnue m'avait retenu à la dérobée, tandis que tant d'autres mains agissaient en sens contraire, et je me suis promis d'épargner celui à qui je devais ce charitable mais inutile secours. Cette main, c'était la vôtre, Léonard ; et, depuis ce temps, votre affection pour Terre-Neuve, vos regrets, votre dévouement... Ayez l'esprit en repos ; on n'apprendra jamais de nous les événements de cette terrible nuit.

Léonard était stupéfait de cette magnanimité.

— Oh ! mon Dieu ! — murmurait-il en fondant en larmes, — comme ils sont bons et généreux ! Au lieu que moi...

Maillard reprit bientôt avec sa bienveillance mélancolique, en se tournant vers les spectateurs :

— Je suis innocent du crime dont on m'accuse, et je n'aurai pas de peine à m'en justifier. Mais des fautes ont été commises, et Dieu m'a choisi peut-être pour servir d'exemple et de châtiment à des personnes qui me sont chères. J'aime mieux qu'il en soit ainsi, car sa colère eût pu frapper de plus faibles et de moins courageux... Allons ! camarades, marchons... J'avais pourtant espéré de vous un tout autre accueil !

— Oui, oui, assez causé et marchons, — reprit Martin impatienté.

Le prisonnier s'éloignait déjà, malgré les lamentations des uns et les imprécations des autres ; les simples spectateurs eux-mêmes s'étaient émus de la violence des procédés mis en usage contre un homme honnête et estimé ; un murmure réprobateur commençait à gronder dans la foule. Martin ne savait trop s'il lui serait permis d'accomplir sa mission, et il jetait autour de lui des regards inquiets, quand tout à coup les rangs pressés des assistants s'ouvrirent du côté de la ville, et une voix impérieuse s'écria :

— Halte !... un moment, brigadier ; un moment, donc, vous mettez trop de zèle ! — Un officier supérieur de la douane, en uniforme, parut sous le porche de l'église ; derrière lui se trouvaient Listrac et le capitaine du Saint-Charles. Dans le fond on apercevait la figure fine et railleuse de monsieur de P*** ; mais le haut fonctionnaire, les mains dans les poches de son paletot, affectait de regarder à droite et à gauche d'un air d'indifférence. Au premier appel de l'officier, Martin s'était arrêté et avait commandé à son monde de s'arrêter ; sans doute il avait

conscience que tout, dans ses actes, n'était pas parfaitement en règle, car il perdit subitement ses manières de matamore. Il salua son chef avec un respect voisin de l'effroi. — Qu'est ceci, monsieur le brigadier ? — demanda l'officier avec sévérité ; — que signifie le scandale que vous donnez à toute une population ? En vertu de quels ordres arrêtez-vous ainsi publiquement un préposé qui a toujours montré du dévouement dans son service, et cela précisément quand il vient, au risque de sa vie d'accomplir une action d'éclat ?

— Mon commandant, — balbutia Martin dans un mortel embarras, — Maillard est mon subordonné, et comme un rapport a été dressé contre lui. J'ai cru de mon devoir, après avoir pris l'avis du lieutenant...

— Un rapport ! Appelez-vous rapport ce griffonnage ridicule à propos de quelques aunes de dentelles détournées par une enfant en démence ? Il y avait là tout au plus motif à une légère réprimande, et nullement une cause suffisante de traiter ignominieusement un camarade... Vous avez déshonoré votre uniforme, monsieur, en écoutant vos jalousies ou vos rancunes personnelles contre le brave sous-brigadier Maillard. Vous en rendrez compte devant le conseil, et le lieutenant qui vous a soutenu dans cet abus d'autorité aura besoin de justifier sa coupable condescendance... Sortez des rangs, Maillard,— poursuivit-il en s'adressant au sous-brigadier ;— je vous donne un congé de huit jours, afin que vous puissiez vous rétablir dans votre famille des fatigues et des dangers auxquels vous vous êtes récemment exposé.

Ce revirement inattendu fut accueilli avec des transports de joie par les intéressés. Martin, humilié et confondu, s'empressa de se retirer, tandis que Maillard, redevenu libre, s'approchait de l'officier supérieur et lui disait avec sa bonhomie sereine en faisant le salut militaire.

— Merci, mon commandant ; mais je savais bien, moi, que je n'avais ni fraudé, ni volé la douane et j'avais confiance ?

Le commandant ne répondit pas ; il observait à la dérobée monsieur de P***, comme s'il eût attendu de lui un signe d'approbation ; mais monsieur de P*** paraissait déterminé à ne pas se mêler de cette affaire, du moins en apparence ; et, les mains toujours enfoncées dans les poches de son paletot, les yeux levés en l'air, il feignait d'examiner attentivement les belles sculptures qui ornaient le porche de l'église. L'officier ne s'offensa pas de cette distraction ; il salua poliment et s'éloigna à son tour.

Cependant Terre-Neuve, revenu de sa première impression de surprise et de joie en voyant l'éclatante réparation accordée à son ami Maillard, avait fendu la foule pour s'approcher de Listrac, et lui avait tendu affectueusement la main.

— Ah ! monsieur Réné, — lui dit-il, — je soupçonne que vous êtes pour beaucoup dans le secours qui vient de nous arriver si à propos, au pauvre Maillard et à moi ; néanmoins, quand je vous ai quitté, il n'y a pas longtemps, vous ne paraissiez guère en mesure d'assister les autres !

— Les circonstances ont heureusement et subitement changé, mon garçon, — répliqua Listrac en souriant.

Et il apprit à Terre-Neuve comment il avait eu connaissance de ses embarras actuels.

La nuit précédente, la mère Guignet et le mousse du Saint-Charles avaient raconté à Listrac l'arrivée de Maillard et de Terre-Neuve à Dieppe avec le navire que le jeune marin venait de sauver par son dévouement et son habileté. La Guignet n'avait pas manqué de parler aussi de la perquisition opérée sous ses yeux, chez madame Rupert, par le brigadier Martin, et de l'inquiétude que lui inspirait l'acharnement du brigadier contre Maillard et peut-être contre Terre-Neuve. Aussi Listrac, en apprenant de mademoiselle de Sergey, un moment auparavant, que l'on se préparait à arrêter Maillard, avait-il craint que Terre-Neuve ne fût compromis dans cette affaire. Il s'était donc décidé à quitter sa charmante fiancée et le général, afin d'accourir à l'aide de l'imprudent jeune homme qu'il croyait en péril.

Comme il sortait du château, il avait rencontré monsieur de P*** qui se retirait, après avoir brièvement rempli sa mission auprès de madame de Granville, et il était parvenu à intéresser ce puissant personnage au sort de ses protégés. Monsieur de P*** avait consenti, malgré son aversion pour les affaires du fisc, à intervenir d'une manière officieuse, et tous les deux s'étaient rendus à la douane du Tréport.

Devant la caserne, stationnait une voiture de poste arrivée depuis peu d'instants ; de cette voiture étaient descendus le capitaine du *Saint-Charles* et l'officier supérieur qui commandait la douane dans la circonscription maritime. Le capitaine ayant su que la mer rejetait sur les côtes du Tréport une partie des agrès et des tonneaux de sa cargaison, qu'il avait fallu sacrifier au salut du navire pendant la tempête, venait les réclamer, après avoir laissé à son second le soin de réparer, à Dieppe, les avaries du *Saint-Charles*. Le commandant de la douane, qui se trouvait être son ami particulier, avait voulu l'accompagner afin d'appuyer ses réclamations. Tous les deux, en s'enquérant de Maillard et Terre-Neuve à la douane, avaient été informés de l'arrestation imminente du pauvre sous-brigadier. Aussitôt le commandant s'était fait rendre compte de cette affaire, et il n'avait pas terminé son enquête quand Listrac et monsieur de P*** étaient arrivés.

Peut-être les représentations de Listrac et du capitaine du *Saint-Charles* ne furent-elles pas sans influence sur la manière dont l'officier supérieur envisagea la question ; peut-être aussi quelques mots de monsieur de P***, dont tout le monde connaissait le grand crédit à la cour, contribuèrent-ils à améliorer la cause de Maillard ; d'ailleurs, il était évident que le sous-brigadier était victime des rancunes jalouses d'un rival. Aussi le commandant entra-t-il dans une violente colère et il voulut aller sur-le-champ, lui-même, réprimer l'excès de pouvoir qui était près de s'accomplir. Les protecteurs de Maillard l'avaient suivi, et nous avons vu comment ils étaient arrivés à temps pour mettre un terme aux extravagantes vexations de Martin.

Comme on peut croire, Listrac donna sommairement ces détails à Terre-Neuve, et il profita de l'agitation qui régnait dans l'assistance pour ajouter à demi-voix :

— Je vous l'avouerai, mon cher Louis, je suis intervenu en votre faveur sans être bien sûr encore que vous n'aviez pas commis quelque nouvelle faute indigne d'indulgence. Je ne comprends rien à ces derniers événements ; ces mots de contrebande et de vol que l'on prononce autour de nous sont bien de nature à réveiller ma défiance. Mais vous me direz la vérité, n'est-ce pas ? Et, en attendant, vous me donnez votre parole que, depuis notre dernier entretien, vous n'avez commis aucune action condamnable ?

— Je vous la donne, monsieur, — répliqua Terre-Neuve de même avec émotion ; — oui, je vous le jure, depuis que vous m'avez adressé ces bonnes paroles qui m'ont réchauffé le cœur, je n'ai rien fait que de juste et d'honorable. Vous n'avez plus besoin de rien craindre, monsieur René ; à présent mes yeux sont ouverts, mon parti est pris ; c'est fini pour la fraude et les fraudeurs. Aussi bien Cabillot et les autres sont partis, et l'on ignore complètement ce qu'ils sont devenus... Désormais on vivra en honnête homme, et, pour commencer, je suis résolu à payer de mon argent ce coupon de dentelles que la pauvre Jeanne a donné à la Vierge ; comme ça, personne n'aura plus rien à dire... Encore une fois, ayez l'esprit en repos ; je vous dirai tout, et vous verrez que je me suis efforcé déjà de réparer mes sottises passées. La mère Guignet elle-même, si j'en crois les paroles

qu'elle a prononcées en me revoyant, paraît avoir bien assez de la contrebande, et, malgré son amour pour l'argent, elle ne voudra plus m'exposer...

Terre-Neuve fut interrompu par un grand bruit de voix ; les regards se fixaient sur lui, et il semblait être l'objet de l'attention générale.

— Que tous les braves marins ici présents le sachent bien, — disait le capitaine du *Saint-Charles* avec chaleur, — je dois le salut de mon navire, de ma cargaison et de mon équipage à Louis Guignet, dit Terre-Neuve, qui nous a pilotés avec tant d'intrépidité au milieu des rochers de la montée Verte, et qui plus tard a plongé en mer pour aller boucher une voie d'eau, quand la tempête était encore dans toute sa force. Ce brave jeune homme s'est employé pour nous sauver comme s'il avait eu dix existences à risquer. Au moment où il est venu à la nage avec son ami Maillard, nous étions perdus sans ressources, et nous n'avions plus qu'à recommander notre âme à Dieu.

— Hum ! — dit Terre-Neuve tout bas, — notre visite au *Saint-Charles* n'a peut-être pas été volontaire ; mais, ma foi ! il faut prendre le compliment comme il nous tombe.

— Aussi, — poursuivit le capitaine en embrassant Terre-Neuve à la vue de tous, — c'est entre nous et ce brave garçon à la vie et à la mort. J'ai déjà fait mon rapport à l'autorité, et sans doute notre sauveur recevra bientôt une récompense publique ; en attendant, il peut compter sur la reconnaissance de mes armateurs et sur la mienne.

Un hourrah frénétique, poussé par les marins, accueillit cet éloge de leur camarade.

— L'on ne sait pas tout encore, — reprit Maillard, qui partageait l'enthousiasme commun, — il faut que moi-même n'a contracté d'obligations envers ce courageux garçon. Il m'a soutenu sur l'eau au milieu de cette effroyable bourrasque, et, sans son intrépidité prodigieuse...

— Paix ! paix ! oncle Maillard, — balbutia Terre-Neuve en clignant des yeux ; — si j'ai bien fait, j'ai fait mal aussi, et tout se balance au bout du compte... Le mieux est de parler de cela le moins possible, voyez-vous.

Il n'en put dire davantage ; il était comme étouffé par les embrassements de sa mère, de sa fiancée, de ses camarades ; les marins poussaient des acclamations assourdissantes et battaient des mains. Les quais, le port et jusqu'aux grèves éloignées de la mer retentissaient d'un immense applaudissement, répété par l'écho des hautes falaises.

Terre-Neuve et Maillard furent reconduits jusqu'à la maison de la mère Guignet par leurs parents et par un grand nombre de voisins et d'amis, qui leur formaient comme un cortège d'honneur.

De leur côté, monsieur de P*** et Listrac, se tenant par le bras, descendirent vers la route d'Eu, à l'endroit où le cabriolet de monsieur de P*** l'attendait d'ordinaire. Comme ils causaient à voix basse amicalement, ils entendirent derrière eux un grand bruit de roues, de fouets et de chevaux ; c'était une voiture de poste qui partait comme la foudre, sans égard pour les nombreux piétons épars encore sur la voie publique. Monsieur de P*** et son compagnon se rangèrent machinalement. Tout à coup un cri perçant, un cri de surprise et de rage, leur fit lever la tête. A la portière de la voiture apparaissait une figure de femme encadrée dans une ravissante capote de voyage ; c'était celle de madame de Granville.

Sans doute l'intimité apparente qui régnait entre les deux promeneurs avait été pour la belle Caroline une révélation ; elle venait de comprendre enfin leur alliance secrète. Toutefois son désappointement ne fut pas de longue durée, ou, du moins, il changea promptement d'expression ; comme elle passait devant eux, elle leur jeta un regard moqueur et poussa un éclat de rire, dont les gammes argentines se perdirent au milieu du bruit.

— Vous voyez! — dit monsieur de P*** en haussant les épaules; — croyez donc au remords!

Le lendemain était jour de réception au château royal: Dans un vaste salon, que décoraient les portraits des anciens comtes d'Eu, se pressait une foule brillante de fonctionnaires éminents, d'officiers de terre et de mer en grand uniforme. On ne causait qu'à demi-voix; l'assemblée paraissait être dans l'attente, et les regards se portaient par intervalles vers une porte à deux battants gardée par un huissier.

Enfin une certaine agitation se manifesta parmi ces graves personnages, et tout le monde s'inclina. Pendant que la porte principale restait obstinément fermée, une porte latérale, cachée dans la boiserie, venait de s'ouvrir; le prince que nous connaissons déjà entra suivi de Listrac et de monsieur de P***.

Le prince salua les assistants d'un air affable; puis, prenant Listrac par la main, il dit avec dignité:

— Je déclare, messieurs, que l'opinion publique avait été trompée en ce qui concerne monsieur le comte Réné de Listrac, lieutenant de vaisseau, ici présent. Il est à ma connaissance personnelle que monsieur de Listrac n'a jamais cessé d'être un homme d'honneur, et que les calomnies répandues sur son compte n'avaient aucun fondement. En conséquence, je reprend, à partir de ce jour, son rang et son grade dans la marine, et je me porte garant qu'il en remplira les devoirs avec honneur et loyauté.

Un grand nombre de mains vinrent serrer celles de Listrac. Il avait les yeux pleins de douces larmes, et il dit au prince avec un accent pénétré:

— Ah! monseigneur, quelle réhabilitation pourrait valoir ces simples paroles de votre bouche? Je succombe sous le poids de mes obligations envers Votre Altesse, et je me demande comment je pourrai les reconnaître jamais.

— En servant bien votre pays, ainsi que vous l'avez fait jusqu'ici, monsieur de Listrac... Mais, — ajouta le prince d'un ton différent, — ce n'est pas à moi que vous devez de la reconnaissance; c'est à cet excellent P***, dont la sagacité pouvait seule deviner l'énigme de votre justification. Il paraît qu'il s'est trouvé exposé à des tentations fort singulières... A votre tour, mon cher de P***,—continua-t-il en s'adressant avec jovialité à l'habile praticien, — que réclamez-vous pour vos bons offices envers monsieur de Listrac et envers moi?

— Un prix de vertu, monseigneur, — répliqua P*** sans hésiter.

ÉPILOGUE.

Huit mois environ s'étaient écoulés, et, pendant cet espace de temps, bien des changements s'étaient opérés dans la situation des principaux personnages de cette histoire.

Le général de Sergey était mort depuis peu, après avoir béni l'union de sa chère Léonie et de Listrac, après avoir souri au bel avenir qui les attendait l'un et l'autre. Toutefois Listrac, qui était rentré au service, avait dû subir les pénibles exigences de sa profession; laissant sa jeune femme établie paisiblement dans sa famille, qui habitait le centre de la France, il était parti sur un navire de l'État pour remplir une mission dans les mers du Levant. Le grade de capitaine de corvette lui était promis au retour de sa campagne, et ses mérites per-

sonnels, la faveur du prince lui permettaient d'espérer que sa fortune militaire ne s'arrêterait pas là.

Terre-Neuve n'avait pas une destinée moins brillante relativement.

D'une intelligence vive, et d'ailleurs protégé par Listrac, il s'était fait recevoir maître au cabotage. Le jour même où il avait acquis ce titre, il s'était trouvé propriétaire et commandant d'un charmant navire d'une centaine de tonneaux, avec lequel il avait entrepris un commerce lucratif le long des côtes de la Manche. Ce navire était un présent des armateurs du Saint-Charles et de Listrac qui avait voulu, pendant son séjour au Plessis, en surveiller lui-même les installations. Or, à l'arrière du bâtiment se trouvait une jolie cabine, fort proprement meublée et assez comfortable pour qu'une jeune femme, fille et épouse de marins, y trouvât toutes ses aises. Aussi Jeanne n'avait-elle pas hésité à s'y établir avec son cher Terre-Neuve, et elle s'accommodait gaillardement de ce nouveau genre de vie. Les deux jeunes époux exerçaient un empire absolu sur un équipage choisi et dévoué, dont Léonard Cabillot était le lieutenant. Quand ils se fatiguaient de cette existence un peu nomade, ils venaient se reposer quelques jours au Tréport, où la mère Guignet tenait en réserve pour eux la belle chambre à un moment habitée par Listrac. Ces visites trop peu fréquentes, étaient l'occasion de joies indicibles et de triomphes pour la veuve. Quel orgueil de sortir le dimanche avec son cher Louis, quand il avait mis son habit neuf et quand il avait placé sur sa poitrine la médaille d'or que le gouvernement lui avait donnée pour le sauvetage du Saint-Charles!

Quant à Maillard, il était resté attaché à la douane du Plessis, non plus en qualité de sous-brigadier, comme autrefois, mais avec le grade de chef, en remplacement de Martin qui avait été envoyé sur un autre point de la côte. Certes, Maillard eût obtenu facilement un poste supérieur, grâce aux influences puissantes qui s'exerçaient en sa faveur; mais il aimait ce paysage imposant et mélancolique, il aimait cette solitude qui convenait si bien à une âme blessée, il aimait ces horizons majestueux. D'ailleurs, au Plessis, il vivait auprès de madame Rupert, sa sœur bien-aimée, et il se trouvait à portée du Tréport où Jeanne et Terre-Neuve revenaient de temps en temps; que fût-il allé chercher hors de ce paisible coin de terre où se concentraient toutes ses joies intimes et ses modestes affections?

Donc, un soir d'été, par un temps délicieux, Maillard achevait de souper dans la chaumière de sa sœur, au village du Plessis. Le repas avait été silencieux; mais madame Rupert était habituée de longue date aux façons taciturnes de Maillard. Cependant, quand elle le vit prendre son sabre et se disposer à sortir, elle lui dit timidement:

— Quoi! mon frère, allez-vous encore faire une ronde ce soir, au lieu d'aller tranquillement vous coucher, suivant l'habitude de votre prédécesseur, le brigadier Martin? Vous vous tuerez à ce maudit métier-là!

— Bah! — dit Maillard en souriant, — une petite promenade sur la côte me disposera mieux au sommeil.

— Quel plaisir pouvez-vous trouver à rôder ainsi seul, la nuit, au risque de tomber du haut des falaises, comme vous êtes tombé déjà? Prenez-y garde; cette fois la mer est loin des rochers, et Dieu pourrait se lasser de faire des miracles... D'ailleurs, il n'y a plus de fraude à craindre depuis que l'on a détruit la montée Verte qui était si utile aux pauvres gens du pays.

— Que veux-tu, ma sœur? Ce n'est pas ma faute; il est arrivé des ordres supérieurs, et les ingénieurs ont dû faire jouer la mine. La surveillance est plus facile, j'en conviens; mais on a perdu le moyen de secourir, le cas échéant, de malheureux naufragés... Enfin, nous ne pouvons rien à cela... Mais écoute, Marguerito, — poursuivit-il d'un confidentiel, — j'ai une autre idée en allant me promener si tard sur la côte.

— Je vous devine, Maillard; se pourrait-il en effet...

— Eh bien, oui, ma sœur; Louis et notre chère Jeanne doivent être en route maintenant pour revenir du Havre où ils sont allés déposer une cargaison de grains; il se pourrait donc qu'ils rentrassent à cette marée au Tréport, et, dans ce cas, ils ne manqueraient pas de faire des signaux avec des lumières en passant devant le Plessis pour nous annoncer leur arrivée, suivant leur habitude.

— Je vous comprends; allez-y donc, Maillard,—s'écria madame Rupert transportée,— les chers enfants! s'ils allaient arriver cette nuit!... Allons! partez; et si vous voyez leurs fanaux, venez bien vite me prévenir; je vais vous attendre.

Comme nous l'avons dit, la nuit était magnifique; le ciel resplendissait d'étoiles et la brise marine apportait une fraîcheur délicieuse dans la campagne. La lune, mince croissant d'argent, formait sur la mer des traînées brillantes. Au loin, quelques taches sombres et mobiles annonçaient des navires; mais par cette nuit claire, où les abordages semblaient impossibles, les marins s'abstenaient d'allumer leurs feux. Des bandes d'oiseaux voyageurs poussaient par intervalle des cris sauvages, du reste, tout était calme dans le ciel, sur la terre et sur l'eau. L'océan semblait sommeiller; aucune lame turbulente ne troublait sa surface polie; son bruissement n'était qu'un murmure faible et plaintif. Seulement, une légère écume dessinait les anfractuosités du rivage et tranchait par sa blancheur sur l'ombre noire projetée par les falaises.

Maillard suivit le sentier périlleux qui longeait la crête des rochers, et parvenu sur la hauteur, il fit halte pour observer la mer avec attention. Mais il n'aperçut pas sans doute ce qu'il cherchait, car bientôt il continua machinalement sa route et tomba dans cette rêverie contemplative, son péché d'habitude.

Il n'était plus bien loin de la montée Verte où se trouvait encore une hutte de douanier, quand tout à coup apparut, sur le plateau, une forme humaine qui se dirigea de son côté. Il s'arrêta de nouveau, plutôt par un sentiment de curiosité que de crainte, car un seul homme, si robuste qu'il fût, ne pouvait lui faire peur, et il examina le rôdeur nocturne.

Celui-ci semblait venir de l'intérieur des terres; il marchait d'un pas irrésolu, en regardant autour de lui, comme s'il eût voulu étudier la localité, ou même comme s'il eût craint d'être poursuivi. Cependant, la présence de Maillard ne lui causa pas d'inquiétude, et il continua d'avancer. Bientôt le brigadier put reconnaître un homme vêtu en marin, le haut du corps enveloppé dans une grosse jaquette de coupe et d'étoffe anglaises, dont le collet relevé cachait une partie du visage. Ce personnage n'avait ni paquet ni armes apparentes, et la lourdeur de sa démarche n'annonçait pas qu'il fût jeune et alerte.

Encore une fois, Maillard ne croyait rien avoir à redouter; mais sa profession lui défendait de se laisser approcher par un inconnu, dans ce lieu désert; aussi cria-t-il, en portant la main à la poignée de son sabre:

— Qui vive?

Cette démonstration menaçante n'émut pas beaucoup le rôdeur. Il ralentit le pas et répliqua brutalement:

— Eh bien, quoi! il n'y a donc pas moyen de prendre le frais, monsieur le gabelou! Vous n'avez pourtant plus à craindre la fraude par ici... la fraude et les fraudeurs sont à tous les diables!

Ceci dit d'un ton de colère comme de regret; Maillard, soit distraction, soit indifférence, ne parut pas s'en apercevoir.

— Vous avez choisi une heure assez singulière pour prendre le frais, mon ami,— dit-il avec simplicité;— mais, en effet, personne n'a le droit de s'opposer à votre fantaisie, du moment que vous êtes en règle avec la loi... Votre serviteur donc, et bonne nuit.

Il salua de la main et se remit en marche. L'inconnu l'observait avec intérêt.

— Tiens!— dit-il enfin comme à lui-même,— c'est le grand Maillard.

Et il marcha côte à côte avec le brigadier, comme s'il eût désiré poursuivre la conversation commencée.

— Vous me connaissez, bonhomme?— dit Maillard en cherchant à voir les traits de son interlocuteur;— vous êtes sans doute du Tréport?

— Oui, oui, je suis du Tréport; mais je viens de faire un long voyage et je suis de retour seulement depuis quelques heures. Il s'est passé bien des choses pendant mon absence, et vous d'abord, monsieur Maillard, vous voilà brigadier et chef de poste du Plessis... Tonnerre! je me suis laissé dire que vous aviez pris un drôle de chemin pour arriver là!

En même temps l'inconnu, soit hasard, soit malice, indiquait du geste le précipice voisin au fond duquel grondait la mer.

— Je vois,— dit Maillard tranquillement,— que l'on vous a conté quelque chose de mes affaires; mais on jase beaucoup, et peu, bien peu de personnes savent la vérité... Qu'importe, du reste? J'ai l'estime et l'affection des honnêtes gens, et cela me suffit.

Ils firent quelques pas en silence.

— Comme ça,— reprit enfin le rôdeur,— vous vous trouvez content de votre sort?

— Content! Qui peut être véritablement content de sa destinée dans ce monde?— répliqua Maillard avec mélancolie.— Toutefois, si vous voulez dire que je supporte mon fardeau avec courage et résignation, que le souvenir d'aucune mauvaise action ne trouble mon sommeil, que j'ai des amis qui me sont dévoués comme je leur suis dévoué moi-même, que ma vie est calme et douce, oui, je suis content, le plus content des hommes!

L'interlocuteur ne parut pas comprendre ces considérations d'un ordre trop élevé pour lui sans doute.

— Vous êtes pauvre comme Job, pas moins!— dit-il avec ironie.

— On est toujours riche quand on a des goûts simples et des besoins modérés. J'ai rarement l'occasion d'approcher les gens riches; mais, j'en suis sûr, dans leurs belles maisons ils pourraient souvent envier les joies pures et la tranquillité d'âme d'un pauvre douanier tel que moi. Aussi, je ne leur envie rien; et tenez, croyez-vous qu'un riche, derrière ses rideaux de soie, jouisse jamais du spectacle d'une superbe nuit comme celle-ci?

Et il étendait la main vers l'horizon d'un air d'admiration naïve. L'inconnu jeta de même un regard rapide sur la mer:

— Oui, oui,— répliqua-t-il distraitement,— le temps n'est pas mauvais; mais la brise est molle et les pêcheurs prendraient bien plus de poisson si elle fraîchissait un peu... Pour en revenir,— continua-t-il de son ton ironique,— il paraît que votre neveu Terre-Neuve, c'est votre neveu à présent, a joliment profité aussi du vent et de la marée! Je me suis laissé dire qu'il était fier comme un amiral sur son navire et qu'il gagnait de l'or!

— Oh! pour celui-là,— dit le brigadier dont les yeux s'animèrent,— il est heureux, bien heureux... pour le moment du moins, car il faut encore moins de temps à Dieu pour troubler la joie d'une créature humaine que pour amener des nuages dans un ciel pur... Mais, — ajouta-t-il aussitôt avec un accent de joie en tournant ses regard vers la mer,— il ne paraît pas que la Providence se lasse encore de le protéger. Voyez là-bas! c'est lui... c'est bien lui!... une, deux, trois lumières disposées en ligne droite... ces signaux m'annoncent que Jeanne et Louis sont bien portants, et qu'ils nous reviennent après un fructueux voyage.

En même temps, il désignait un navire aux formes sveltes et gracieuses, qui passait au large, toutes voiles au vent, et cinglait vers le Tréport. On le reconnaissait aisément, au milieu des autres bâtiments éparpillés sur la surface de la mer, à ces trois fanaux dans lesquels

Maillard reconnaissait un signe d'allégresse et de prospérité.

— Et c'est là le navire de Terre-Neuve ? — reprit l'inconnu d'une voix sourde; — vous aussiez dû demander au moins à ce moussaillon où il avait si bien appris les signaux.

Maillard ne releva pas cette observation qui contenait sans doute une intention méchante.

— Oui, oui, c'est le navire de mon cher Louis! — dit-il avec sa gaieté sereine. — Pauvres enfants! ils sont sans doute sur le pont à regarder ces rochers et ils pensent à nous! Demain nous les embrasserons... Je vais rendre leur mère bien heureuse en lui annonçant leur retour!

Tout à coup l'inconnu fit un geste furieux et s'écria d'une voix qui ressemblait au rugissement d'une bête féroce

— Cinq cent mille tonnerres du diable! Il n'y a donc plus que moi de pauvre et de misérable maintenant!?

Le brigadier tressaillit.

— Qui êtes-vous? — demanda-(t-il); — j'ai cru reconnaître... il m'a semblé... patron Cabillot, est-ce vous?

— Eh bien! oui, c'est moi, — reprit Cabillot ne se contraignant plus et laissant voir son visage hideux; — pourquoi me cacherais-je? c'est moi; et vous savez bien que ce n'est pas ma faute si vous vous trouvez encore sur mon chemin!

Maillard montra plus de dégoût que de crainte en revoyant le chef des contrebandiers.

— Malheureux! — s'écria-t-il, — osez-vous bien revenir dans ce pays où vous avez commis un crime abominable...

— Bah! père Maillard, — dit Cabillot avec son ironie farouche, — ne sais-je pas que vous et ce bonêt de Terre-Neuve vous avez eu la gentillesse de ne pas me dénoncer? Me serais-je risqué dans ce canton, si je n'avais eu la certitude que je pouvais m'y présenter en toute sûreté? Mes informations ont été bien prises, allez.

— Vous pourriez vous être trompé dans vos calculs, vieux scélérat; et si vous venez ici pour accomplir quelque nouveau méfait...

— Allons! pas d'injures et ne nous fâchons pas... Si j'ai eu des torts envers vous, j'en ai été puni. Pendant que tout vous réussissait, à vous et aux autres, les mille diables de l'enfer étaient à mes trousses pour faire manquer mes entreprises. Vous savez comment je m'échappai du Tréport avec mon flambart et mes garçons; je laissais en arrière ce méchant drôle de Léonard; mais je ne m'en inquiétais guère, car je n'avais jamais pu l'assouplir comme les autres, et il nous aurait trahis quelque jour; mais j'emportais mes écus, ce qui valait mieux, et je pouvais avec cela recommencer un commerce lucratif. Nous nous rendîmes en Angleterre, où j'avais des connaissances comme vous pouvez croire; là, j'échangeai mon flambart contre un bâtiment marchand que je chargeai pour mon propre compte. Mais ne voilà-t-il pas que dès le premier voyage, les enfants commencèrent à se mettre en révolte contre moi? Une fois, pendant un gros temps, je donnai un ordre à Jean, mon fils aîné; Jean était ivre, il refusa d'obéir; je le frappai, il résista et les autres vinrent à son secours; il y eut une rude bataille... Pendant la lutte le timonier abandonna le gouvernail, le navire tomba en travers de la lame et fut chaviré en un instant... Tout périt!

— Quelle horrible scène! — dit Maillard avec horreur; — ces enfants en révolte contre leur père, ce naufrage... c'était un châtiment de Dieu! Et vous dites qu'aucun n'échappa?

— Aucun, et j'étais entièrement ruiné. Quant à moi, j'eus la chance de me soutenir sur l'eau au moyen d'une planche, et je fus recueilli deux ou trois heures plus tard par un baleinier qui me ramena en Angleterre. Mais que pourrai-je faire désormais? plus d'enfants, plus de navire, plus de cargaison, plus rien. J'ai vécu misérable-

ment pendant quelques mois, n'osant plus rentrer en France. Mais dernièrement un pêcheur du Tréport, que le mauvais temps avait forcé de se réfugier à Jersey où je me trouvais, m'apprit qu'il n'y avait rien de sérieux contre moi par ici; que l'on me considérait tout au plus comme un fraudeur, et que je ne m'exposais pas à grand'-chose en retournant au pays... Ma foi! n'ayant rien de mieux à faire, j'ai pris passage sur le bateau de Dieppe, afin de m'assurer par moi-même d'où souffle le vent dans ces parages.

— On vous a trompé, Cabillot, — dit Maillard, — et vous êtes en danger ici. Il n'y a pas eu encore d'instruction criminelle contre vous, il est vrai; mais la justice n'est pas moins instruite de votre attentat sur ma personne; Terre-Neuve et moi nous avons dû tout avouer au magistrats. Seulement, comme vous étiez absent et, comme selon toute apparence, vos complices et vous, vous ne deviez plus remettre le pied sur le sol français, on a consenti, grâce à des protecteurs puissants, à laisser dormir cette affaire. On aût été sans pitié pour vous; mais on éprouvait de l'indulgence pour votre fils Léonard, qui est rentré dans la bonne voie, et peut-être aussi pour ces autres malheureux jeunes gens, qui avaient été entraînés par votre autorité et votre exemple... Toutefois, si vous êtes trouvé dans le pays, la justice aura nécessairement son cours; vous serez arrêté, jugé, et ceux qui savent les faits seront obligés de les dire.

Cabillot poussa un horrible blasphème.

— On ne m'avait pas prévenu de cela! — reprit-il en frappant du pied.

— Quelqu'un vous a-t-il vu au Tréport?

— Je suis arrivé à la nuit tombante et je n'ai pas rencontré beaucoup de mes anciennes connaissances. Je suis allé d'abord à ma maison de la basse ville, comptant y trouver la Suzette et Léonard: la maison était fermée. La Bouchotte, notre voisine, m'a dit que Suzette avait été recueillie par la veuve Guignet, tandis que Léonard était en mer avec Terre-Neuve; quant à la clef de la maison, elle était déposée à la mairie, et je n'avais garde d'aller la réclamer avec ces précautions. Puis, je me suis rendu chez Couturier, mon ancien associé, avec lequel j'ai encore des comptes à régler. Couturier m'a bien reçu d'abord, mais quand j'ai parlé de l'argent qu'il me doit, il s'est fâché tout rouge; nous nous sommes quittés en nous disant des injures et en nous menaçant... C'est alors que ne sachant où aller, j'ai eu la fantaisie de rôder sur la côte où je vous ai rencontré par hasard.

Pendant cette conversation, les deux promeneurs étaient arrivés à la montée Verte. Bien que l'escalier qui conduisait autrefois au pied de la falaise eût été détruit, l'extrémité supérieure du sentier existait encore; la pente conservait par en haut son frais gazon et l'on pouvait la croire toujours praticable. De ce poste on dominait, comme nous savons, le plateau cultivé qui s'étendait jusqu'au village du Plessis, et, à la douce clarté de la lune, on distinguait facilement de loin les plus légers accidents du sol. Maillard s'arrêta; il croyait apercevoir sur divers points de cette immense plaine des êtres en mouvement, il croyait même entendre un faible bruit de pas aussitôt que la brise de la mer cessait de souffler.

— Êtes-vous bien sûr que votre ami Couturier ne vous ait pas dénoncé, — demanda-t-il à Cabillot, — et que l'on ne vous ait pas suivi jusqu'ici?

— Non... j'espère que non, — balbutia l'ancien fraudeur.

— Et cependant voici quelqu'un dans le sentier... Et puis une autre personne du côté opposé... A la vérité, ce sont peut-être les deux douaniers qui vont se rencontrer ici à la hutte, suivant l'usage; mais on dirait qu'il y a encore des gens là-bas dans les cultures.. Tenez, Cabillot, je ne vous veux pas de mal. Si vous aviez attenté à la vie d'un autre que moi, mon devoir serait tout tracé; je vous mettais la main au collet, je ferais signe à mes hommes, puis je vous livrerais à la justice; mais je suis en droit de me montrer indulgent envers vous. Je vous engage donc à vous sauver au plus vite et à gagner le Tréport; c'est l'heure où les bateaux de pêche prennent la mer; adressez-vous à vos anciens camarades, les pêcheurs, et priez-les de vous cacher à leur bord jusqu'à ce que vous ayez gagné le large. Alors il vous sera facile de trouver un navire étranger qui voudra bien vous recevoir... Tâchez de vivre désormais en honnête homme et surtout ne reparaissez jamais ici... Allons! décidez-vous; réellement il n'y a pas de temps à perdre.

Les deux hommes que Maillard avait pris pour des douaniers s'étaient beaucoup rapprochés, et d'autres individus se montraient distinctement du côté de la campagne.

— Le conseil n'est pas mauvais, — dit Cabillot en jetant autour de lui un regard rapide; — sans doute j'ai été trahi par Couturier.

— Hâtez-vous, hâtez-vous, — reprit le bon Maillard; — ils viennent... tout-à-l'heure il ne sera plus temps!

Maintenant, en effet, le danger pour Cabillot était certain. Les douaniers qui longeaient le sentier en sens inverse accouraient de toute leur vitesse. Sur les autres points apparaissaient trois ou quatre personnes non moins empressées, et grâce à la transparence de la nuit, on pouvait déjà reconnaître qu'elles portaient l'uniforme des gendarmes. Évidemment Cabillot avait été épié pendant qu'il gagnait la côte, gendarmes et douaniers s'étaient concertés pour lui couper le chemin; on l'avait enfermé dans un cercle qui se resserrait peu à peu et dont la montée Verte devait être le centre.

Cabillot jugea parfaitement sa situation.

— Hum! — dit-il, — j'aurai de la peine à me tirer des griffes de ces gredins-là... scélérat de Couturier, va! N'importe, père Maillard, — ajouta-t-il avec une sorte d'émotion, — vous êtes un brave homme, et si ce que j'ai fait était à refaire...

— Sauvez-vous... sauvez-vous donc!

Un des douaniers était alors tout proche; en voyant son chef côte à côte avec l'ancien fraudeur, il lui cria d'un ton effrayé:

— Prenez garde à vous, c'est cet affreux coquin de Cabillot!

Les autres douaniers et les gendarmes, croyant leur capture assurée, élevèrent la voix à leur tour. Cabillot éperdu tourna plusieurs fois sur lui-même; de quel côté qu'il tentât de passer, un adversaire robuste et déterminé lui barrait le chemin.

— Par ici! — lui dit Maillard à voix basse, mais avec énergie, en lui montrant un champ de blé dont les hautes tiges présentaient un refuge assuré.

— J'ai mieux que cela, — répliqua le patron haletant, — je gage que les imbéciles auront oublié de garder la grève!

Et avant que le brigadier eût deviné son projet, Cabillot s'élança vers la montée Verte.

Ainsi que nous l'avons dit, à quelques toises au-dessous de la cime de la falaise, le chemin manquait tout à coup et aboutissait à un effroyable précipice. Cabillot ignorait cette circonstance.

Maillard resta d'abord stupéfait; cependant, en voyant le fraudeur se hasarder sur cette pente perfide, il s'écria de toute sa force:

— Malheureux! que faites-vous? arrêtez... remontez bien vite... l'escalier est détruit... vous allez périr. — Sans doute, Cabillot dans son trouble ne le comprit pas, ou peut-être les clameurs de ceux qui arrivaient couvrirent-elles la voix de Maillard; quoi qu'il en fût, un cri horrible retentit tout à coup derrière la falaise; un moment après un bruit faible monta du fond de l'abîme, comme la chute d'un corps sur les galets alors à sec. Les assistants se penchèrent vers le précipice et prêtèrent l'oreille; on entendait plus que le murmure de la mer.— Le doigt de Dieu n'est-il pas là encore? – dit Maillard d'un ton solennel; — cet homme est tombé de ce même rocher d'où il m'avait jeté et il meurt misérablement, tandis que moi... que Dieu soit loué! que Dieu soit loué!

Et abaissant son regard vers la mer, il vit le navire de Terre-Neuve, tout brillant de lumières, entrer dans le port.

FIN DU DOUANIER DE MER

TABLE

DES CHAPITRES CONTENUS DANS CET OUVRAGE

———

FIN DE LA TABLE

———

Paris. — Imprimerie J. Voisvenel, rue Chauchat, 14.

www.ingramcontent.com/pod-product-compliance
Lightning Source LLC
LaVergne TN
LVHW050615090426
835512LV00008B/1496